행복경제 디자인

행복경제 디자인

초판 1쇄 발행 | 2009년 11월 20일

지은이 | 대구참여연대 전대환, 이정우, 김윤상, 김유선, 김수행, 장상환, 이병천
펴낸이 | 최 건
기 획 | 김명진
마케팅 | 이동희
펴낸곳 | ㈜아리수에듀
출판신고 | 2008년 2월 21일 제2008-000010호

바로세움은 ㈜아리수에듀의 출판 브랜드입니다.

주소 | 서울시 금천구 가산동60-4 코오롱테크노밸리310호
전화 | 02)878-4391
팩스 | 02)878-4392
홈페이지 | www.arisuedu.co.kr

ISBN 978-89-93307-34-4 03300

세상을 바꾸는 상상력

행복경제 디자인

이정우 김윤상
김유선 김수행
장상환 이병천

바로세움

| 책머리에 |

월화수목금금금

설마 설마 하던 미국의 금융 공황이 터진 지 이제 일 년이 지났다. 리먼 브라더스를 비롯한 투자은행들의 파산과 시티 그룹, 에이아이지(AIG) 그룹의 국유화에 버금가는 조치, 미국의 자존심 지엠(GM)의 파산 등 지난 일 년 동안 벌어진 사건들은 평소에 우리가 상상조차 하기 힘들던 일이었다. 그러나 그런 일들은 벌어졌고, 조심스럽게 혹은 약간 경망스럽게 이제는 어두운 터널을 빠져나왔다는 관측이 나오고 있다. 물론 경제 사정은 어떻게 변할지 모른다. 언제 그랬냐는 듯이 호경기가 찾아 올 수도 있고, 그와 반대로 매우 느리게 회복되거나 더 큰 쓰나미가 몰려 올 수도 있다.

그러나 가까운 미래의 상황이 어떻건 간에 분명한 사실 두 가지에 대해 더 이상 환상을 갖는 건 어리석어 보인다. 즉 우리가 살고 있는 한국 자본주의가 안정적이지 않다는 점, 그리고 경기가 좋아져도 청년 실업, 비정규직, 양극화 등 우리 사회에 굵은 뿌리를 내린 문제들은 현재의 정책이나 제도로는 해결이 어렵다는 점이다. 더 이상 순진하게 생각하기에는 1997년의 외환위기와 2008년의 세계 금융공황이 남긴 상처가 너무나도 선명하다. 과연 이처럼 불안정한 삶이 대한민국의 운명일까, 아니면 다른 출구도 있는 것일까? 이런 질문이 자연스럽게 나오는 상황에서 대구를 찾았다.

이 책은 우리 시대의 석학 여섯 분이 2009년 5월부터 7월 사이에 대구 참여연대 주최로 열린 〈석학들과 함께 하는 경제교실〉에서 강연했던 내용을 생생하게 담고 있다. 2008년 한국의 정권 교체와 그 뒤를 이은 광우병 소고기 파동 및 촛불 행렬, 그리고 곧 우리 국민뿐만 아니라 전 세계 사람들의 손발을 오그라들게 만든 미국의 끝 모를 금융위기…. 이런 혼돈 속에서 소위 한국 보수의 메카라고 불리는 대구에서 나라 경제를 염려하는 시민들이 빼곡히 모여 이 강좌를 들었다.

여섯 분의 석학이 우리 경제에 대해 내리는 진단과 처방은 우리가 중고등학교 사회 시간에 배웠거나 혹은 대학의 경제학 과목에서 배웠던 내용과 사뭇 달랐다. 즉 주류 경제학에서 다루는 미시적인 경제 현상에 관한 해설보다는 그 속에서 돌아가는 우리 삶의 환경을 분석하고, 삶의 질을 높이기 위해 새 판을 짜려는 용감한 구상이 주를 이루었다. 그 이야기를 듣는 것만으로도 강연장에 모인 사람들은 행복했다. 물론 그 행복은 이런 경제 구상이 자신의 현실은 아니라는 씁쓸함과 당장 우리는 아니더라도 내 자식들, 손자들 대에는 이런 세상이 왔으면 좋겠다는 바람이 뒤섞인 묘한 맛이었다.

당연히 이 책은 주식이나 펀드 투자, 부동산 투자와 같은 돈 모으는 일에 아무런 도움도 주지 않는다. 그러나 우리 생활이 왜 이리 바쁘고 빡빡하면서도 그다지 행복하지 않은가, 월화수목금금금 전투하듯 열심히 일하면서 우리가 얻고자 하는 건 결국 무엇인가라는 의문들, 가슴 속 깊이 웅어리진 의문이지만 입 밖으로 내놓기엔 좀 어설퍼 보이고 스스로를 초라하게 만드는 질문들에 대해 여섯 분은 신선한 해답을 건넨다.

이정우 경북대 경제통상학부 교수님은 "제 3의 길 그리기"라는 제목으로 한국 경제가 앞으로 본받고 가야 할 길은 북유럽 자본주의, 즉 사회민주주의 모델이라는 점을 짚어주신다. 사실 우리 국민이 알고 있는 자본주의 모델은 대부분 일본식이거나 미국식인데, 이는 이미 박정희정권 시절부터 최근까지 우리 생활을 규정하고 있어서 이게 전부라고만 생각해 왔다. 그러나 세상에는 매우 다양한 자본주의가 있고, 우리보다 행복 지수가 훨씬 높은 자본주의 모델이 가능하며 실제로 잘 굴러가고 있다는 사실 분석만으로도 충격과 설렘이 몰려온다.

김윤상 경북대 행정학과 교수님은 "정의로운 토지제도, 지공주의"라는 주제 아래 어느 나라에서나 거품 경제의 주범이 되고 있고, 특히 한국에서는 양극화의 주범이기도 한 부동산 투기 문제를 어떻게 해결할 것인가에 대해 '지공주의'라는 해답을 주신다. 토지는 원래 인간이 생산한 게 아니므로 그것의 사유는 자본주의 정신에도 어긋나는 제도며, 자본주의 원리를 존중하되 기회균등을 보장할 수 있는 방안을 제시하신다.

김유선 한국노동사회연구소 소장님은 "즐거운 노동을 위한 키워드"라는 주제 아래 노동운동을 바라보는 시각의 차이를 구별하여 설명하고, 한국의 노동 현실, 특히 비정규직 문제와 노동 시장 유연화 문제가 얼마나 심각한지를 외국과 비교하여 살피신다. 특히 정부 한나라당의 비정규직법 개정 주장의 근거였던 일백만 대량 해고 논리에 대해 그 허구성을 파헤치며 논박했는데, 그로부터 두어 달 후에 이 논박이 얼마나 정확했는지 현실로 확인할 수 있었다.

김수행 성공회대 석좌교수님은 "세계공황, 그리고 한국의 분배와 복지"라는 주제 아래 1970년대 영국의 복지국가 현황이 어떠했으며, 그 제도와 정책이 어떤 이유로 해체되어 갔는지, 지금 한국 사회를 지배하는 신자유주의 정책의 실체가 무엇인지 밝히신다. 영국에서 공부하고 생활하며 직접 보고 체험한 사실을 기반으로 사회 발전의 큰 방향 속에서 이 주제를 생생하게 짚으시는 대목이 인상적이다. 특히나 우리의 실험과 창조적 실천이 중요함을 역설하신다.

장상환 경상대 경제학과 교수님은 "공황의 역사와 국가 역할의 변화"라는 주제로 2008년 미국발 금융공황을 비롯해 1870년대 공황, 1929년 대공황, 1970년대 공황 등 네 번에 걸친 자본주의의 심각한 위기 국면을 분석하고, 공황의 원인과 대응책에 대한 역사적 경험을 정리한다. 특히 뉴딜 정책의 진면목에 대한 정리는 최근의 경제위기에 대응하는 우리 정부의 방식이 적절한지 비춰 보는 거울이라 할 만하다.

이병천 강원대 경제무역학부 교수님은 "호혜의 경제, 공생의 사회"라는 주제로 최근 부쩍 관심을 끌고 있는 사회경제학자인 칼 폴라니의 이론을 소개하고, 현재 우리가 살고 있는 자본주의 사회를 바라보는 새로운 시각을 제시한다. 즉 인간의 노동과 토지, 그리고 화폐가 시장에서 어떻게 상품으로 자리 잡게 되었는지, 그리고 우리에게는 너무나도 익숙한 그 시장이 공동체로부터 고삐가 풀려 사회를 지배하게 된 문명사의 궤적은 어떠했는지 폴라니의 분석에 근거하여 밝힌다. 영혼을 가진 인간이 고귀함을 회복하고 새로운 공동체로 나아가는 경로에 대해 깊은 통찰력을 제공하는 강연이다.

세상을 바꾸는 일은 분명 쉽지 않다. 그리고 세상을 바꾸기 위해 매일매일 작은 행동을 계획하고 실천하는 일도 쉽지 않다. 그러나 세계사, 그리고 우리 역사도 그런 작은 생각과 행동을 발판으로 바뀌어 왔다. 언제나 그런 상상력과 실천은 당대의 주류적 삶에 의해 공상이라고 비판 받았고, 네 앞가림이나 잘하라는 말 앞에서 옹졸한 분노로 그친 적도 많았다. 그러나 그런 비판을 가한 사람들조차 결국 역사의 거대한 변화를 받아들이고, 심지어는 그 변화에 앞장서기도 했다는 사실을 잊으면 안 된다. 한국의 경제성장이 그렇고 민주화가 그렇고, 남북관계가 그렇다.

1990년대 초 사회주의권의 붕괴 이후, 한국에 사는 사람들은 눈앞의 자본주의경제 이외의 다른 대안을 고민하지 않았다. 고민할 이유가 없고, 근거도 박약한 몽상적인 고민에 지나지 않는다고 여겼기 때문이다. 그러고 나서 우리는 1998년 외환위기를 맞았다. 이 위기는 우리가 비록 딴생각을 하고 있지는 않았지만, 그 동안 추진해온 길, 즉 시장의 기능과 자율성을 키우는 일에 전력을 다하지 않았다고 매섭게 꾸짖었다. 그래서 세계화 시대에 걸맞게 개방의 폭을 넓히고, 자유로운 경쟁 속에서 능력 있는 사람이 성공하는 게 옳다는 시장원리를 적극적으로 받아 들였다. 비록 김대중, 노무현 두 정부에서 서민복지와 사회안전망에 남다른 투자를 했다고는 해도, 외환위기와 벤처 열풍이 휩쓸고 지나간 10년 사이에 우리 사회에서는 무한경쟁 논리가 굳건하게 자리를 잡았다. 인심이 사라졌고, 기댈 곳도 사라졌다. 알몸으로 무한경쟁시대를 질주하는 게 우리 모두의 당연한 운명처럼 여겨지기 시작했다.

하지만 그 결과는 결코 만족스럽지 않다. 선두에 서서 달리는 이들은 숨이 차도 멈출 수 없고, 뒤에 처진 사람들은 이제 갈 길조차 찾기 어려운 어둠 속에 처해 있다. 앞선 자들은 지키기 위해, 뒤처진 자들은 뺏고 만회하기 위해 이제 그 2세들에게 총력을 다한다. 마치 인생의 다른 목표는 없는 것처럼.

개인 삶의 질은 사회를 운영하는 제도와 정책의 질에 달려 있다. 즉 구성원 다수의 행복을 추구하는 사회에서 대다수의 개인은 행복할 수 있고, 사회의 운영원리가 무한경쟁과 약육강식이라면 선량한 개인이라도 그 규칙에서 벗어나기 힘들다. 우리의 현실을 똑바로 알고, 시야를 넓혀 우리 삶은 과연 행복한지, 우리에게 행복이란 무엇인지 되짚어보자. 그리고 행복한 나라, 행복한 경제를 과감하게 그려보자. 우리의 운명과 후대의 삶을 스스로의 손으로 디자인하는 일 자체가 다른 무엇보다도 행복하지 않겠는가? 여섯 분의 강연은 우리에게 그 나침반을 제공해 준다.

2009년 10월 10일 편집자

행복^{경제} 디자인 | 차례

책머리에 / 5

제1강 제3의 길 그리기
(이정우 경북대 교수)_ 15

박정희 모델 – 만주국 통제경제에서 배워 ● 19
독재는 경제를 일시 살리고 오래 죽여 ● 22
조급한 성장 – 땅값 올리고 불로소득 키워 ● 23
거품경제의 부풀려진 성장 ● 26
박정희 때로 돌아간다면…. ● 28
미국에서 배운 시장만능주의 ● 31
다양한 자본주의 모델 ● 33
영미형을 따를 것인가? ● 36
힘 있는 노조가 경제의 기둥 ● 38
한국과 일본만 기업별 노조 ● 41
경제에도 민주주의를 ● 43
가난 구제는 나라도 못한다? ● 44
우리가 소망하는 제3의 길 ● 46
질의응답 ● 52

제2강 정의로운 토지제도, 지공주의
(김윤상 경북대 교수)_ 73

거품의 주범은 토지불로소득 ● 76
합리적인 좌파와 양식 있는 우파가 공감할 제도 필요해 ● 77
"기회균등"을 반대할 사람은 없어 ● 79

자연은 누가 만든 게 아니므로 모두가 주인 ● 82

상식의 논리로 엮은 토지원리 ● 84

토지사유제를 반대하기에 나는 우파입니다 ● 86

좌파의 가치를 우파의 방식으로 ● 87

토지가치를 환수하는 구체적 방안 ● 89

토지보유세가 공인된 최선의 방안 ● 90

사회제도는 옷과 같다 ● 92

사회보장을 책임질 토지제도 ● 94

토지가치를 사회보장의 재원으로 삼아야 ● 95

일하는 인간인가, 노는 인간인가? ● 97

질의응답 ● 99

제3강 즐거운 노동을 위한 키워드
(김유선 한국노동사회연구소 소장)_ 121

노동시장을 바라보는 전통적 시각 ● 124

노동시장은 완전경쟁시장이 아니다 ● 125

노사관계를 바라보는 5가지 시각 ● 128

이명박 정부의 노동정책 ● 131

최근의 노동정책은 탈레반 시장주의? ● 133

"정규직 일자리는 줄이고, 저임금 비정규직을 늘리자" ● 137

비정규직 보호법의 빛과 그늘 ● 138

요즘 비정규직이 줄어드는 이유 ● 141

100만 해고 대란은 근거가 있나? ● 143

최저임금법 개정이 경제위기 해법으로? ● 145

한국의 최저임금 수준은 높은가? ● 148

양질의 일자리를 만드는 길 ● 151

실업대책 확대하고 최저임금 올려야 ● 154

한국의 노동시장은 매우 유연한 편 ● 156

실상 한국이 경제협력개발기구 회원국 중 으뜸 ● 158

유럽연합의 노동시장 유연안정성 논의 ● 160

질의응답 ● 164

제4강 세계공황, 그리고 한국의 분배와 복지
(김수행 성공회대 석좌교수)_ 171

20세기 이후 공황의 역사 ● 174

1950-70년의 자본주의 황금기 ● 175

내가 경험한 복지국가 ● 177

1974년의 대공황과 신자유주의 ● 180

'가난한 사람은 더욱 가난해져야 열심히 일한다.' ● 183

비우량 주택담보대출의 상환 연체와 세계적인 금융위기 ● 186

한국의 상황과 경제회복의 전망 ● 188

질의응답 ● 190

제5강 공황의 역사와 국가 역할의 변화
(장상환 경상대 교수)_ 201

사회를 살아가는 두 가지 방식 ● 205

우리 삶은 아직도 야만적이다 ● 207

네 번에 걸친 대공황과 그 발생요인 ● 209

1870년대 대공황과 제국주의 ● 212

다시 터진 폭발, 1929년 대공황 ● 215

회복, 구제, 개혁의 뉴딜 3R ● 217

1970년대 스태그플레이션과 자본의 대반격 ● 221

2007년, 거품 붕괴와 금융공황 ● 225

한국은 위험천만 역주행 중 ● 229

세금 올리고 기업경영 민주화해야 ● 232

질의응답 ● 233

제6강 호혜의 경제, 공생의 사회: 칼 폴라니에게 배우는 공동체의 사회경제학

(이병천 강원대 교수)_ 249

왜 폴라니인가 : 무너진 경제에서 살림의 경제로 ● 252

폴라니 사회경제학의 주요 개념들 ● 256

형식적 경제학 대 실체적 경제학 ● 260

세 가지 통합 양식 – 교환, 재분배, 호혜의 세 차원 ● 265

사회경제의 실체 : 노동과 토지, 화폐는 상품이 아니었다. ● 267

시장사회의 출현과 사회경제 실체의 파괴 ● 271

이중운동 – 시장화 대 사회의 보호적 대항운동 ● 275

시장을 민주주의에 종속시켜야 ● 278

시장사회 안에서 저편으로 : 폴라니와 함께 폴라니를 넘어서 ● 280

호혜론의 현대화 ● 284

한국의 경우 ● 288

질의응답 ● 291

제1강
제3의 길 그리기

이 정 우

경북대 경제통상학부 교수
서울대 경제학과 68학번 72년 졸업
하버드 대학교 대학원 경제학 박사

주요 논문 및 저서
〈한국의 경제발전 50년 : 경제학 연구〉 한국경제학회 50주년 기념호, 2003.2.
〈경제위기와 빈부격차 : 1997년 위기 전후의 소득분배와 빈곤〉 국제경제연구 7권
2호, 2001년 8월(이성림 공저)
〈헨리 조지 : 100년 만에 다시 보다〉 경북대 출판부, 2002년 (공저)
〈불평등의 경제학〉 후마니타스, 2009년

관심 분야
양극화, 빈곤 및 소득분배
노사관계와 경제민주주의

기타 이력
2003~2005 대통령자문 정책기획위원회 위원장
2003~2006 노무현대통령 정책특별보좌관
2005 한국경제발전학회 명예회장

제3의 길 그리기__

작년에 미국의 리먼 브라더즈가 파산하고, 투자은행들이 줄줄이 도산했습니다. 한때 잘 나가던 투자은행들이 이제는 자취를 감추어버렸습니다. 서브 프라임 모기지라고 하는 비우량주택담보대출(Sub-prime Mortgage)의 부실에서 시작한 미국의 금융위기가 금융계 전반으로 번지면서 작년인 2008년까지 승승장구하던 월가 자본주의, 혹은 다른 말로 금융주도적 자본주의가 일거에 퇴조하고 있습니다. 미국경제가 장기침체에 빠지자 부시 정부는 수단과 방법을 가리지 않고 경기를 살리는 방도를 찾았는데, 그 수단이 주로 부동산과 금융이었고, 거기서 금융규제당국이 지나치게 시장을 신뢰하고 지나치게 규제를 완화했던 것이 화근이었다고 전문가들은 진단하고 있습니다.

미국에서 시작된 불황이 세계 전체로 퍼져 나가서 지금은 온 세계가 깊은 불황에 빠져 있습니다. 그래서 지금은 한편으로는 불황에 빠진 경제를 부양해서 본 궤도에 올리는 확장적 경기대책이 필요하고, 다른 한편으로는 지금까지 팽배해 있던 시장만능주의에 대한 대대적 수술이 필요한 단계라고 할 수 있지요. 앞으로 자본주의가 어떤 모습을 띠게 될지는 미지수지만, 어쨌든 지금까지 주류의 위치에서 군림해왔던 영미형 시장만능주의는 상당한 후퇴가 불가피한 게 아닐까, 다들 그렇게 진단하고 있습니다.

우리나라도 세계적 불황의 여파에서 벗어날 수가 없습니다. 특히 한국은 수출 주도적인 경제구조를 갖고 있기 때문에 더더구나 세계적 불황의 타격을 크게 받을 수밖에 없지요. 또 1997년 외환위기 이후 국제통화기금(IMF)과 미국 월가, 재무부의 압력을 받아 미국식 경제체제, 즉 시장만능주의라고 하는 교리를 채택하도록 강요받아 우리나라가 그것을 지난 10년간 따랐었죠. 이제 그 교리 자체가 이번 경제위기로 인해 비판 받고 수술을 받아야 하는 처지에 놓이게 됐으니 우리 스스로 이 모델을 지나치게 추종해온 데 대해서 반성하고, 우리가 살 길을 새로 찾아봐야 하는 단계가 되었다고 봅니다.

한국에서는 오랫동안 박정희 모델이라고 하는 관치경제가 지배했고 최근 10년 동안은 그것과 정반대라고 할 수 있는 시장만능주의가 미국에서 직수입되어 경제를 주도한 바람에 한국 경제는 두 개의 상반된 경제철학이 공존하면서 때때로 충돌하는 양상을 보이고 있습니다. 그러므로 한국경제의 과제로, 한편으로는 현재의 불황을 어떻게 극복하는가 하는 단기적인 경기상의 과제가 있고, 다른 한편으로는 근본적이면서 장기적인 과제로 우리가 취해야 할 경제철학이라고 할까요, 우리가 어떤 시장경제체제를 추구해야 할까 하는 문제를 고민해야 한다고 봅니다.

혼란 상태에 빠져 있는 한국경제는 지금 어떤 형태이고, 무슨 문제를 가지고 있고, 그리고 앞으로 가야 할 길은 무엇일까요? 그 답을 얻으려면 우리의 과거, 즉 우리가 어떤 길을 걸어왔는가 하는 검토에서 출발하지 않으면 안 된다고 봅니다. 우리 경제는 1960년대부터 1980년대까지 박정희 모델이라고 하는 관치경제 모델을 채택해왔는데 이것을 제1의 길이라 할 수 있고요. 1997년 외환위기 이후 지금까지 지난 10여 년 동안은 그것과 정반대인 시장만능주의가 크게 잠식해 들어와 있는 상태인데, 이것을 제2의 길이라고 할 수 있습니다. 이때는 특히 이 두 개의 상반된 모델이 공존하면서, 어느 하나로 깨끗이 정리되지 못하고, 두 개가 수시로 충돌, 혼란을 빚는 상태였다고 생각합니다. 지금까지 우리 경제가 걸어온 제1의 길과 제2의 길을 세계 각국의 경제모델과 비교하면서 앞으로 우리가 가야 할 제3의 길이 무엇인지, 과연 미래에 우리의 살길은 어떤 길인지 감히 제시해보려 합니다.

박정희 모델 – 만주국 통제경제에서 배워

우리 경제가 걸어왔던 제1의 길은 박정희 모델입니다. 1960년대 초에 시작해서 1987년 민주화까지 약 30년 정도 지속되었지요. 관치경제가 그 특징입니다. 관치경제란 모두 알다시피 국가가 경제에 일일이 개입하여 감 놓아라, 배 놓아라 하면서 지시하고 감시, 관리, 감독하며 상주고 벌주는 형태로 국가가 경제를 주도하고 관리하는 체제라고 할 수 있습니다.

박정희는 이 관치경제를 만주국에서 배웠을 것으로 봅니다. 박정희는 어릴 때 대구사범학교를 졸업했습니다. 대구사범학교 건물은 지금도 벽에 담쟁이덩굴이 있는 경북대 사대 부속중학교 건물인데 그는 5년간 이곳에서 공부했습니다. 저도 역시 부속중학교에서 공부했는데 제가 중학교를 다닐 동안 박정희 전 대통령이 이 학교를 다녔다는 사실을 어느 선생님에게서도 들어본 적이 없습니다. 아마도 다들 잘 몰랐던 게 아닐까 생각합니다. 대구사범학교 졸업후 그는 문경초등학교에서 4년간 교사생활을 했는데 교사 생활에 만족하지 못하고 긴 칼을 차는 군인이 되어야겠다는 생각에 만주군관학교를 갔습니다. 그곳에서 2년간 공부한 후 수석으로 졸업하고 상도 받고 일본육사로 편입하게 되어 거기서 또 2년을 다녔습니다. 그리고 난 뒤 육군 소위로 처음 부임한 곳이 만주국이었습니다. 그러니 박정희는 만주 군관학교를 2년 다니고 소위로 1년간 활동하여 총 3년을 만주에서 살았습니다.

그 시절 만주국은 일본이 만든 괴뢰국가였습니다. 영화 '마지막 황제'에 나오듯이 청나라의 마지막 황태자 부의를 만주국의 허수아비 황제로 만들어 두고 실제 통치는 일본이 했던 나라였지요. 그 때 만주국의 일본군 부대가 관동군이었고 관동군 사령관이 도조 히데키(東條英機)라고 하는 사람으로서 나중에 일본 육군대신과 총리까지 올라갔는데, 전쟁을 계속 확대해야 한다는 강경확전론을 폈던 자였습니다. 그는 나중에 전쟁이 끝난 뒤 동경재판에서 1급 전범으로 기소당해서 사형을 선고 받고 처형됐습니다. 말하자면 전범 중의 전범이라고 할 수 있는 자였습니다. 또, 그 당시 일본 통산성에 기시 노부스케(岸信介)라는 젊은 관료가 있었는데 그도 만주국에서 근무했습니다.

도조 히데키와 기시 노부스케를 비롯한 5명이 만주국을 실질적으로 통치했던 겁니다.

이들이 통치한 방식은 철저한 관치경제였는데 이 5명의 이름이 각각 '키'나 '스케'로 끝나기 때문에 줄여서 '니키산스케(2키3스케)', 다시 말해 '2명의 키와 3명의 스케'라고 이름 붙여 '니키산스케 모델'이라고도 불립니다. 기시 노부스케는 전범으로 몰릴만했지만 운 좋게 살아남았고, 전후 일본 보수정치의 원조가 되었지요. 얼마 전 일본 총리를 지낸 아베 신조가 기시 노부스케의 손자입니다.

국가가 경제의 모든 것을 관리, 통제, 지시했는데 이 철저한 관치경제를 당시는 통제경제라 불렀습니다. 요즘은 통제경제라는 말을 잘 사용하지 않지요. 그렇다고 통제경제가 일본의 독창적인 창작품은 아니었습니다. 같은 시기에 독일의 히틀러와 이탈리아의 무솔리니도 이런 식의 통제경제를 시행했지요. 파시즘 체제에서 공통적으로 나타나는 경제체제였습니다. 재벌이나 기업들이 완전히 국가 통제 안에 들어가 국가에 적극 협력했는데 히틀러의 군수산업 확대나 유태인 수용소 설치 등에 적극 협력했던 것이 바로 독일의 대기업들이었습니다. 일본도 마찬가지였지요. 일본의 소위 신흥재벌과 구재벌들이 완전히 국가의 통제 안에 들어가면서 국가와 재벌, 군벌이 일체가 된 정말 극단적인 통제경제였습니다.

그것을 젊은 시절의 박정희가 그대로 배우게 되었지요. 그것이 그의 머리를 평생 지배한 걸로 보입니다. 만주국에서의 생활 이후 몇 십 년 뒤 박정희가 대통령이 되었을 때 그 모델을 그대로 한국에 이식하였어요. 이 모델의 특징은 초기에 아주 잘 된다는 것입니다. 약 20~30년 동안은 성과가 좋습니다. 히틀러도 아주 고성장을 이루었지요. 1930년대 대공황에서 가장 일찍 졸업하고 경제를 호황으로 이끈 나라 중에 독일이 들어가 있습니다. 바로 히틀러가 군비 확장을 통해 이루어냈고, 그는 고성장을 가져왔습니다.

독재는 경제를 일시 살리고 오래 죽여

그러면 이 통제경제체제가 과연 좋은 것일까요? 고성장은 가능하지만 오래 가지 못합니다. 왜냐하면 이 체제는 통제가 너무 심하고 경직되어 있어 인간의 자유나 창의가 나올 수 없습니다. 따라서 일사불란하게 움직이기는 하지만 얼마 못 가서 양적 성장의 한계에 도달하게 됩니다. 우리나라 농촌의 인구가 노동인력으로 대거 도시로 투입되었는데 이러한 노동 투입에는 한계가 있고, 자본 투입에도 한계가 옵니다. 이렇게 양적 투입을 더 이상 늘릴 수 없는 양적 성장의 한계에 부딪히면 질적 성장이 가능하도록 전환해야 합니다.

그런데 질적 성장이란 생산성 향상이며 생산성 향상은 발명, 지식, 교육, 또는 창의력, 아이디어 등이 뒷받침되어야 가능한데 이러한 것들은 통제경제와 상극입니다. 통제경제에서 어떻게 아이디어와 창의력이 나올 수 있겠습니까? 위에서 아래로의 일방적인 지시, 감독 등의 통제 아래 사람들이 위의 눈치만 보게 되고 로봇처럼 움직이기 때문에 창의력이 나올 수가 없습니다. 그러니까 이 모델은 20~30년간은 잘 돌아가지만 양적 성장에 한계가 오게 되면 주저앉는 모델입니다.

지금 많은 사람들이 "박정희가 살아 있었으면 경제를 살렸을 텐데…"라고 말하지만 천만의 말씀입니다. 박정희가 오래 살았다 하더라도 박정희 모델은 더 이상 존속할 수 없는 모델입니다. 독일이 그랬고 일본, 이탈리아가 그랬습니다. 한국도 마찬가지였습니다. 그것이 한계점이었습니다. 그렇다면 어떻게 해야 할까요? 빨리 변신을 해야 합니다. 자유롭고 창의력을 발휘할 수 있는 유연하고 신축적인 경제. 사람들이 자유롭게 생각하고 그 생각을 자유롭게 펼

칠 수 있는 토론이 허용되는 그런 사회로 가야 질적 성장으로 옮겨
갈 수 있습니다. 그것을 가로막는 독재체제는 오래갈 수 없는 겁니
다. 독재가 경제를 살린다는 말만큼 틀린 말이 없지요. 독재는 경제
를 일시 살리고 오래 죽이는 것입니다.

조급한 성장 – 땅값 올리고 불로소득 키워

또 한 가지 짚을 것은 박정희 식의 개발은 양적 성장이면서 굉장
히 조급한 성장이라고 말하고 싶습니다. 너무 조급해서 오래 계속
될 수 없는 성질을 가졌습니다. 일시적인 승리였고 이것은 패배를
불러일으키는 자기패배적 성장이었다고 봅니다. 그것을 증명해 보
겠습니다.

역대 정권의 부동산 성적표인 〈표 1〉를 봅시다. 역대 정권별로
우리나라의 전체 지가 총액을 나타낸 것입니다.

〈표 1〉 역대 정권의 부동산 성적표 [단위: 조원, %]

정권	기간	정권초기 전국 지가총액	정권말기 전국 지가총액	지가상승 불로소득	연평균 지가 상승률(%)	지가총액/ 국내총생산 비율(배)(1)	불로소득/ 생산소득 비율(배)(2)	경제 성장률 (%)
이승만	1953-1960	0,176	0,690	0,514	21,6	3,1	43,2	4,7
박정희	1963-1979	3	329	326	33,1	12,0	248,8	9,1
전두환	1980-1987	367	735	368	14,9	7,2	67,9	8,7
노태우	1987-1992	735	1661	926	17,7	7,3	96,3	8,3
김영삼	1992-1997	1661	1558	-103	-1,2	4,1	-5,2	7,1
김대중	1997-2002	1558	1540	-18	-0,6	2,5	-0,6	4,2
노무현	2002-2006	1540	1840	294	4,5	2,2	9,3	4,2

우선 각 정권마다 정권 초기와 말기의 전국 지가총액을 비교해
봅시다. 이승만 정권 중 통계가 나와 있는 1953~1960년 시기를 보

면 전국 지가가 1953년에는 0.176조원에서 1960년에 가면 0.690조로 4배 가까이 올랐고 박정희 정권(1963~1979년)에서는 초기 3조원에서 말기 329조원으로 약 100배로 땅값이 올랐습니다. 전두환 정권(1980~1987년)때는 367조에서 735조로 초기에 비해 전체 약 2배 정도로 올랐고 노태우 정권(1988~1992년)때는 735조에서 1661조로 초기에 비해 2배 넘게 올랐습니다. 이때는 올림픽 이후 땅값이 엄청나게 올라 결국 토지공개념 3법이라는 아주 긴급한 조치를 내릴 수밖에 없을 정도였습니다. 아주 난리가 났었죠. 김영삼 정권(1992~1997년)때는 그 여파로 초기에 비해 말기에 지가가 좀 떨어지고 김대중 정권 시기에 좀 떨어지고 노무현 정권 때에 좀 올랐습니다.

이번에는 연평균 지가 상승률을 살펴보겠습니다. 1년 단위로 땅값이 어떤 비율로 올랐는가 하면 이승만 정권 때 21.6%이고 박정희 정권 때는 33.1%입니다. 한번 상상을 해보시죠. 이승만 정권이나 박정희 정권 때는 여러분이 잘 기억이 나지 않고 또 잘 알지 못하므로 가장 근래인 노무현 정부 때를 떠올려봅시다. 가장 최근이므로 기억이 잘 날 겁니다. 몇 년 전에 땅값 오르고 집값 오른다고 아주 난리였지요. 그 때의 땅값 평균 상승률이 전국 4.5%입니다. 물론 그 당시 서울 일부 강남 등의 지역은 아주 폭등했던 것이 사실입니다. 그러면 이걸 다시 거꾸로 적용해보겠습니다. 만일 지금 이승만 혹은 박정희 때처럼 매년 21%, 혹은 33% 땅값이 오르고 그런 상태가 오래 계속된다면 과연 정권이 배겨 낼 수 있을까요? 옛날에는 독재정권이니까 끄떡없이 배겨냈는데 민주화된 지금에 와서는 매년 21%, 33% 땅값이 올라간다면 1년은 버텨낼 수 있을지 몰라도 그 어느 정권도 2년을 버티어 낼 수는 없을 겁니다. 그때는 워낙 심한

독재시절이었으니까 국민들이 찍소리 못하고 눈치만 보았으니 그런 것도 통했던 것입니다.

이렇게 땅값이 오르면서 생긴 차액인 불로소득을 살펴봅시다. 지가 상승으로 인한 차액을 불로소득으로 보고, 이것을 전체 국민이 1년 동안 생산한 국민소득과 비교해봅시다. 후자는 생산소득, 전자를 불로소득으로 정의하고, 생산소득비율 대 불로소득의 비율을 보겠습니다. 박정희 때 248.8%입니다. 이것은 불로소득이 생산소득의 2.5배라는 뜻입니다. 노태우 정권 때를 봅시다. 96.3%입니다. 즉, 생산소득과 불로소득이 약 1대1의 비율입니다. 이것도 역시 아주 크죠. 그래서 그 당시 부동산 문제로 난리가 났던 겁니다. 그런데 이게 박정희 때는 배보다 배꼽이 2배 반 더 컸다는 뜻입니다. 이것이 무슨 뜻이냐 하면 생산소득, 즉 국민들이 하루 종일 공장에서, 은행에서, 회사에서, 가게에서 실컷 피땀 흘려서 일해서 번 소득보다 땅 가진 사람들이 가만히 앉아서 번 불로소득이 2배 반이나 되었다는 겁니다. 이건 엄청난 불로소득입니다. 이것이 박정희 정권 때의 아주 큰 특징입니다. 이러한 불로소득인 거품을 가지고 경제성장을 일으킨 시절이 바로 그 때였습니다.

군사정권인 박정희, 전두환, 노태우 정권에서는 성장률이 아주 높습니다. 그러나 그 성장률은 이러한 거품을 끼고 있는 것입니다. 따라서 이때의 높은 성장률은 거품을 빼고 봐야 합니다. 이때의 가난한 사람들, 서민들, 특히 집 없는 사람들은 굉장히 고통스러운 시절이었어요. 그러니 성장률만 보고서 군사정권은 경제를 잘 운영했고 민주정부는 무능했다고 평가하는 것은 대단한 단견이고 착각입니다. 민주정부는 비록 성장률은 낮았지만 거대한 거품이 없어졌기에 알짜배기 성장이었다고 할 수 있습니다.

박정희 시절을 비유로 얘기한다면 마치 이런 것과 같습니다. 판돈이 100원에 바둑알이 100개 있는 게임판을 가정해봅시다. 그런 게임판에 누군가 판돈 없이 바둑알만 250개를 가져왔습니다. 그럼 그 판돈은 어떻게 되겠습니까? 바둑돌은 권리를 똑같이 주장합니다. 그러면 원래 바둑돌 100개를 가지고 있던 사람은 새로 들어온 바둑돌 250개만큼 권리를 침해당합니다. 이것은 열심히 일해서 즉 생산 능력으로 돈을 번 서민들은 돈을 쓸 수 있는 권리가 그만큼 제한되는 것입니다. 그러니까 경제성장률이 9.1%로 높았다고 해서 더 잘 살았다고 할 수 없는 겁니다. 이런 것들을 염두에 두고 파악해야 하는데 경제성장률만 평면적으로 보면 그런 엉터리 같은 착시를 느끼게 되는 것입니다. 이것이 바로 조급한 성장이었다는 것입니다.

거품경제의 부풀려진 성장

군 출신들이 가지는 독특한 성과주의 그리고 임기 내 실적을 내야 한다는 초조함이 있었습니다. 왜 그런 초조함이 있었을까요? 그것은 민주주의를 억압한 데 대한 대가입니다. 민주주의를 이루었다면 그것으로 성과를 인정받을 수 있으니 구태여 경제성과를 그런 식으로 밀어붙일 필요가 있었을까요? 다른 것에서 떳떳하게 성과를 못 내니 경제성과라도 내보자 하여 전적으로 거기에 매달린 것입니다. 전국의 땅을 다 파헤치고 부동산 투기를 조장하고 그렇게 해서 일으킨 거품경제의 성장이고 크게 부풀려진 성장인 것입니다. 성장이 잘못되었다는 것이 아니라 성장이 굉장히 부풀려진 것이라는 겁니다. 실제 알맹이는 훨씬 작은데 그보다 과장된 것이라는 거죠.

중요한 것은 이렇게 땅값이 오르고 나면 떨어지지 않는다는 것입니다. 이 비싼 땅값을 우리가 대대로 계속 끌어안고 가야 합니다. 이 비싼 땅값이 기업 입장에서 보면 전부 비용으로 작용합니다. 공장부지 값을 세계 최고로 만들어 놓은 겁니다. 우리나라보다 땅값이 비싼 나라는 홍콩과 같은 특수한 경우를 제외하고는 없습니다. 한때 땅값이 세계 최고이던 일본을 능가해서 이제는 우리가 훨씬 더 비쌉니다.

왜 이렇게 되었나요? 누가 이렇게 만들어 놓았죠? 이 비싼 땅값을 이승만 정권에서부터 보면 0.176조원에서 현재 1834조원인데 단기간에 이렇게 땅값이 많이 오른 나라가 세계적으로 없습니다. 이걸 그대로 계산하여 누가 이렇게 올렸는지 역대 대통령들에게 그 책임을 묻는다면 책임의 2/3는 박정희에게 돌아갑니다. 나머지 대통령들에게 1/3 정도 책임이 돌아갈 겁니다. 책임의 첫 번째가 박정희에게 있다면 두 번째로는 이승만, 전두환, 노태우가 됩니다.

그러니까 무책임하게 눈앞의 성과 위주로 해서 땅값을 올린 책임은 모두 독재정부들에 있고, 민주정부는 비교적 책임감을 가지고 건실하게 경제를 운영했다고 볼 수 있습니다. 책임감을 가지고 경제를 운영하니 거품이 덜 생겼던 것이고 성과는 비록 작아 보이지만 알찬 성장이었고 뒤에 오는 세대에 부담을 주지 않는 성장을 한 겁니다.

이것은 중요합니다. 환경파괴는 논외로 치더라도, 임기 중에 치적을 많이 쌓기 위해 개발이라는 명분 아래 땅을 파헤치고, 그 결과로 올라간 땅값은 기업의 생산비를 상승시키는 중요한 요인이 되었죠. 땅값이 비싸니 공장부지가 비싸게 되고, 주거비가 비싸게 되고, 생활비중 주거비가 많이 차지하니 임금을 올려줘야 하고 그래서 또 기업에 부담이 됩니다. 거기다 땅값이 비싸니 도시계획이 잘 이루어지지 않습니다. 대도시에서는 도시계획을 하고 도로를 넓혀서 교통체증을 조금이라도 줄여보고자 하지만 어느 대도시에서건 시행하기가 매우 힘듭니다. 거의 불가능합니다. 땅값이 천문학적으로 비싸기 때문입니다. 땅값이 이승만 정권시절과 같다면 도시계획하기도 쉬울 것이고 교통문제 해결도 훨씬 쉽겠죠. 하지만 길을 넓혀서 교통문제를 해결하기는 불가능할 정도로 땅값이 세계최고수준으로 올라가 있는 게 현실입니다.

이렇게 비싼 땅값은 어디 가지 않고 두고두고 우리 곁에 있을 것이고, 후대를 계속 괴롭힐 겁니다. 말하자면 우리나라의 땅값이 세계 최고라고 하는 것은 치열한 세계 경쟁에서 우리나라만 다른 나라보다 무거운 쇠뭉치를 발에 달고 나가 국제 육상경기에서 달리기에 출전하는 것과 마찬가지입니다. 이 책임을 우리가 역대 대통령에게 물어야 하는데 주요 책임은 민주정부가 아니라 군사정부에 있습니다. 그러니 군사독재 정권이 경제는 살렸다고 하는 말은 이제 집어넣어야 합니다.

박정희 때로 돌아간다면….

독재가 뭔지, 자유가 뭔지 모르는 젊은 청중을 위해 두 가지 에피소드를 이야기할까요? 나이 많은 분들은 직접 겪으셨으니 잘 알겠지만 과거 군사정권 시절이 어떤 시대였나를 그 시절을 겪지 못한 젊은 사람들은 아마 잘 상상할 수가 없을 겁니다. 노래에 관한 이야기입니다.

조영남이라는 가수가 있죠. 한 때 꽤 인기가 있던 그가 갑자기 군대에 징집을 당했습니다. 갑작스런 징집의 이유는 노래를 잘못

불렀다는 겁니다. 1970년 무렵 어느 날 공연장에서 그가 노래를 불렀는데 그 당시가 서울에서 와우아파트가 무너졌을 때였습니다. 그 무렵 서울에는 불도저식 건설주의가 유행을 해서 여기저기 급하게 그리고 졸속으로 아파트를 지었지요. 그때 마포구에 있는 와우산에 서민아파트로 지었던 와우아파트가 와르르 무너졌습니다. 아파트가 통째로 무너져 사람들이 많이 죽었어요. 바로 그 즈음에 가수 조영남이 공연장에 나가서 신고산 타령을 부르는데 "신고산이 우르르르~"하는 노래를 슬쩍 바꿔서 "와우 아파트가 우르르르~"라고 가사를 바꿔 불렀습니다. 이 행동이 감히 정권에 도전한다고 해석되었던 모양인지 조영남은 갑작스레 군대에 징집 당했던 겁니다.

이야기는 거기서 끝나지 않습니다. 군대에 간 조영남이 있던 부대가 하필 매년 연말이면 박정희대통령이 시찰을 가는 곳이었답니다. 역시 그 해 연말에도 대통령이 격려차 그 부대를 방문했는데, 대통령과 부대 장병들 앞에서 조영남더러 노래를 한 곡 부르라는 명령이 내려왔습니다. 대통령 앞에서 그가 부른 노래가 이것이었습니다. "작~년에 왔던 각~설~이 죽지도 않고 또~ 왔~네~⋯⋯⋯" 대통령이 낯빛이 변했는지는 모르겠는데, 또 그 주변에 상상력이 풍부한 사람이 있었던 모양입니다. "이게 무얼 뜻하느냐, 작년에 대통령이 여길 왔었는데 죽지도 않고 또 왔다니 대통령이 빨리 죽었으면 좋겠다는 뜻이 아니냐" 이렇게 해석한 모양입니다. 그래서 조영남은 노래 한 곡 잘못 불러 갑작스레 군대 징집당하고 또 거기서 노래 곡목 또 잘못 선정해서 군대 영창에서 1주일을 콩밥 먹었답니다.

요즘 같은 자유천지에 이런 일을 상상이나 할 수 있겠습니까? 지금 같은 자유 시대에는 마음 놓고 대통령 욕하고, 몹쓸 소리까지

예사로 하고, 아무 거리낌 없이 말하고 노래하지 않습니까? 이런 게 바로 자유입니다. 제가 대학 다니던 시절에는 감히 대통령 욕을 하다니요, 대통령 이름의 '박'자도 함부로 못 내고 무슨 비판이라도 할라치면 주변을 살펴보고 사람이 없는지를 확인하고 소곤소곤 했지요. 공포 분위기였습니다.

또 다른 한 명이 있습니다. 유명한 작곡가 '신중현'이라는 분을 잘 아실 텐데요. 한국이 낳은 국보급 작곡가입니다. 1960년대, 70년대에 이미 '록음악' 분야에서 독보적인 작곡 실력을 발휘했던 당시 세계적인 작곡가라고 할 수 있습니다. 한국에서 어떻게 그런 작곡가가 나왔는지 놀라울 정도였습니다. 일본에서는 신중현을 아주 높이 평가해서 우리나라보다 훨씬 더 알아줬습니다. 그가 젊은 시절에 잠깐 대구에 있는 카바레에서 일을 했다고 하는데 그때 옆에서 그를 지켜본 사람이 하는 말이 "신중현은 밥 먹을 때와 화장실 갈 때 말고는 기타를 내려놓지 않았다"는 겁니다. 그런 노력이 천재를 만든 것 같습니다. 저는 아직 신중현씨를 만나보지는 않았지만 참으로 존경스러운 사람이라고 생각합니다.

신중현이 작곡한 곡이 모조리 히트를 치고, 하도 유명해지자 하루는 신중현에게 모처에서 제의가 들어왔습니다. 박정희 대통령을 찬양하는 노래를 하나 작곡해 달라는 것이었습니다. 신중현은 그것을 거부하죠. 차마 그것은 못하겠던 모양이었습니다. 1950년대에 이승만 대통령을 찬양하는 "고마우신~ 대통령, 우리 대통령~"이라는 노래가 있었습니다. 나이 많은 분들은 대부분 이 노래를 아실 텐데 그 노래를 누가 작곡했는지 아십니까? 바로 윤용하씨입니다. 그가 바로 유명한 '보리밭'의 작곡자인데 그가 서울의 남산 밑에서 아주 찌그러진 오두막 같은 집에서 가난하게 살았습니다. 그가 권력

측으로부터 유혹 혹은 강요를 받고 그걸 뿌리치지 못해서 이승만 찬가를 작곡하는 바람에 그의 음악 인생에 하나의 오점을 남겼죠.

신중현은 훨씬 현명했습니다. 그래서 대통령 찬가 만들기를 거부했습니다. 그 대신 권력의 심기를 건드리지 않기 위해서 타협조로 작곡한 곡이 있었습니다. 여러분들도 다 아시는 노래로 가수 이선희도 불렀던 '아름다운 강산' 이라고 아주 박력 있고 신나는 노래죠. 그 노래의 작곡 유래가 그렇습니다. 그런데도 권력측은 신중현을 괘씸하게 생각해서 결국 대마초 사건을 명목으로 그를 잡아들였고 그 천재 작곡가를 몇 년씩 활동을 못하도록 했습니다. 그런 게 독재입니다. 지금 우리가 자유롭게 숨 쉬고 말하고 있는데 독재의 무서움에 대해 간과해서는 안 됩니다. 이렇게 독재에 기반을 둔 통제경제 모델인 제1의 모델이 대략 30년 지속되다가 드디어 무너졌습니다.

미국에서 배운 시장만능주의

제2의 길을 보겠습니다. 제2의 길은 시장만능주의라 이름 붙일 수 있습니다. 우리나라가 1997년 외환위기를 맞았을 때를 즈음하여 제2의 길로 전환하게 됩니다. 우리나라는 1997년 외환위기 후에 국제통화기금(IMF) 긴급구제금융을 받으면서 소위 경제신탁통치에 들어가게 됩니다. 국제통화기금에서 요구한 것은 무엇보다 재벌체제와 관치경제를 청산하라는 것이었습니다. 그러면 그것들을 청산하고 뭘 하라는 것인가? 바로 시장경제를 하라는 것이었습니다. 경제를 시장에 맡겨야 한다는 겁니다. 그래서 바로 그때부터 우리 경제가 급속하게 시장경제로 전환하게 되었습니다. 사실 국제통화기금과 미국 측의 외압도 있었지만 그 당시 이미 국내의 많은 학자들이 미국에 가서 미국식의 시장경제모델을 공부하고 돌아와 있던 터라 내부의 동조자들도 많았습니다. 물론 지금은 더 많아졌지요. 그때는 경제학자만이 아니라 재계, 언론계, 심지어 관료들도 미국에 유학하여 미국 경제학의 세례를 받고 돌아와 다들 시장경제 신봉자가 되어 거기에 동조했던 겁니다. 그리하여 우리는 지금 10년째 시장만능주의라고 할 수 있는 제2의 길로 들어가 있는 겁니다.

지난 10년간 우리나라 신문을 한번 보세요. '시장'이란 말이 최고 유행어가 됐습니다. 신문에 하루도 '시장'이란 단어가 들어간 칼럼이나 사설이 빠지는 날이 없었다고 해도 과언이 아닐 겁니다. '시장원리'는 신성불가침한 것으로 존경받고 감히 거기에 도전하는 사람이 있다면 일자무식한 사람이거나 위험한 좌파로 취급받았습니다. '반시장적'이란 형용사가 붙으면 사람이든, 정책이든 살아남기가 어려웠습니다. 이처럼 시장을 숭배하는 나라는 찾아보기 어려울 겁니다. 시장만능주의의 원조인 미국보다도 더 시장만능주의가 지배했고, 미국 사람들보다 더 미국적인 사고방식을 가진 사람이 많아진 이상한 나라가 되어버렸지요. 한마디로 정상이 아니었습니다.

그러다가 작년에 미국 자본주의가 금융위기로 휘청거리면서 우리나라의 시장만능주의 세력도 직격탄을 맞은 겁니다. 그 뒤로는 '시장' 타령이 눈에 띄게 줄었습니다. 불행 중 다행이라고 할까요? 전화위복이라고 할까요? 경제위기가 가져온 한 가지 좋은 점이 있다면 우리나라의 교조적인 시장만능주의가 보기 좋게 한방 먹고 잠잠해진 점입니다. 시장만능주의의 원조인 미국에서 교주가 권위를 잃게 되자 한국의 광신도들이 풀이 죽은 꼴이라 할까요. 이런 근본주의적 태도는 이제 지양해야 합니다. 시장원리가 중요하고 장점이 많지만, 상황을 따지지 않고 무조건 시장만 주장하고 국가의 개입과 사회적 대화 등을 몽땅 부정하는 것은 이성을 잃은 행동이라고 할 수밖에 없지요.

다양한 자본주의 모델

자본주의 시장경제라고 하면 미국식 시장경제 모델만 있는 게 아닙니다. 실은 시장경제 중에도 다양한 모델이 있습니다. 그러니 그 중에서 좋은 모델을 선택해야지 무조건 미국식 모델을 따라갈 이유는 없습니다.

〈그림 1〉 비교 정치경제 모델

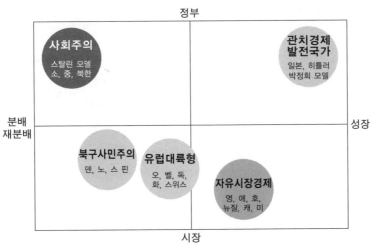

먼저 세계 각국의 경제를 몇 개의 모델로 살펴보겠습니다. 〈그림 1. 비교정치경제 모델〉을 보면 가로축에서 오른쪽으로 갈수록

성장이 중시되고 왼쪽으로 갈수록 분배가 중시되는 형태를 나타내고 세로축에서는 위로 갈수록 정부의 역할이 크고 아래로 내려올수록 시장의 역할이 큰 경제를 나타냅니다. 성장이냐 분배냐 그리고 정부주도냐 시장주도냐의 기준으로 살펴보는 겁니다. 이것으로 각국 경제를 구분하면 위쪽에 2개의 모델로 왼쪽 위에 사회주의 모델이 있고, 오른쪽 위에 관치경제 모델이 있습니다. 아래쪽에는 3개의 모델이 있는데, 왼쪽에서부터 북구 사민주의 모델, 유럽대륙형 조정시장경제 모델, 그리고 맨 오른 쪽에 영미식 자유시장경제 모델이 있습니다.

우선 위쪽의 사회주의 모델과 관치경제 모델을 살펴봅시다. 사회주의 모델은 재분배에 치우쳐 있는 정부주도형으로서 일명 스탈린 모델이라고도 하며 소련 중국 북한 등 사회주의 국가 등이 여기에 속합니다. 이 모델에서 시장은 거의 기능을 하지 않고, 정부가 모든 것을 주도하며 분배나 재분배에는 아주 신경을 많이 씁니다. 너무 신경을 써 평등주의로 갔죠. 이 모델도 초반에는 고성장을 합니다. 하지만 오래가지 못하고 지금은 거의 다 망했고 소련 중국 베트남 등 대부분의 구 사회주의권 국가들이 최근에는 그 체제에서 탈출했습니다. 북한과 쿠바 정도가 아직도 사회주의 모델에 머물고 있습니다. 안타까운 일입니다. 북한의 동포들이 어렵게 고생하며 살고 있는 겁니다.

위쪽에서 오른쪽에 위치한 관치경제는 아까 설명 드린 박정희 모델입니다. 성장으로 치달은 형태로 이건 다른 말로 발전국가라고도 하며 일본, 히틀러, 무솔리니, 그리고 박정희 정권이 여기에 속하며, 1930년대 파쇼체제의 산물입니다. 정부가 주도한다는 점에서는 사회주의와 동일한데 분배, 재분배를 무시하고 성장위주로 갔다는 점에서 반대형태입니다. 그러니까 박정희, 김일성 시대에 남북한의 경제가 하나는 이쪽 극단에 있고 또 하나는 저쪽 극단에서 서로 체제경쟁을 하고 있었던 겁니다. 둘 다 초반 20년 잘 나가다가 그 다음에는 차차 문제점이 드러나고, 나중에는 완전히 주저앉아버렸습니다. 그런 특징이 나타나는 이유는 결국 민주주의를 실시하지 않았기 때문이지요. 민주주의를 하지 않으니 경제가 유연성이 없고, 사람들이 창의력이 없고 눈치만 보며, 아이디어가 나오지 않으니 사회가 화석화되고 사람들은 로봇 같이 경직되어 있으니 무슨 생산성이 높아지겠습니까? 그래서 그림에서 위쪽의 두 모델은 실패한 모델로 끝난 모델입니다. 살 길은 아래쪽에 위치한 모델입니다. 위쪽을 탈출해서 빨리 아래쪽으로 내려와야 합니다.

그림에서 아래쪽에는 정부보다는 시장이 주도하는 모델로 3가지가 있습니다. 이 세 가지 중 가장 오른쪽에 있는 자유시장경제 모델은 영국, 미국이 주로 취하는 형태로 영미형 자본주의라고도 하며 다른 말로 시장만능주의라고 합니다. 그 왼쪽으로 유럽대륙형이 있는데 독일, 벨기에, 오스트리아 등이 취하고 있는 모델이고 가장 왼쪽이 북구 사민주의 모델로 덴마크, 스웨덴 같은 나라들이 취하고 있습니다. 그러니까 영미형은 분배보다는 성장이 좀 더 강조되고 유럽대륙형과 북구 사민주의 모델은 분배, 재분배 쪽을 좀 더 강조합니다. 이 모델들은 다 민주주의를 실시하는 나라들이고 시장경제를 실시하는 자본주의 경제체제입니다. 이 세 자본주의를 간단히 북구형, 유럽형, 영미형이라 하고 어느 것이 가장 살기가 좋은지 살펴보겠습니다.

영미형을 따를 것인가?

세 자본주의의 주요경제성과를 먼저 비교해보겠습니다. 〈표 2〉를 보면 우선 1인당 GDP는 세 모델에 속한 각국이 거의 비슷하다고 할 수 있습니다. 즉 소득수준은 특별히 우열을 가릴 수 없이 셋다 평균 3만 달러라고 볼 수 있죠.

〈표 2〉 세 자본주의의 주요 경제성과

정권	지니계수	1인당 GDP 2002. US$	연간 1인당 실질 GDP 성장률, 1960-80(%)	연간 1인당 실질 GDP 성장률, 1980-2000(%)	GDP 중 수출비중, 2000(%)
복구형	**0.247**	**29,624**	**3.2**	**2.1**	**45.1**
덴마크	0.296	29,328	2.7	1.7	48.8
핀란드	0.247	26,478	3.7	2.4	42.9
노르웨이	0.251	35,482	3.7	2.5	46.6
스웨덴	0.252	27,209	2.7	1.6	47.2
유럽형	**0.267**	**28,291**	**3.1**	**1.7**	**56.7**
오스트리아	0.266	28,872	3.7	2.0	50.1
벨기에	0.250	27,716	3.6	2.0	86.3
독일	0.264	25,917	3.1	1.6	33.7
네덜란드	0.248	29,009	2.9	1.9	67.2
스위스	0.307	29,940	2.1	1.0	46.4
영미형	**0.330**	**29,469**	**2.5**	**2.3**	**40.0**
호주	0.311	28,068	2.5	1.9	22.9
캐나다	0.302	30,303	3.2	1.5	45.9
아일랜드	0.325	32,646	3.5	4.7	94.9
뉴질랜드		21,783	1.4	1.3	36.7
영국	0.345	27,976	2.0	2.0	26.1
미국	0.368	36,121	2.1	2.1	11.2

그 다음으로 성장률을 보겠습니다. 크게 2개의 기간으로 나누어 1960년에서 1980년까지와 1980년에서 2000년까지를 각각 전기, 후기로 하여 두 시대로 보겠습니다. 전기 20년 동안 1등은 북구형

이고, 2등은 유럽형, 3등은 영미형입니다. 그런데 후기로 가면 1등은 영미형이고 2등은 북구형이고 3등은 유럽형입니다. 유럽형은 전기 2등, 후기 3등으로 좀 쳐집니다. 영미형과 북구형은 서로 비슷비슷해서 우열을 가리기 힘들어 보입니다. 전기는 북구형이 낫고 후기는 영미형이 낫습니다. 그러나 내용을 자세히 보면 영미형에 공로자로 한 나라가 있는데 바로 아일랜드입니다. 후기에 아일랜드 혼자서 4.7% 성장을 하여 영미형의 평균을 확 끌어올린 겁니다. 아일랜드는 독특한 사회적인 타협모델이라고 할 수 있는 특별한 나라입니다. 영미형 중에서 아일랜드를 빼고 나면 나머지 나라들은 북구나 유럽대륙보다 나은 게 없습니다. 따라서 성장률이 영미형의 우월성을 보여주기에는 부족합니다. 이렇게 본다면 북구형이 가장 나은 모델이라고 할 수 있습니다.

다음에는 지니계수를 통해 분배를 살펴보겠습니다. 지니계수는 낮을수록 평등한 나라임을 나타내는데, 0에서 1사이의 값을 취합니다. 세계에서 제일 평등한 나라는 지니계수가 0.2 정도이며 대부분의 나라는 0.3 혹은 0.4 대에 속하며 남미나 중동처럼 불평등이 심한 나라는 0.5가 넘게 나타납니다. 〈표 2〉에서 보면 북구가 0.247로 제일 평등하게 나타나고 유럽이 0.267로 조금 더 높으나 그래도 아주 평등한 편입니다. 영미형은 0.330으로 좀 차이가 나는 3등입니다. 따라서 분배에서는 북구형과 유럽형이 영미형을 능가합니다.

고용을 보겠습니다. 고용에서는 평균 실업률을 보면 세 집단이 다 5%대의 실업률을 가지고 있어서 큰 차이는 없습니다. 수출을 보면 GDP중 수출 비중이 북구형이 45%, 유럽형이 56%로 수출주도형이라고 할 수 있고 그에 비해서 영미형은 40%로 상대적으로 좀 더 내수 중심이라고 할 수 있습니다. 한국은 수출주도형 경제이니까 영미형보다는 유럽형이나 북구형 쪽에 더 가깝다고 볼 수 있습니다.

힘 있는 노조가 경제의 기둥

그 다음으로 노조에 대해 보겠습니다. 이 세 모델의 노조조직률은 큰 차이를 보입니다. 자본주의의 임금협상 제도를 정리한 〈표 3〉에 나와 있듯이 노조조직률이 북구형에서는 71%, 유럽대륙형은 32%, 영미형은 26%로 북구가 유독 노조조직률이 높습니다.

〈표 3〉 세 자본주의의 임금협상 제도 [1980-2000]

	노조 조직률		단체협약 적용율	
	1980	2000	1980	2000
복구형 사민주의	72%	71%	78%	83%
덴마크	79	74	70	80
핀란드	69	76	90	90
노르웨이	58	54	70	70
스웨덴	80	79	80	90
유럽대륙형	42	32	77	75
오스트리아	57	37	95	95
벨기에	54	56	90	90
독일	35	25	80	68
네덜란드	35	23	70	80
스위스	31	18	50	40
자유시장경제	47	26		
호주	48	25	80	80
캐나다	35	28	37	32
아일랜드	57	38		
뉴질랜드	69	23	60	25
영국	51	31	70	30
미국	22	13	26	14

우리나라는 12%로 영미형보다도 훨씬 낮습니다. 그리고 단체협약 적용률이라는 게 있는 데 노조가 있는 곳은 물론 노조가 협상한 단체협약의 적용을 받습니다. 그런데 단체협약에 의해서 임금인상이 합의되면 노조가 있는 회사뿐만이 아니라 노조 없는 회사까지도 적용을 받을 수가 있는데 이때 단체협약이 적용되는 비율을 나타낸 것이 단체협약 적용률이란 개념입니다. 노조는 없지만 산업 부문 내 노조가 협상한 결과를 그대로 받아들여 채택한다는 겁니다. 그래서 노조조직률보다 단체협약 적용률이 더 높습니다. 〈표 3〉에서 보다시피 북구형은 노조조직률이 71%이지만 적용률은 83%이고 유럽형은 조직률이 32%에 불과하지만 적용률은 무려 75%나 되는데, 이를 통해서 노조의 영향력이 막강하다는 것을 알 수 있죠.

이 표에서 영미형인 자유시장경제 모델은 평균을 내지 않았습니다. 호주 때문에 너무 편향되기 때문입니다. 호주가 유독 적용률이 80%로 북구형과 비슷합니다. 나머지 나라는 20~30%이므로 평균을 20~30%로 봐야 합니다. 정리해보면 영미형은 노조조직률도 약하고 적용률도 낮으며 이에 비해 북구형은 노조가 강하고 적용률도 높습니다. 유럽형은 중간 정도인데 노조조직률은 낮지만 적용률은 매우 높습니다.

우리나라는 영미형보다 노조조직률도 약하고 적용률도 낮습니다. 그런데 많은 사람들이 "노조가 경제의 발목을 잡는다, 노조 때문에 경제가 안 된다"고 말하며 나아가서는 노조가 잘못하는 점을 시리즈로 만들어 '1탄, 2탄' 하면서 연재하는 신문도 여럿 봤습니다. 보수언론들이 즐겨 그런 특집을 만들어내죠. 그렇게 해서 노조를 총공격하는데, 이런 건 노조운동의 일면만 본 겁니다. 물론 맞는 내용도 있죠. 얼마 전 민노총의 비리도 드러났고요. 특히 비정규직에 대해서 그 고통을 외면하고 있는 거는 당연히 비난 받아야 되는 겁니다. 그건 노조가 노조이기를 포기한 것이죠. 노조는 첫 번째 목표가 연대 아닙니까? 약자와의 연대를 포기한 겁니다.

그렇다면 노조 자체가 경제의 발목을 잡는 거냐? 노조가 귀족노조다, 경제의 발목을 잡는다 하는 말들은 상투적으로 쓰이는 말인데요. 그렇지 않습니다. 적용률이 가장 높은 북구형의 나라들은 노조가 경제의 발목을 잡고 있을까요? 그렇지 않습니다. 오히려 노조가 경제성장의 협력자입니다. 노조가 임금인상을 좌지우지합니다. 그러나 노조의 힘은 강한데 힘을 쓰지 않습니다. 파업을 하려면 할수 있는데 좀처럼 하지 않습니다. 스웨덴 노조나 독일 노조는 강력하면서도 그 강력한 힘을 휘두르지 않습니다. 무협영화나 깡패 세계도 그렇죠. 진짜 주먹 세고 칼 잘 쓰는 무사들은 좀처럼 칼을 뽑지 않습니다. 조금 배웠다고 설치면서 주먹이 근질거리는 그런 친구들이 주먹 쓰고 칼을 휘두르지 정말 고수가 되면 웬만한 일은 참고 지나가고 그냥 넘어가죠. 그게 고수의 경지이죠.

노조도 마찬가지입니다. 노조도 유럽처럼 저렇게 강력해지면 저절로 힘을 자제하게 됩니다. 왜? 노조가 힘이 세다는 것을 스스로 알고 있으니 힘을 한번 휘두르면 국민경제에 어떤 영향을 끼치는지 알기 때문에 좀처럼 힘을 사용하지 않고 자제하게 되는 것이죠. 그래서 오히려 노사간에 협력이 잘 되고 노조는 임금인상을 극도로 자제합니다. 임금을 많이 올리면 수출경쟁력이 떨어져서 스웨덴 경제가 안 돌아간다고 하면서 노조가 항상 수출경쟁력에 신경을 쓰는 그런 책임감을 가지고 있기 때문입니다.

그러나 우리나라는 정반대로 약한 노조가 자꾸 힘을 쓰려고 하죠. 약하니까 힘을 쓰려고 하는 겁니다. 그래서 정말 수출에 지장을 주는 일도 자주 발생하고 있습니다. 따라서 노조를 자꾸 약화시켜서 없앨 게 아닙니다. 미국노조도 약합니다. 미국 노조조직률도 12~13% 로 우리와 똑같습니다. 그러면서 발목 잡을 수도 있게 되죠. 이것이 딜레마입니다. 오히려 강력한 노조는 발목잡지 않고 경제성장에 기여합니다.

한국과 일본만 기업별 노조

이번에는 노조 형태를 봅시다. 우리나라에서는 기업별 노조가 결성되어 있습니다. 세계에서 단 두 나라인 한국과 일본에서만 볼 수 있는데 기업마다 노조가 있는 형태입니다. 다른 나라에서는 이런 기업별 노조 형태가 아니라 산별 노조형태죠. 산별 노조로 되어 있기 때문에 덩치가 큽니다. 이것도 방금 이야기한 바와 마찬가지로 덩치가 작을수록 주먹을 쓰려고 하고 덩치가 커지면 좀처럼 그런 행동을 하지 않고 책임감을 갖고 신중하게 생각합니다. 산업 전체가 임금을 올리면 어느 정도 파급효과가 있는지 알기 때문입니다. 기업별 노조는 1980년대 전두환 시절에 도입되었는데요. 추측컨대 기업별 노조를 도입하면 노조가 잘게 쪼개져 힘을 못 쓰지 않겠느냐고 생각했지 싶습니다.

그러면 기업별 노조가 정말 힘을 못 쓰느냐? 힘을 못 쓰는데 힘을 더 쓰려고 하고 더 분란을 일으키게 됩니다. 그러나 진짜 문제는 회사 안에 노조가 있기 때문에 회사 사장과 노조위원장이 매일 만나서 아침, 저녁으로 만나고 인사해야 하는데 협상장에서는 서로 으르렁거리고 마치 원수지간처럼 되어야 하는 처지입니다. 이것은 모순입니다. 노사 간의 관계란 한편으로는 갈등관계고 한편으로는 협력관계인데 이 두 가지를 동시에 하려니 굉장히 어렵습니다. 이 것이 노사 간의 관계가 가진 두 개의 얼굴입니다. 기업별 노조는 당 사자들을 항상 고민하게 만들고 갈등하게 만드는, 정신분열증 일으 키기 딱 알맞은 그런 모델입니다.

유럽은 그렇게 하지 않습니다. 기업에서 협상하지 않고 산별노 조에서 협상하니까 기업 안에서 사장과 노조원 사이에 서로 으르렁 거릴 필요가 없습니다. 싸움은 회사 밖에서 하고, 갈등은 회사 밖에 서 일어납니다. 그럼 회사 안에서는 뭘 하느냐? 협력을 합니다. 바 로 노사 간의 협력이죠. 갈등과 협력을 분리시킨 것, 이게 아주 잘 한 겁니다. 우린 그걸 분리하지 않고 합쳐놓으니 이게 도대체 뭐가 되겠습니까? 사장과 사원 사이의 인간관계가 다 파괴돼 버리고 불 신하고 서로 원수지간이 되어 버립니다. 그러니까 기업에서는 사장 들이 노조 보기를 아주 적대시하게 되는 거죠.

유럽은 노사 간의 갈등이란 것이 그렇게 될 일이 없어요. 따라서 우리도 기업별 노조를 계속 할게 아니라 이런 점에서라도 노조의 형 태에 대해 재고해야 합니다. 우리도 산별노조로 가야 하는데 문제는 재계에서 이것을 겁낸다는 것입니다. "노조의 덩치가 커져서 힘을 막 휘두르지 않을까?"하고 겁을 내는데 오히려 힘이 있을수록 힘을 자제 한다는 것을 알아야 합니다. 이순신 장군이 전세가 극도로 불리한 명 량해전 직전에 장병들을 모아 놓고 연설한 '필사즉생 필생즉사'(必死 則生 必生則死)와 원리가 비슷하지요. "죽기를 각오하면 살고, 살려 고 하면 오히려 죽는다."는 말로 우리 인생에 이런 원리가 통하는 일 이 많다고 봅니다. 우리 기업이 살려고 기업별 노조로 갔는데 이게 죽 는 길로 온 거예요. 차라리 죽는 것처럼 보이는 산별노조로 가면 삽니 다. 그게 살길입니다. 그렇게 해서 노사관계를 바꿔나가야 합니다.

경제에도 민주주의를

한 가지 더 볼 것은 산업민주주의와 경제민주주의라는 관점인데 〈그림 2. 경제민주주의와 산업민주주의〉를 보면 독일, 스웨덴, 그리고 영국은 서로 형태는 다르지만 노사관계에서 여러 가지 민주주의적인 좋은 모델들을 도입해놓았습니다.

〈그림 2〉 경제민주주의와 산업민주주의

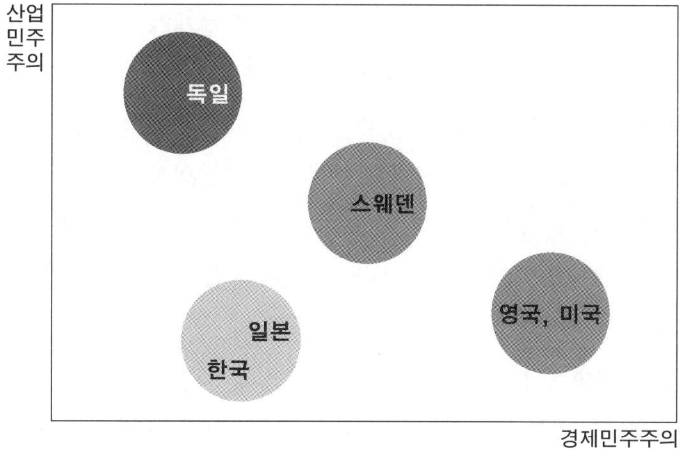

경제민주주의와 산업민주주의의 주 내용은 노동자의 참여인데요, 세 가지가 있습니다. 소유참여, 이익참여, 그리고 의사결정참여. 이 세 가지를 3대 참여라고 하는데 선진국들은 우리보다 모든 면에서 잘하고 있지요. 특히 소유참여와 이익참여를 많이 하는 나라가 영미입니다. 우리 사주제 같은 것이 소유참여이고 이익분배제도 같은 것이 이익참여입니다. 영국, 미국이 활발하게 잘하고 있습니다. 이것을 경제민주주의라고 정의하고 있습니다. 어떤 경제학자가 이렇게 분류한 것입니다. 산업민주주의는 의사결정참여입니다. 의사결정참여를 제일 많이 하는 나라가 독일입니다. 공동결정제도라는 것이 있는데 이것은 회사의 중요한 결정을 노사가 같이 합의하는 제도입니다. 스웨덴은 영미와 독일, 양쪽의 절충으로 중간 정도 된다고 볼 수 있습니다.

우리는 둘 다 약합니다. 일본과 한국은 그런 점에서 아주 후진적입니다. 산업민주주의 측면에서도 아주 낮고 경제민주주의에서도 낮습니다. 민주주의가 제대로 안 되어 있는 나라로 볼 수 있죠. 민주주의를 해야 경제가 삽니다. 독재를 해야 경제가 산다는 말만큼 틀린 말이 없지요. 선진국들은 다 민주주의를 하니까 계속 생산성이 향상되고 질적 성장을 이룰 수 있는 겁니다. 인간이 인간을 신뢰하고 서로 대화상대로 인정하고 참여하고 주인의식을 가지고 하는데서 진정한 생산성 향상이 있고 기업도 살아나는 것입니다. 재계에서는 '경제민주주의' 하면 아주 걷잡을 수 없는 혼란이 온다고 겁을 냅니다. 천만의 말씀입니다. 선진국들 다 저렇게 하는데 잘되거든요. 인간이 인간을 믿고 신뢰하느냐 안 하느냐의 문제입니다. 계속 불신하고 적대시할 것이냐 아니면 믿고 '너와 내가 한배를 탔으니 한번 믿고 해보자' 하느냐, 그 차이입니다. 여기서 우리가 필사즉생의 정신을 가져야 합니다.

가난 구제는 나라도 못한다?

이번에는 세 자본주의 모델에 대한 소득재분배를 비교해보겠습니다. 〈표 4. 세 자본주의의 소득재분배 효과비교〉를 보면 시장소득에 대한 지니 계수와 가처분소득에 대한 지니계수가 나옵니다.

이는 소득에 대한 불평등 정도(시장소득에 대한 지니 계수)를 여러 가지 제도 등으로 정부가 개입하여 불평등을 일정 부분 해소한 뒤의 불평등 정도(가처분소득에 대한 지니계수)를 나타냅니다. 이때

〈표 4〉 세 자본주의의 소득분배 효과 비교

	년도	지니계수		재분배효과
		시장소득	가처분소득	(%)
복구형 사민주의		0.352	0.236	32.9
덴마크	1997	0.345	0.237	31.3
핀란드	2000	0.352	0.233	33.8
노르웨이	2000	0.337	0.236	30.0
스웨덴	2000	0.375	0.238	36.5
유럽 대륙형		0.348	0.256	25.7
벨기에	1997	0.378	0.237	37.3
독일	2000	0.342	0.24	29.8
네덜란드	1999	0.339	0.251	26.0
스위스	1992	0.332	0.297	9.7
자유시장경제		0.418	0.324	22.6
호주	1994	0.396	0.293	26.0
캐나다	1998	0.390	0.298	23.6
영국	1999	0.450	0.341	24.2
미국	2000	0.436	0.363	16.7

얼마나 불평등을 해소했는지를 퍼센트로 나타내는 것이 바로 재분배효과입니다.

세 모델을 보면 북구형은 시장소득에 대한 지니계수가 0.352인데 가처분소득에 대한 것은 0.236입니다. 이것은 정부가 개입해서 불평등을 0.352에서 0.236으로 낮춘 것으로 32.9% 재분배효과가 있었다는 겁니다. 유럽형은 불평등을 25.7% 낮추었고, 자유시장경제인 영미형은 불평등이 가장 심하면서 정부의 불평등 축소효과는 제일 작습니다. 그 이유는 작은 정부, 감세하는 경제정책 때문에 소

득재분배효과가 적기 때문입니다. 우리나라는 어떤가 하면 영미형보다 훨씬 적습니다. 재분배효과가 북구형이 32.9%, 유럽형이 25.7% 그리고 영미형이 평균 22.6%이고 그 중 미국은 16.7%입니다. 한국은 3~4%로 수치가 너무 작습니다. 도대체 이게 나라인가 싶을 정도입니다. 가난구제는 나라도 못 한다고 하는 말이 있는데 아마 우리나라가 못한다는 말이 아닌가 싶습니다.

우리가 소망하는 제3의 길

가끔 한국방송(KBS)에서 하는 역사추적이라는 프로그램을 보는데 거기에서 본 것 중의 한 가지를 얘기하겠습니다. 정조 때였습니다. 흑산도 주민들이 살기가 힘들어 가뜩이나 어려운데 세금이 너무 가혹해서 살기가 더욱 어려우니 세금을 좀 깎아달라는 탄원을 하려고 김이수라는 주민이 대표로 정조를 만나러 갑니다. 흑산도에서 하루 종일 배를 타고 목포로 가서 거기서 또 걸어서 서울까지 정조대왕을 만나러 가는 겁니다. 어떻게 왕을 만나느냐 하니 이렇습니다.

정조가 워낙 효자라서 수원성에 있는 자기 아버지 사도제사 능을 자주 참배했는데 그 당시는 한강을 건널 다리가 없던 때라 배다리를 놓아 정조가 한강을 건넜습니다. 배다리라는 것은 배를 여러 척 이어 그 위에 판때기를 쫙 깔아서 그 판때기 위로 사람과 말이 지나가게 하는 겁니다. 이 배다리의 발명자가 다산 정약용 선생이었습니다. 이렇게 왕복 며칠씩 걸리는 행차에 정조가 '격쟁'이라는 것을 허용합니다. 정조가 명하기를 "억울한 일이 있는 백성은 꽹과리를 쳐라. 꽹과리를 치면 내가 그 억울한 사정을 들어주겠다"고 했지요. 그 전에는 신문고가 있었는데, 신문고는 이용도가 낮았고 저 어딘가 관청 깊숙한 곳에 위치하고 있어서 일부 양반들만 이용했고 평민들은 어디 있는지도 몰랐다고 합니다. 그나마 있던 신문고조차 연산군이 귀찮다고 없애 버렸습니다. 그리고는 백성이 억울함을 호소할 수단이 없었습니다. 그래서 정조가 살린 것이 '격쟁'입니다.

그 날도 백여 명의 백성들이 격쟁을 통해서 왕에게 억울함을 호소했지요. 그 중의 한 명이 흑산도 김이수였습니다. "세금이 너무 무거워서 우리가 살 수 없습니다." 정조가 행차를 끝내고 그 피곤한 몸으로 돌아와서는 창덕궁에서 잠자리에 들기 전에 백여 건의 그 탄원들을 다 정리하고 지시하고 나서야 잠자리에 들었다고 합니다.

그리고 넉 달 뒤에 흑산도에 파견되었던 감사가 조사한 결과를 정조에게 보고했습니다. 감사가 보고하기를 "정말로 흑산도 주민들의 고통이 심하고 세금이 너무 가혹한 것은 사실입니다. 그러나 이 세금을 깎아주면 전라감영의 세수가 줄어듭니다. 그래서 전라감영에서는 세금 깎아주는 것을 반대합니다."라고 했지요. 정조가 보고를 듣고 결정 내리기를 '손상익하'(損上益下)라 하면서 "위에서 손해를 보고 아래에 이익을 주는 것이 맞다. 그러니 세금을 폐지하라. 그것이 원래 국가가 하는 일이다."라고 했습니다.

그 장면을 보고 저는 깜짝 놀랐습니다. 아~. 200년 전에 소득재분배하는 것이 국가가 하는 일이라고 이렇게 말한 군주가 이 지구상에 한 명이라도 있었겠습니까? 이런 군주가 없어요. 세계사적으로 드문 일입니다. 복지국가 되기 훨씬 전에 말이죠. 그걸 보고 정조를 더욱 더 존경하게 됐습니다. '손상익하'라고 하는 말은 원래 주역에 나오는 말입니다. 워낙 정조가 공부를 많이 했기 때문에 주역의 그 구절을 떠올려서 '손상익하'라고 결론을 내렸던 것이죠. 참으로 성군입니다.

또 김이수가 대단한 농민인데요. 그 사람이 정조를 만나기 전에 온 관청을 다니면서 여러 군데 탄원을 했는데 다 묵살 당했어요. 나중에 전라감영까지 찾아갔는데 거기서도 일축 당하고 쫓겨났습니다. 그런데 마지막에 서울로 올라가기 전에 동네사람에게 이렇게 말하고 떠났다고 합니다. "다행히 성군이 계시니 내가 서울에 가서 한번 이야기해보겠다." 그는 정말 성군을 만났던 겁니다.

이것이 국가가 하는 일입니다. 가난한 약자들을 돕고 부유한 강자들의 몫을 좀 깎아서 약자들이 살 수 있도록 해주는 게 그게 원래 국가가 하는 일입니다. 그 역할을 북구의 스웨덴이나 핀란드 같은 나라들은 열심히 잘하고 있지요. 그렇다고 경제가 성장 안 되는 거 아닙니다. 보시다시피 북구는 성장도 1등이잖습니까? 분배와 성장은 같이 갑니다. 절대로 모순이나 상충이 아닙니다. 항상 보수언론들이 분배가 성장의 발목을 잡는다고 떠드는데 그것만큼 틀린 말이 없습니다. 여러분들 거기에 현혹되지 마십시오. 분배 잘하는 나라가 성장도 잘됩니다. 성장과 분배는 같이 가는 겁니다. 동행입니다.

몇 년 전에 청와대에서 일할 때 이런 이야기를 아무리 해도 먹혀 들어가지 않고 보수언론은 계속 저를 공격하며 '분배에 치중하다가 성장 망쳤다'는 식으로 기사를 쓰더군요. 그래서 제가 청와대 브리핑에 글을 하나 올렸는데 그 글 제목이 '성장과 분배는 동행'이었습니다. 저는 최성수씨가 부른 '동행'이라는 노래를 좋아하거든요. 여러분들 그 노래 아십니까? 바로 '동행'인 겁니다. 물론 너무 심하게 분배하면 부작용이 있을 수 있습니다. 북구도 과거에 너무 심하게 재분배하다가 지금은 좀 반성하고 세금이나 재분배를 조금 줄였습니다. 하지만 줄여도 여전히 엄청난 재분배를 하고 있습니다. 국가가 기본생활을 다 보장해줘서 의식주, 교육 같은 기본적인 것은 걱정하지 않고 살 수 있도록 해주고, 그 다음에 능력 있는 사람은 경쟁해서 더 벌되 마음대로 버시오, 하는 거죠.

우리나라는 기본조차도 안 되어 있어 국민생활이 기본생활에서부터 위태롭게 되어 생계가 막막하고 내일 당장 어떻게 될지 모르는 상태에 있는데, 국가가 손을 떼고 '성장만 하겠다', '분배는 성장의 발목을 잡는다' 는 주장만 하고 있으니, 이런 무책임한 정부가 이 세상에 어디 있겠습니까? 소득재분배 효과를 볼 때 영미형 국가도 20% 넘는 재분배효과를 갖고 불평등을 완화시켜주고 있는데 한국은 3% 혹은 4% 재분배효과라는 게 이게 한 나라의 정부입니까? 이런 정부 없습니다. 이건 직무유기입니다. 역대정부를 직무유기죄로 역사법정에 세워야 합니다. 심각한 직무유기입니다. 정말 정조가 지하에서 통곡을 할 겁니다.

그러면 앞으로 한국이 갈 길은 어디냐? 관치경제에 미련 가지면 안 됩니다. 그리고 그것은 이미 끝났습니다. 북한은 빨리 사회주의 철폐해야 합니다. 시장경제와 민주주의를 도입해야 합니다. 시장경제만이 우리의 살 길입니다. 남한과 북한, 둘 다 과거에 잘못된 모델을 가지고 오랫동안 체제경쟁을 했던 어리석음을 범했는데 이제는 올바른 길을 가야 합니다. 남한은 오랫동안 제1의 길인 박정희 모델 즉 관치경제하다가 외환위기 사태 이후 급히 시장경제로 내려와서 현재는 제2의 길을 취하다 보니 모순되는 두 길 사이에서 충돌과 혼란이 가중된 상태에 빠져 있습니다. 북한은 아직 요지부동 사회주의 모델에 있습니다. 우리는 위에서 세 가지 자본주의 모델을 여러 가지로 살펴보았습니다. 이 중에 우리가 가야 할 길은 북구 사민주의 모델입니다. 〈그림 1〉을 보면 공교롭게도 북구사민주의 모델이 제3상한에 있네요. 그것이 제가 말하는 제3의 길입니다. 제3의 길이 바로 살 길입니다.

지금 이명박 정부가 계속 주장하는 것이 감세, 작은 정부, 민영화, 규제완화, 전봇대 뽑기 그리고 친기업입니다. 이것들이 뭡니까? 이게 전형적인 자유시장경제 모델에서 주장하는 것입니다. 미국의 1920년대 공화당 정부 12년 동안에 한 것이 바로 이겁니다. 이 모델의 출발이 바로 여기서 시작되었습니다. 감세, 작은 정부, 규제완화, 친기업, 반노조 이 다섯 가지가 미국의 하딩(Harding), 쿨리지(Coolidge), 후버(Hoover) 대통령이 12년 동안 한 겁니다. 이들이 열심히 12년 동안 한 결과가 뭐였습니까? 바로 대공황이었죠. 그리고 그 위기에서 경제를 살려낸 게 민주당의 루즈벨트 대통령의 뉴딜입니다. 뉴딜을 한다고 하니 당시 미국에서 보수파들이 빨갱이라고, 좌파라고 얼마나 공격했는지 모릅니다. 그 좌파라는 공격을 이겨내고 뉴딜정책을 해서 경제를 살려내고 대공황을 벗어날 수 있었습니다.

우리도 지금의 경제위기에서 벗어나야 되는데 조금이라도 왼쪽인 분배, 재분배로 가야 하는데 그러면 또 보수파들이 좌파 빨갱이라고 공격합니다. 이거는 정말 죽자는 것 밖에 안 되지요. 역사의 교훈을 얻어야 합니다. 다른 나라의 전철을 밟아서는 안 됩니다. 앞차가 거꾸러지는 것을 보면 그 길로 가서는 안 되죠. 그런 게 역사의 지혜입니다. 관치경제를 청산해야 되고 또 어정쩡하고 혼란 가득한 시장만능주의에서 벗어나야 합니다. 그런데 지금 이명박 정부가 벗어나지를 못하고 있습니다. 게다가 대운하 사업이다, 4대강 살리기다, 하는데 대운하 사업은 전형적인 박정희식 모델입니다. 그것은 정답이 아닙니다.

박근혜 후보도 2007년 대통령 선거 때 똑 같은 얘기를 했습니다. 2년 전 대선공약이 세금 줄이고 규제 풀고 기강 세운다 하는 이른바 '줄푸세'였습니다. 기강 세운다는 것은 말하자면 노조나 농민들 데모하고 시위하는 것 기강 잡겠다는 겁니다. 그게 1920년대 하딩, 쿨리지, 후버가 항상 강조했던 것입니다. 노조 때려잡고 빨갱이 사냥했어요. 그래서 경제 망쳤죠. 한나라당에는 그 밑에 참모들 많을 텐데, 경제학 전공하는 사람들이 미국 가서 한쪽 경제학만 공부하고 오니까 그런 겁니다. 노사관계니 역사니 그런 데는 관심이 없고, 자유시장이니 그런 것만 배워 와서는 역사의 교훈은 볼 줄 모르고, 우리 경제가 죽는 길로 가도록 인도하고 있는 줄도 모르고 자꾸 '줄푸세' 같은 공약이나 만들고 있는 겁니다.

정부는 국가부채가 급증하는데도 지금도 자꾸 감세한다고 합니다. 새 정부가 2008년도에 한 것이 뭡니까? 종부세 없앴죠. 소득세, 법인세 깎아주고, 양도소득세 감면하고…. 우리 경제가 죽는 길로 가는 거죠. 이건 완전히 하딩, 쿨리지, 후버의 전철을 밟고 있는 겁니다. 그 전철을 그대로 밟았던 사람이 레이건이고 부시 부자였거든요. 그들은 똑같이 했습니다. 감세, 작은 정부, 규제완화, 민영화, 노조 때려잡기였습니다. 그래서 결국 또 제2의 공황을 맞이하게 됐지 않습니까? 미국의 공화당은 '공황 제조기'입니다. 1929년에, 그리고 2008년에 공황을 일으켰습니다. 그 반면 민주당이 집권하게 되면 경제를 살려 경제성장률을 높이고 소득분배도 좋아집니다. 성장과 분배, 둘 다 살립니다. 분배와 성장이 같이 갑니다. 절대로 모순과 충돌 아닙니다.

그래서 우리가 제3의 길로 가야 살고 제1의 길이나 제2의 길로 계속 고집하는 한 우리의 미래는 없습니다. 이것이 제 결론입니다. 장시간 경청해주셔서 고맙습니다.

북유럽과 한국의 차이

질문 : 전반적으로 이러한 경제모델을 이야기하면 북유럽 사민주의가 좋은 모델인 것이라고는 알지만 과연 한국 사회에 접목될 수 있을까 하는 의문이 있습니다. 북유럽은 각국의 인구가 적고 그동안 정치경제가 안정이 되어있으나 한국 사회는 인구가 많고 정치경제가 비교적 북유럽에 비해 안정되어 있지 않은데 과연 가능할까요? 또 일본이나 미국의 예를 들면서 한국은 적어도 인구가 1억 이상이 돼야 내수가 뒷받침되어 경제성장을 이룰 수 있으므로 남북이 통일되어서 경제성장을 이루어야 한다고 하는 얘기도 있습니다. 여기에 대해서 어떻게 생각하시는지요?

답변 : 질문에 아는 데까지 성실히 답하겠습니다. 한국에 북구형이 접목 가능한가 하는 질문은 평소에도 많이 받습니다. 『사회평론』이란 잡지가 1991년 창간호를 냈는데, 창간호 특집이 '우리시대의 사상적 지표는 무엇인가? 1. 한국에서 사회민주주의는 대안일 수 있는가?' 였습니다. 즉 북구모델이 대안일 수 있느냐가 특집이었고 여러 사람이 거기에 대한 글을 썼습니다. 그리고 그 잡지에 〈사람과 사상〉이란 난에서 인터뷰를 했는데요. 인터뷰 1호가 장기표 민중당 정책위원장이었고 당시 제목이 '자본주의도 사회주의도 아닌 제3의 이념은 가능한가?' 였습니다. 1991년에 이 문제가 사회적 초점이 되었던 겁니다.
계간 『사상』이란 잡지도 역시 1994년에 '제3의 길은 없는가?

역사의 실험'이란 특집을 마련해서 유럽 각국의 스웨덴, 오스트리아, 스위스, 독일 등 책 전체에서 이 문제를 다루었습니다. 여기서도 한국에 대해서 한 명은 '제3의 길'은 안 된다고 강하게 주장하고 있고 다른 사람들은 그래도 이 길로 가야 되지 않는가라고 말하고 있습니다.

'제3의 길'에 대해서 반대하는 사람들의 이유는 제가 볼 때는 이겁니다. 일부 사람들은 여전히 박정희 모델에 향수를 가지고 있는 사람들입니다. 그들은 이것을 좌파 빨갱이라고 생각하는 사람들입니다. 또, 반대로 시장경제 좋아하는 사람들입니다. 시장만능주의인 사람들은 역시 제3의 길이라고 하면서 분배에 치중하다 보면 성장 발목 잡는다고 생각하는 겁니다. 보수 쪽은 사상이 달라서 '제3의 길'에 반대할만하니 그렇다 치고, 진보진영 또는 노동운동 진영에서는 찬성할 만한데 그렇지 않습니다.

그런데 일반 국민들에게 물어보면 북유럽 모델에 대한 지지도가 굉장히 높습니다. 우리나라의 미래 모습이 어떤 나라의 형태가 되었으면 좋은지에 대하여 5년 전쯤 모 신문사에서 국민 여론 조사한 걸 보니 1위가 북구형 사회가 되었으면 좋겠다고 나왔습니다. 그래서 희망이 많습니다. 그런데 노조 또는 진보정당 쪽 사람들이 사민주의에 대해 상당히 회의적인데 그 이유 중의 상당 부분은 사회주의에 대한 미련이 많이 남아 있어서 그렇다고 봅니다.

운동권에 주사파나 NL, PD라든지 이들이 꽤 남아 있는 걸로 보이며 그 사람들은 사민주의를 기회주의로 봅니다. 사민주의의 역사를 보면 진행되어 온 과정이 1차 대전 때 전쟁에 반대하지 않았고 기회주의적인 모습을 보인 것은 사실이죠. 베른슈타인의 수정주의 같은 것을 보면 말이죠. 그래서 뭔가 의심의 눈으로 '이건 진짜가 아니다, 기회주의다' 라고 보는 순수혈통주의 같은 면이 있는데, 저는 이제 역사로 거의 판정이 났다고 봅니다. 사회주의는 실패한 모델이고요. 사회주의에 미련을 가지고 계속 '사민주의는 기회주의다' 라고 하는 것은 그냥 현실에 대해서 눈을 가리겠다는 것밖에 안 됩니다. 그럼 당신이 생각하는 우리가 살 길은 무엇이냐 라고 물으면 답은 없는 겁니다.

인류 역사가 지난 몇 백 년 간 온갖 고생을 하며 투쟁하고 쓰러지고 하면서 찾아낸 답으로 그래도 가장 인간적이고 가장 살 만하고 가장 이상적인, 완벽하지는 않지만 가장 이상에 가까운 사회가 있다면 바로 북구형 사민주의입니다. 22세기 정도나 미래에 가서는 이것도 구시대적인 유물로 볼지도 모르지만, 지금까지는 인간의 지혜가 거기까지 갔다고 보면 된다고 생각합니다.

한국에서 이게 가능한가, 아닌가는 별개의 문제인데요. 인구가 많지 않느냐, 그렇게 이야기 합니다. 인구가 장애 요인이기는 한데요, 왜냐하면 북유럽 나라들은 인구가 전부 몇 백만 정도이거든요. 스웨덴이 9백 몇 십만으로 1천만 명이 안 됩니다. 나머지 나라는 4, 5백만 혹은 6백만 정도입니다. 아일랜드도 작은 나라죠. 작은 나라일수록 대화가 잘되고 타협이 잘되기 때문에 작은 나라가 유리한 점은 있으나 인구가 많은 게 결정적인 장애요인이라고는 보지 않습니다.

또 하나가 정치경제적인 면입니다. 노조의 힘이 너무 약하고 진보정당의 힘이 너무 약합니다. 이건 인구보다 더 큰 장애요인이라고 봅니다. 그 대신 한국에는 건전한 시민운동이 굉장히 발달해 있다고 저는 봅니다. 상당한 수준에 도달해 있고 다른 나라를 능가합니다. 그런 점에서 저는 사민주의를 하기에 척박한 토양을 가진 한국에서 시민사회가 잘 형성되어있어 시민단체들이 많이 보충을 해주고 있기 때문에 거기에 희망을 걸어봅니다. 바로 거기서 사회적 대화 무대를 만들어 낼 수 있지 않을까 생각합니다.

한국은 왜 사민주의 무풍지대인가?

질문 : 오늘 강의가 제 3의 길은 가능한가라는 주제였는데, 한국에서는 왜 분배를 통한 성장이라는 논의가 촉발되지 않고 단지 불가능할 것이라는 입장이 더욱 힘을 얻고 있는지 궁금합니다. 왜 사민주의가 한국에서는 불가능하다고 말하는 걸까요? 그리고 세계화와 금융자본주의라는 세계 경제 환경 속에서 왜 한국경제는 더 시장을 개방해야 된다는 쪽이 힘을 얻고 있는지 거기에 대한 견해를 듣고 싶습니다.

답변 : 한국이 왜 이렇게 분배를 외면하고 성장일변도로 갔고 분배를 조금만 강조하면 좌파, 빨갱이로 몰았느냐 하면 지난 수 십 년간의 해방 후 역사가 그렇게 만들었다고 할 수 있죠. 극우파들이 정권을 잡으면서 자기하고 조금만 생각이 다르면 다 좌파로 몰아서 죽였습니다. 살아남을 수가 없었죠. 잔인하게 죽이고 고문했습니다. 그 피비린내 나는 역사가 우리 역사를 이렇게 좁게 한정시켜버리고 결국은 죽는 길로 국민을 몰아간 겁니다. 자기들은 성과주의 한다면서 마구 땅 파헤치고 했지만 그것이 살길이 아니죠. 장기적으로 살 길을 천천히 다져갔어야 했는데 아주 조급하게 온갖 부작용을 양산해 가면서 내 임기 중에 이런 실적 세웠다 자랑하려고 밀어붙였지요. 하지만 두고두고 정말 잘했다 싶은 게 몇 개나 있습니

까? 토지문제에 대해서 다음 주 김윤상 선생의 강의를 통해 한번 들어보시기 바랍니다.

그래서 분배를 무시하고 성장일변도로 간 것이 결국 극우파들이 자기의 부족한 정치적 정당성과 친일파하고 손잡은 부끄러운 과거를 덮기 위해서였고, 그러다 보니 웬만한 중도적이고 온건한 사람들도 다 좌파, 빨갱이라고 몰아갔죠. 분배의 'ㅂ'만 얘기해도 좌파, 빨갱이라고 했지요. 아주 지독한 우파를 우리가 지도자로 모셨던 겁니다. 이런 지독한 우파는 세상에 잘 없습니다. 다른 나라 역사에 말입니다. 아무리 그렇다 해도 최소한의 양식이란 게 있죠. 우리나라의 우파는 최소한의 아량, 포용력, 그런 걸 보여주지 않았습니다.

요즘 뉴라이트에서 하는 이야기가 무엇입니까? 식민지 잘했다는 것이고 독재 잘했다는 것 아닙니까? 식민지, 독재 잘했다는 나라가 이 지구상에 있겠습니까? 이건 정말 우리 현대사가 낳은 비극입니다. 그런 면에서 우리의 토양이 너무 척박하구요, 제3의 길로 가는 게 준비가 하나도 안 되어 있습니다. 다 씨를 말려서 그쪽으로 가는데 준비가 하나도 안 되어 있는데 그래도 살길이 그것이기 때문에 저는 하나씩 만들어가고 시민사회를 성장시켜 가지고 가는 길밖에 없다고 생각합니다.

세계화 질문을 하셨는데 세계화한다고 해서 복지나 분배 이런 거 무시하면 안 되고요, 오히려 세계화와 개방으로 갈수록 사회 안전망이 잘 되어 있어야 합니다. 유럽의 특징이 이렇습니다. 아까 〈표 2〉에서 보셨을 때 유럽의 수출비중이 높았고 영미형이 낮았죠? 개방형입니다. 어떻게 유럽이 저렇게 개방으로 갈 수 있었느냐 하면 바로 사회복지가 잘 되어있어서입니다. 사회안전망이 있어야 개방을 할 수 있습니다. 유럽과 미국의 차이가 거기에 있습니다. 개방을 하면 외부에서 충격이 오는데요, 예를 들어서 칠레와 자유무역협정(FTA)을 맺으면 포도농가와 과수농가들이 피해를 봅니다. 그래서 피해를 보는 부문, 산업 또는 사람들을 보상해주고 전직 훈련을 해주고 투자하는 데 도와주는 등의 사회안전망이 되어 있어야 합니다. 유럽에는 그런 사회안전망이 잘 되어 있기 때문에 개방형으로 갈 수 있었던 것이고, 영미형은 그게 덜 되어 있기 때문에 개방형으로 많이 못 가는 겁니다.

우리는 어떠냐? 사회안전망이 부실하면서 개방은 아주 많이 되었죠. 이런 나라가 별로 없습니다. 이게 참 문제죠. 이렇게 개방으로 가는 건 좋은데, 개방으로 가려면 그만큼 사회안전망을 깔아놓고 가야 하는데 아무 준비 없이 간 거죠. 역대정부가 얼마나 무책임하게 국가를 운영했는가를 알 수 있습니다. 국민들을 완전히 무방비상태로 두고는 그냥 몰고 가는 난폭한 통치를 했다고 볼 수 있습니다.

제3의 길 추진 방안과 재벌문제

질문 : 강의를 들으면서 여러 수치를 보니까 한국이 영미형보다 상황이 좋지 않은데, 그렇다면 제3의 길로 가기 위해서 중간 단계로 도입할 수 있는 방안은 어떤 것이 있을지, 또 삼성공화국이니 하는 말이 나타내듯 재벌의 폐해가 큰데 제3의 길을 가면서 한국의 재벌문제는 어떻게 처리해야 되는지 선생님의 생각이 궁금합니다.

답변 : 개량주의란 말이 영어로 Reformism이라고 합니다. 우리말로 번역하면 개혁주의라고 할 수 있습니다. 그런데 구태여 비

틀어서 어감이 나쁘게 개량주의라고 하니 마치 지붕 개량하는 것처럼 어감이 시시하고 미적지근하게 들리도록 만들어 두었는데 사실은 개량을 하다 보면 나중에 큰 변혁이 올 수도 있죠.

스웨덴을 교훈으로 삼을 필요가 있습니다. 스웨덴이 인구가 적다는 것은 유리한 점이라고 할 수 있는데요. 1930년대까지 노사분규가 심했고 농업 중심 국가였고 후진국이며 유럽에서 제일 가난해서 국민들이 다른 나라로 이민도 많이 갔던 나라였습니다. 1930년대부터 많이 달라졌는데, 그건 사민당 정권의 정책으로 노사대타협인 1938년 '살초바덴 협약'이 이루어지면서였죠. 이전에 노사분규가 제일 심한 1등의 나라에서 정반대로 상전벽해처럼 바뀌었습니다. 처음에 사민당에서 이렇게 했더라고요. 노조가 실업보험 운영을 맡아서 해라, 이게 비결이었습니다. 그래서 저렇게 노조 가입률이 높은 겁니다. 북구 4개국인 덴마크, 스웨덴, 핀란드, 노르웨이가 다 그렇습니다. 국가가 실업보험을 운영하는 것이 아니고요, 노조가 운영합니다. 우리나라는 지금 고용보험을 국가가 운영하고 있죠.

스웨덴에서는 국가가 고용보험을 노조에게 넘겨버렸습니다. 노조가 국가에서 실업보험 운영하는 것을 싫어했고 재계는 돈 내기 싫어서 빠져버렸습니다. 그래서 자동적으로 노조가 실업보험료 내고, 일자리를 잃으면 보험금 타게 하고 그랬던 겁니다. 사민당이 처음 집권할 때 힘이 약하니까 농민당과 연합해서 집권했는데 농민들도 실업급여를 반대합니다. 농민들은 실업될 일이 없으니 국가에서 실업보험료 운영하는 것을 반대하는 거죠. 그래서 노조가 운영하는 실업보험제도가 생긴 겁니다. 노조에 가입해야 실업보험금을 탈수 있으니 노동자들이 너도나도 가입하는 바람에 가입률이 높아지는 거죠. 이걸 겐트(Ghent)제도라고 합니다.

겐트제도라는 게 지금 보면 높은 노조 가입률을 이끌어내고 경제를 걱정하는 노조로 만들어, 힘이 있으나 힘을 자제하는 노조가 된 비결인 것입니다. 그래서 우리도 그런 식으로 노조한테 국가가 손을 뗄 테니 노조가 해보라고 하든가, 그럼 너도 나도 다 가입할 것이고 경제도 함께 걱정하고… 그런 것도 하나의 방법이 될 수 있습니다. 노조 가입하는 걸 다 반대하고 노조를 죽여야 경제가 산다고 생각하는 것은 재계가 착각하는 겁니다. 노조가 살아야 경제가 삽니다.

그렇게 조금씩 개량, 개선한 것이 스웨덴을 지금의 저런 높은 수준의 제3의 길까지 오게 한 겁니다. 처음에 실시한 것을 하나하나 보면 좀 시시해 보이는데 그게 큰 변화를 일으킨다는 겁니다.

재벌문제와 삼성공화국에 대한 질문이 있었는데 이것도 역시 스웨덴이 우리에게 교훈을 줍니다. 스웨덴이 재벌공화국입니다. 거기에 15대 재벌이 있고 4대 재벌은 특히 큽니다. 4대 재벌이 경제를 다 장악하다시피 하고 있습니다. 4대 재벌 중에 제일 큰 발렌베리 그룹은 우리나라의 삼성 정도의 비중을 차지할 겁니다. 삼성과 막상막하인데요. 19세기 중엽부터 시작했으니까 지금 5대째 내려오고 있습니다. 그런데 우리나라와 차이나는 것은 그 재벌을 국민들이 존경한다는 겁니다.

발렌베리는 세금 열심히 내고, 반칙하지 않고, 서민적으로 삽니다. 주말이 되면 운전기사에게 쉬라고 하고 직접 운전하면서 시내 다니고, 백화점에 와서 물건사고, 이웃과 인사하고, 화초에 물주면서 이웃과 잡담하고…, 이렇게 지냅니다. 아무런 격의 없이 생활하지 저 높은 담 쌓아 놓고 구중궁궐에 앉아 있는 황제처럼 그렇게 생활하지 않는 겁니다. 세금 많이 내고 사회민주주의하고 노동자들과 대화하니 국민들이 싫어할 이유가 하나도 없죠. 우리나라 재벌들이 발렌베리 그룹의 그런 행동을 보고 많이 배울 필요가 있다고 생각합니다. 재벌에 대해서는 어려운 주제인데 다음 강의에 다른 분들과 함께 나누는 것이 좋으리라 봅니다.

물론 재벌에 대해서는 두 가지 시각이 있죠. 재벌을 철저히 개혁해야 된다는 시각과 재벌을 그대로 인정하고 이용해야 된다는 케임브리지대의 장하준 교수의 주장도 있습니다.

관치경제에 대해서 장하준 교수는 상당히 좋게 평가합니다. 저는 다른 문제는 장하준 교수와 생각을 같이 하는 것이 많으나 재벌문제와 관치경제에 대해서는 생각이 다릅니다.

시민사회에 거는 희망 – 사회대타협

질문 : 앞에 나온 질문에 보태어 질문 드리겠습니다. 먼저 제3의 길로 가야 한다는 믿음을 가지고 있는 사람들, 특히 노동운동이 장단기 차원에서 어떠한 목표를 가장 시급하게 과제로 삼아야하는지, 그리고 만약 미래의 언제가 될지는 모르겠지만 사회민주주의 정책을 내건 정당이 정권을 잡았을 때, 물론 많은 것들이 변해있겠지만 그 시점에서 그 정권이 가장 먼저 해야 할 과제가 무엇이라고 생각하시는지 알고 싶습니다.

답변 :시급한 과제에 대해서 그것이 무엇이냐…. 저는 우리나라의 척박한 노동운동, 진보정당으로 봐서는 너무나 희망이 없다고 봅니다. 물론 그 자체에서도 열심히 해주면 좋은데 그 안에서도 사

회주의에 대한 상당한 향수를 가진 세력이 아직도 강하다고 보거든요. 때문에 희망이 별로 없다고 생각합니다. 시민사회에 희망을 갖는데요, 그 중에 아일랜드가 참고가 됩니다.

아일랜드에서는 1987년부터 3년마다 한 번씩 사회협약을 맺어 왔습니다. 사회협약을 하는 주체를 보면 네덜란드는 노사 간의 타협 모델인데, 아일랜드는 그 범위를 더 확대했습니다. 1987년부터 사회단체대표들이 50여명 모였습니다. 그 안에 노사 포함, 농민대표, 여성대표, 시민대표, 직종대표 등 52명이 모여서 중요한 경제사회문제를 토론하고 합의합니다. 노조의 과격한 투쟁도 지양하고 임금인상도 자제하고 그 대신에 일방적으로 노조에만 양보를 요구해서는 안 되니 국가도 사회보장 같은 걸 약속하고 다 원만하게 합의되면 그대로 시행합니다. 3년마다 갱신해 가면서 아일랜드가 불과 20년 만에 기적을 이루어냈습니다.

그전까지 아일랜드가 유럽에서 가장 가난한 나라였습니다. 슬픈 아일랜드죠. '아 목동아!' 라는 노래가 얼마나 슬픕니까. 슬픈 역사를 가진 식민지의 역사인데요, 지금은 영국을 추월해서 GDP 3만 불을 먼저 달성했어요. 20년 만에 고속 추월을 했습니다. 그래서 아일랜드 수도 더블린에 가면, 저는 가보진 못했고 사진으로만 봤는데요, 높다란 120m 짜리 뾰족한 첨탑이 하나 서있는데 이름이 더블린 스파이어(The Dublin Spire)라고 합니다. 영국을 앞질러 3만 불 달성을 이루어 낸 것을 축하하는 기념탑입니다. 아일랜드 총리 관저 집무실에는 촛불 하나가 하루 종일 켜져 있는데요. 왜 촛불이 켜져 있느냐 하면 그 촛불이 너무 가난하던 시절에 먹고 살지 못해서 떠난 아들이 집으로 돌아오기를 바라는 아일랜드 어머니의 마음을 나타낸다는 겁니다. 촛불을 켜놓고 밤새도록 기다리는 겁니다.

아들이 돌아오기를…. 그 슬픈 역사를 가지고 있는 아일랜드가 경제기적을 이루게 한 것은 사회대타협입니다.

사회대타협이 노사뿐만이 하는 것이 아니라 각종 사회단체들이 총망라되어 사회적 대합의로 이끌어진다는 것, 그게 우리에게 시사하는 바가 큽니다. 지금 우리 한국의 빈약한 노동운동, 낮은 사회인식, 관료와 재계의 심한 반대가 있는 이런 척박한 토양에서 꽃을 피우려면 사회가 대타협을 이루어 내는 것이 유일한 길이 아닌가 합니다. 그것이 가장 시급한 과제라고 봅니다.

그걸 하려면 우선 정권이 국민들로부터 신뢰를 받아야 하는데 앞으로 그걸 해낼만한, 믿을만한 정권이 언제 등장할 것인가가 문제지요. 진보적이고 이런 부분에 대한 이해가 되어 있는, 그리고 시장만능주의에 빠지지 않고 관치경제에 빠지지 않고 이러한 최소한의 인식을 갖춘 정권이 언제 들어서느냐 하는 겁니다. 그런 정권이 들어서면 저는 우리민족이 인구가 많지만 충분히 해낼 수 있다고 봅니다.

왜냐하면 우리가 세계에서 IQ 1등이거든요. 2등이 어디인지 아십니까? 북한입니다. (모두 웃음) 우리 민족이 머리도 좋지만 노력은 또 얼마나 많이 합니까? 밤을 새워서라도 뭘 해내는 민족이 우리 아닙니까. 밤을 새워서 해내는 곳은 한국 외에 다른 나라는 잘 없습니다. 이렇게 노력하고 머리도 좋은데 왜 성공 못하겠습니까? 거기에 단합까지 잘 할 수 있어요. 저 붉은 악마 보십시오. 붉은 악마의 저 단결력. 그런 거 충분히 해낼 수 있습니다. 단지 지도자가 어떻게 하느냐가 문제죠. 우리가 정말 세종과 정조 이후에 지도자다운 지도자를 못 만나가지고 이런데, 좀 제대로 된 지도자가 나와서 '자, 한번 해보자' 하고 국민들에게 호소하면 이 척박한 토양에서도 기적을 만들어 낼 수 있는 민족이라고 생각합니다. 패배주의에 빠져서는 안 된다고 봅니다. 우리가 해내잖아요.

참여정부 시절 시도했던 제3의 길 정책

질문 : 선생님이 노무현정부에 계시면서 제3의 길을 한국에서 실현시키기 위해서 중요하다고 생각하시고 추진하신 정책이 있었는지 그리고 좌절되었다면 그 까닭은 무엇인지 좀 듣고 싶습니다.

답변 : 노무현정부에서 이런 정책 한 게 뭐 있느냐? 아픈 질문인데요, 별로 없죠 뭐, 하하하…. 하려고 노력은 했습니다. 꽤 노력했고요, 관치경제 탈피하려고 노력했고, 시장만능주의 탈피하려고 노력했고요…. 그것만 해도 어려웠습니다. 너무나 강해서요. 자석이 강해서. 그 로렐라이의 배를 끌고 가려는 유혹이 너무나 강해서 그 노래 소리에 귀를 막고 안 듣고 가려고 무척이나 노력했는데, 그래서 꽤 노력했는데….

복지예산을 많이 늘렸습니다. 사회적 약자에게 필요한 재분배를 많이 하려고 했는데, 안 한 것처럼 보이지만 사실 많이 했습니다. 숫자가 말해줍니다. 중앙정부 예산을 크게 쪼개어 행정예산을 빼고 나면 경제예산과 복지예산인데, 우리나라에서는 항상 경제예산이 복지예산보다 훨씬 많았습니다. 비율로 보면 30 대 20 정도. 그런데 이런 나라가 있느냐? 없습니다. 대부분의 나라를 보면 복지예산이 60%이고 경제예산이 10%입니다. 우리나라만 이런 겁니다. 우리나라 예산이 기형적입니다. 우리나라는 국민을 방기하고는 국민 네 맘대로 한번 살아봐라 하고 국민을 포기한 국민포기정부였던 겁니다. 이걸 참여정부가 들어가서 매년 복지예산은 올리고 또 올리고, 경제예산은 깎고 또 깎고, 해서 마지막 해 드디어 복지예산 28 대 경제예산 20으로 역전시켰습니다. 물론 이것도 많이 모자라죠. 그러나 이렇게 한 게 최초입니다. 헌데 국민들은 잘 모르죠.

지금 이명박 정부 5년 동안 재역전이 일어나지 않을까 싶습니다. 왜냐하면 SOC(사회간접자본) 예산 증가율이 무려 25%입니다. 길 닦고 땅 파고 하는 개발주의를 예산 증가율 1등으로 만들어 놓았습니다. 참여정부의 예산 증가율 1등이 뭐였는지 아십니까? 보육입니다. 보육이야말로 일자리 많이 만들고 국민들 안심시키고 우리 아이들인 2세를 위하는 데에 얼마나 중요했습니까. 그게 제일 중요한 겁니다. 그 부분이 5년 사이에 몇 배로 늘었죠. 그런 거 나중에 인정받게 되겠죠. 이명박 정부 1등이 SOC 예산, 댐 만들고 땅 파고, 강파고 하는 4대강 사업에 지금 22조 투입하겠다. 한심하죠. 거꾸로 가고 있는 겁니다. 아~ 그렇게, 그렇게 힘들게 해서 이걸 만들어놨는데 하루아침에 다시 거꾸로 돌립니다. 얼마나 식견이 없는 정부냐. 선장이 식견이 없으면 배를 거꾸로 몰고 가는 수가 있습니다. 이런 건 차이가 큽니다. 아직 국민들이 모르죠. 알아주지도 않고…. (웃음)

그 다음에 제가 노사대타협을 얘기하려고 네덜란드, 아일랜드 이야기했다가 좌파 어쩌고 하는 식으로 몰리면서 온갖 얘기를 다 들었는데요, 네덜란드, 아일랜드가 좌파라 하면 할 말이 없죠. 그때 에피소드를 얘기하면 이렇습니다. 우리가 네덜란드 모델을 참고해야 한다, 그 모델이 뭐냐, 간척지 모델이라고 하는 폴더모델이었습니다. 네덜란드가 1982년에 기적을 이룬 모델인데. 노조는 임금인상을 자제하고 일자리 나누기를 하고 정부는 기업의 세금을 낮추고 기업은 일자리를 만들고 고용을 늘리고 기업의 주요결정을 노조와 협의하는 그런 겁니다. 그렇게 대타협을 했는데 당시 노조 지도자 빔 콕이라는 노조위원장은 동료들한테 배신자 소리까지 들었습니다. 그런데 결국 경제를 살려냈습니다. 네덜란드가 그 전에는 마이너스 성장이었고 실업률이 10% 이상으로 올라갔습니다. 그런데 대타협 이후에 불과 몇 년 사이에 경제가 확 살아났습니다. 그래서 그 다음에 빔 콕이 경제부총리, 총리까지 했잖아요.

제가 네덜란드 모델 얘기를 하던 무렵에 거의 한달 동안 공격을 받았거든요. 보수언론으로부터 온갖 욕을 다 들었습니다. 제가 네덜란드 모델을 얘기한다고 완전히 좌파, 빨갱이다 그거죠. 이것 때문에 공격받았고, 여기에 하나 덧붙여서 제가 욕을 들은 게 경영참여였습니다. 네덜란드와 스웨덴에서 하는 정도 되는 참여모델입니다. 네덜란드와 스웨덴은 참여가 굉장히 활발한 나라이기 때문에 "우리도 그렇게 대타협이 되려면 경영참여를 인정해야 된다, 대화를 해야 되는 거 아닌가? 그러려면 경영참여를 해야 되고 경영참여라는 게 나쁜 게 아니다" 그랬지요. 경영참여의 성과가 굉장히 좋거든요. 청와대 들어가기 전에 저 혼자 경영참여 공부를 많이 했습니다. 그래서 경영참여라는 게 한국에서는 터부라는 것을 잘 알고 있고, 유럽에서는 상식이지만 대한민국에서는 참여의 'ㅊ'을 이야기하는 순간에 재계나 보수언론이 어떻게 나온다는 것을 알기 때문에, 제가 단서를 붙였어요. 조심스러워서 말입니다. '제한된'이라고. "한국에서도 '제한된' 경영참여가 필요하다." 이 한마디를 붙인 건데, 정말이지 그게 다였습니다.

그러자 벌떼같이 한 달간 저를 좌파라고 공격을 하는데…. 왜? 경영참여를 감히 이야기했다는 겁니다. 그거 외에 다른 이유가 아닙니다. 어느 신문에는 이렇게 썼어요. '네덜란드에는 경영참여 없어!' '네덜란드는 경제모델로 성공한 것 아니다!' '네덜란드 모델은 별 효과 없어!' 라고 썼습니다.

그 때 이야기를 좀 더 해볼까요? 그렇게 약 한 달 간 시끄러울 때, 마침 네덜란드 통상장관이 한국에 왔습니다. 한국에서 네덜란드 모델이 난리여서 만나는 사람마다 네덜란드 모델에 대해 물어보니 장관이 그 얘기를 듣고 대사관을 통해 연락을 해서 저를 만나고 싶다고 한 겁니다. 장관이 한국에 1주일을 머물다 가는데 그 동안에 제 사무실로 오겠다고 했습니다. 그래서 마지막 날 만나게 되었는데 그 전에 네덜란드 통상장관에게 각 신문사의 인터뷰가 쇄도했던 겁니다. 네덜란드에 대해 물어보기 위해서죠. 어느 신문사에서는 이 통상장관이 '네덜란드에는 경영참여 없다'고 말했다, 또는 '경영참여는 효과 없다', '네덜란드 모델 효과없다'라고 했다면서 부정적으로 이렇게들 썼습니다. 2003년 7월 신문을 찾아보세요. 저는 신문을 읽고 이상했어요. 이렇게 말할 리가 없는데 참으로 이상하다. 그런데 마지막 날 제 방에 통상장관, 암스테르담 상공회의소 회장, 재경부 국장, 대사 이렇게 해서 7~8명이 왔어요. 그래서 1시간 동안 얘기했는데 제가 궁금해서 장관에게 정말로 네덜란드에 경영참여가 없다고 얘기했느냐 물으니 "천만에요." 또 "경영참여가 별로 효과가 없다고 얘기했습니까?", "천만에요, 무슨 그런 말씀을." 이렇게 대답하더군요. 근데 통상장관은 젊은 여자였고 옆에 있던 암스테르담 상공회의소 회장은 재계를 대표해서 오신 나이 많은 남자분이었습니다. 상공회의소 회장이 옆에서 우리 얘기를 듣더니 "경영참여가 얼마나 좋고 필요한 건데 그걸 반대하다니 말도 안 됩니다." 하면서 자신의 개인 경험담을 얘기하더라고요. 경영참여가 이렇게 좋다 하면서요. 그리고 재경부 국장이 거들었습니다. "미국 자본이 네덜란드에 투자를 할 때 경영참여 때문에 겁을 내서 처음에는 투자를 잘 안하려고 하다가 결국엔 투자를 하게 되는데, 누가 투자를 하게 만드냐면 미국에서 먼저 와서 투자한 미국 자본가들입니다. 그들이 안심하고 투자해라, 경영참여 했더니 좋더라, 하면서 설득하여 전부 네덜란드에 투자를 하더군요."라고 말했습니다. 그래서 제가 "그러면 그렇지, 내 그럴 줄 알았습니다. 얼마나 한국 언론이 거짓말을 하느냐. 당신 지금 해준 이 이야기를 제발 한국 재계 앞에서 경영자들을 모아놓고 강연을 좀 해주세요."라고 했죠. 그 말을 듣더니 "아, 그것 참 꼭 필요하겠는데 내일 출국을 해야 하니 어쩌지요?" 출국 전 마지막 날 저에게 온 거죠. 그래서 그 장관이 약속을 하는데 "내가 가서 나 대신 강연할 사람을 보내주겠다."고 했습니다. 그리고 몇 달 뒤에 사람을 보냈어요. 네덜란드 최대 보험 회사의 최고경영자를 보내서 그 사람이 한국의 경영자들을 모아놓고 얼마나 경영참여가 필요하고 네덜란드의 모델이 얼마나 성공적인가를 강연하고 갔어요. 그런데 그런 거는 신문에 잘 안 났습니다.

한국 재계가 그렇고요, 한국 보수 언론이 그렇습니다. 수준이 그러니 우리가 살길을 찾기가 그렇게 힘듭니다. 노조가 발목 잡는 게 아니고요, 그런 사람들이 경제발전의 발목을 잡습니다. 살길이 있는데 말입니다.

그 다음에 참여정부… 흠… 꽤 일을 했는데요. 예를 들면 차별, 여자들이 너무 취업이 안 되기 때문에 고용차별 심한 것을 없애기 위해서 '적극적 고용개선조처(Affirmative Action)'란 것도 도입했습니다. 노동부에서 법을 만들었어요. 만들긴 했으나 그런 것을 시행하는 지를 여러분들은 잘 모르실 겁니다. 왜냐하면 이걸 너무 약하게 만들어서 선택사항으로 해놓고 벌칙도 없고, 잘 하면 이름을 발표해서 상 주는 정도…. 이렇게 약하게 해놓았습니다.

첫 단계라서 그 정도 약하게 해뒀는데 이명박 정부 들어서 어떻게 했는지 아십니까? 그게 이름이 적극적 고용개선 조처인데요. 이것조차 지금 위태롭습니다. 재계가 요구한 2백여 개 규제완화 리스트에 들어가 있습니다. 여러분, 이 적극적 고용개선 조처는 미국 제도를 모방한 겁니다. 미국이 1960년대에 도입했는데요. 흑인 차별, 여성차별을 완화시켜 보려고 한, 아주 좋은 제도 입니다. 미국에서 아직도 시행되고 있습니다. 취직할 때, 또 대학 입학할 때 이거 씁니다. 소수 민족이나 약자들이 우대되죠. 우리도 필요합니다. 여자들 취직 기회를 도무지 안 주잖아요. 이렇게 차별이 심한데 우리도 이것 해야죠.

미국이 이 제도를 어떻게 도입했는지 아십니까? 재계에서 먼저 하자고 했습니다. 재계 대표들이 백악관을 방문해서 린든 존슨 대통령에게 건의한 게 이겁니다. 미국이 앞으로 좀 더 통합된 선진사회로 가기 위해서 차별을 철폐해야 되고 이런 조처가 필요하다는 거였습니다. 성별, 인종별 다양성을 추구해야 된다고 재계가 건의해서 정부가 받아들였는데 우리 재계는 기껏 참여정부가 해놓으니 '폐지합시다' 하는 거죠. 정권 바뀌자마자 기다렸다는 듯이. 여러분, 우리나라 경제에 진짜 발목 잡는 게 누구입니까? 정말 너무 너무 식견이 부족하구요. 흔히들 국제 표준이라고 해서 글로벌 스탠더드라고 하는데 그런 거는 글로벌 스탠더드 좀 따라갔으면 좋겠어요. 말로만 그러지 말고.

생태 관점에서 바라본 참여정부의 잘못

질문 : 참여정부 말씀을 하시니까 거기에 이어서 얘기를 좀 하고 싶은데 이게 또 공격적인 질문이 될 것 같습니다만, 참여정부 안에서 선생님의 위치는 달랐기 때문에 선생님의 잘못은 아니라고 생각합니다.(웃음) 참여정부가 잘못한 것 중의 하나가 환경 부분, 생태 부분이라고 합니다. 성장을 위주로 하다 보니까 그랬을 텐데 새만금을 포함해서 그야말로 괴멸적인, 어쩌면 박정희 때보다 더 안좋은 결과를 낳았던 걸로 알고 있는데 그 뒤에 이명박 정부가 바통을 이어받아서 대운하니 4대강이니 하는 것으로 이어갔다고 저는 봅니다. 예컨대 기업도시니 뭐니 이런 거 추진하면서 참여정부에서 다 선례를 만들어서 지금 그런 식으로 운하를 추진하는 거 아닙니까? 그리고 교수님은 성장과 분배에 대하여 성장과 분배가 같이 가야 한다고 말씀하셨는데 좀 다른 관점에서 사회주의 혹은 사민주의자들도 성장력 지상주의는 아니지만 성장력에 상당히 기대하고 지속적인 성장이 우리의 행복한 삶을 가져다준다는 전제를 하고 있지 않나 하는 생각이 듭니다. 그래서 최근에 생태문제나 반성장력이나 반생산력주의에 대한 주장들이 많이 나오는데 생산력, 성장에 대한 최근의 새로운 검토 혹은 극단적으로는 반성장주의에 대해서는 경제학자로서 어떻게 생각하시는지요? 그리고 사민주의가 성립한 것도 역사적 배경이 있을 텐데요. 1930년대라고 하면 소련의 스탈린주의가, 팽창주의같은 극단적인 모습을 띄었던 시기였고요. 그래서 결국은 자본이 노동과 타협한 결과로 나온 것이 사민주의가 아닌가요? 미국의 경우도 케인즈주의를 통해서 대공황을 극복했다 하는 것도 경제학자들 사이에 논의가 분분한 걸로 알고 있습니다. 이렇

게 봤을 때도 여전히 사민주의가 우리가 추구할 수 있는 모델인지 말씀을 듣고 싶습니다.

답변 :내용이 긴 질문입니다. 생태 이야기도 나오고 1930년대 대공황 이야기도 나오고 행복도시, 기업도시, 새만금 등등 굉장히 많은 질문을 해주셨는데 경제를 부전공 하신 분이 아닌가 싶네요. 1930년대 이야기부터 할까요.

1930년대에 아까 얘기한 정치경제 모델들이 다 나왔습니다. 스탈린 모델, 관치경제가 1930년대이고, 자유시장경제가 1920년대부터 1930년대까지 하딩, 쿨리지, 후버 그때부터 시작됐고요. 북구 사민주의도 그 무렵에 나왔으니 1920~30년대에 이 모델들이 비슷한 시기에 모두 탄생했습니다.

그 중에 지금 〈그림 1〉의 위에 있는 두 개(사회주의와 관치경제)는 끝났고요, 확실히 끝났습니다. 밑에 세 가지(사민주의, 유럽형, 영미형 시장만능주의)는 살아 있는데 이번 금융위기, 세계적인 위기를 통해서 역시 시장만능주의는 안 되겠다고 판명이 난 거죠. 그렇다면 역시 남은 것은 사민주의가 아닌가. 노키아가 핀란드의 최고기업인데, 얼마 전에 노키아의 올릴라 회장이 "자본주의의 미래는 북유럽 사민주의에 있다." 하는 얘기를 했습니다. 우리나라에서 그런 이야기를 할 수 있는 대기업 회장이 제발 한 명이라도 나왔으면 좋겠어요. "자본주의의 미래는 사민주의에 있다."라고 말하는 기업가가 우리나라에 있을까요?

새만금, 이거 굉장히 잘못되었고 저도 그 안에서 반대를 했는데 반대 목소리가 찬성 목소리에 묻혀서 졌습니다. 저는 굉장히 잘못되었다고 보고요, 출발부터 잘못되었고 정치적으로 아주 인기영합주의고요, 경제적인 효과 별로 없고 생태계를 파괴한 대단히 잘못된 결정이라고 봅니다. 이건 안에서만 논쟁했기 때문에 한미FTA처럼 의견이 충돌하는 모습은 밖에까지 드러나지는 않았는데, 실제는 그 안에서 상당한 이견이 있었고, 새만금을 반대하는 목소리가 꽤 있었습니다. 장관들도 여러 명 반대했고요. 그런데 그게 말하자면 성장주의한테 진 것이죠.

행복도시나 기업도시 하면서 개발보상금 문제와 주변 땅값 올리는 잘못 많이 저질렀습니다. 많이 반성해야 하죠. 생태 문제에서 더 나아가서 반생산력주의나 성장이 과연 우리가 추구해야 될 것인가 하는 근본적인 회의가 있지만 저는 거기까지는 아직 생각하지 않습니다. 생태가 중요하다는 것은 동의할 수 있고 아마 점점 더 중요해질 겁니다. 녹색성장, 녹색경제 그런 것이 앞으로 굉장히 중요하고 선진국들이 앞으로 그쪽으로 살길을 찾을 것 같아요. 독일, 미국, 일본이 아주 발 빠르게 움직여가고 있거든요. 우리는 아직 전혀 그쪽으로 가지 못하고 여전히 에너지 다소비국으로 아주 후진적인 경제구조를 가지고 있으면서 말로만 녹색성장이니 하며 시늉만 계속하고 있어서 참 안타깝죠.

그러나 그쪽으로 나아가는 건 맞고 거기에 저도 충분히 동의하고 찬성 하지만, 그렇다고 거기서 더 나가서 근본적으로 "성장 자체를 포기해야 하지 않느냐, 생태가 성장보다 더 중요하지 않느냐?"라고 하면 저는 동의하기 어렵습니다. 그 말이 맞을 지도 모르겠는데요. 예를 들어서 한 100년 지나서 후회하고 그때 성장만 하다가 지구를 다 망쳤구나 하면서 살 수 없는 곳으로 만들어 놓은 걸 후회할지는 모르겠습니다. 그러나 그런 종말론 비슷한, 지구가 멸망이 올 것 같은 비관론은 늘 있었습니다. 그런데 지금까지 인류가 늘 기술과 지식으로 극복을 해왔거든요. 물론 저 오존층이 파괴돼서 뻥 뚫리고 해수면이 올라가고…. 그건 참 무서운 시나리오입니다.

제가 청와대에서 일할 때도 그걸 많이 연구한 사람이 와서는 저한테 꼭 봐야 되고 대통령한테도 보고해야 한다고 하면서 지도를 가지고 와서 설명을 하는데 참 무서운 시나리오였습니다. 그래서 제가 전문가들을 급히 불러서 두 차례 의논한 적이 있습니다. "정말로 오존층이 이렇게 심각하냐? 한국의 전라도, 충청도 저쪽에 해수면이 10m, 20m 올라와서 땅이 거의 바다에 묻히고 충청북도 조금만 남는다는데 이게 사실이냐?" 그래서 전문가들 의견을 들어보았죠. 대체로 결론은 너무 과장된 거라는 거였어요. 그걸 충분히 예방할 만한 방법이 있다. 그게 대부분의 전문가들의 결론이었습니다.

생태를 강조하는 분들 중에 너무 지나치게 그쪽으로 쏠린 생태 근본주의자들이 있다고 봅니다. 저는 뭐든지 근본주의적인 것은 문제가 있다고 봅니다. 종교도 그렇듯이 이슬람 근본주의, 기독교 근본주의 문제 많잖아요. 환경도 중요하긴 한데, 그걸 너무 지상으로 보고 성장보다 더 중요하다 이렇게 보는 것까지는 솔직히 저는 동의하기가 어렵습니다. 성장은 아까도 말씀드렸듯이 우리 일반 국민이 너무 성장을 좋아합니다. 성장 없이는 못살죠. 성장 안 해도 된다고 하고 살 수 있는 정도의 민도가 되면 좋겠는데요. 이 지구상 어떤 나라에도 성장 안 하고 배겨낼 수 있는 그냥 제로성장으로 가면서 생태, 문화, 예술, 인본적인 가치 이런 걸로 만족하고 살 수 있는 그런 민도는 아직 찾기 어렵지 않을까요? 답변이 충분치 못할 텐데 이 정도 하겠습니다.

모두들 열심히 듣고 토론해 주셔서 고맙습니다.

제2강

정의로운 토지제도, 지공주의

김 윤 상

경북대 행정학부 교수, 토지정의시민연대 지도위원
서울대 법대 법학과 67학번 71년 졸업
학위논문 : 도시계획학, 미국 펜실베니아 대학교, 1982
Topics on Calibaration of Spatial Interaction Models

주요 저서
〈지공주의 : 새로운 토지 패러다임〉 경북대 출판부, 2009
〈알기쉬운 토지공개념〉 경북대 출판부, 2006
(역서) 헨리 조지 〈진보와 빈곤〉 비봉출판사, 1997

관심 분야
토지정책, 서울중심주의, 특권과 불로소득의 타파

정의로운 토지제도,
지공주의__

이렇게 많은 분들이 오신 걸 보니 좋은 세상을 꿈꾸는 분들이 많구나 싶어서 정말 희망이 느껴집니다. 굉장히 기분이 좋습니다. 돈을 버는 것도 아니고 재미있는 내용도 아닌데 수업료까지 내고 오시니 더욱 고맙게 느껴집니다.

강연 제목이 『석학과 함께하는 경제교실』이라고 되어 있는데 저하고는 참 안 어울리는 것 같네요. 석학이라는 것도 안 어울리고 제가 경제학자도 아니거든요. 현재 행정학과에 소속 되어 있고 학부에서는 법학을 전공했습니다. 굳이 얽어 붙인다면, 저의 학위 명칭이 도시계획학 박사라 도시계획을 한다면 도시경제도 좀 알 것이라고 생각할 수는 있겠지요.

그런데 그 아래 부제를 보니 참으로 마음에 듭니다. '세상을 바꾸는 상상력', 지금은 좀 나쁜 세상이라고 혹은 완전하지 못한 세상이라고 한다면, 그래서 우리가 좋은 세상을 만들기 위해서 또는 더 좋은 세상을 만들기 위해서는 세상을 바꿔야 되겠죠? 그런데 세상을 바꾸려면 약간의 상상력이 필요하거든요. 현실에만 매여서는 좋은 세상으로 갈 수가 없습니다. 현실에 매여 그저 적응하고 살기에만 바쁜데 언제 좋은 세상을 생각할 여유가 있겠습니까? 오늘 여러분들과 제가 함께 상상력을 조금 발휘해서 우리가 지금까지 매여 있는 고정관념 혹은 이해관계에서 조금 벗어나 좋은 세상을 모색해 봅시다.

그리고 그 다음 부제를 보면 '무너지는 경제의 해법을 묻다'입니다. 이 부제에 따르면 오늘의 강의는 참으로 적절하다고 생각합니다. 무너지는 경제…. 지금 전 세계의 경제가 무너졌는데, 왜 무너졌습니까? 모두 아시다시피 부동산 때문에 일어난 것 아닙니까? 그것도 미국의 주택 거품 때문 아닙니까? 거품이라는 것은 투기 때문에 정상가격보다 부풀어져 있는 것을 말합니다. 주택은 건물과 땅으로 이루어져 있습니다. 그 중에서 건물은 한번 지어지고 나면 시간이 갈수록 가치가 떨어집니다. 아주 예외적으로 문화재 가치가 있는 경우를 제외하면, 건물은 시간이 흘러갈수록 가치가 떨어집니다. 따라서 거품이 끼는 것은 건물이 아니고 주로 토지입니다. 현재 전 세계가 겪고 있는, 이 무너지는 경제의 원인은 토지거품에 있다는 겁니다.

거품의 주범은 토지불로소득

거품이 왜 생길까요? 역사적으로 거품으로 인한 경제 위기가 많이 발생했는데 모든 위기의 공통된 원인은 세 가지입니다. 첫째는 인간의 탐욕입니다. 하지만 인간의 욕심은 사회제도로 어떻게 할 수 없습니다. 인간의 마음을 다스리는 교육이나 종교 등을 통해 탐욕을 없앨 수 있을지 모르겠습니다만, 인간의 마음이 아닌 행동을 대상으로 하는 사회제도로는 없애기 어렵습니다. 둘째는 불로소득입니다. 불로소득이 있으면 이걸 따먹으려는 투기가 발생하고 투기는 거품을 낳습니다. 나머지 하나의 원인은 돈입니다. 불로소득이 있다고 해도 거품이 생기려면 사람들이 투기 경쟁에 달려들어야 하는데 그러려면 돈이 있어야 합니다. 다시 말하면 유동성이죠. 지금 우리나라에도 유동성이 시중에 너무 많이 풀려서 투기가 번질 위험이 있습니다. 그러나 유동성 규제를 통해 거품위기를 막는 것은 좋은 방법이 아닙니다. 유동성 규제는 경제 전반에 영향을 미치기 때문에 닭을 잡는데 소 잡는 칼을 쓰는 것처럼 지나친 방법이죠.

인간의 탐욕, 불로소득, 풍부한 유동성. 이 세 가지가 거품을 발생시키는데 그 중에서 불로소득을 잡는 것이 최선의 방법입니다. 그러니까 부제에 나오는 '무너지는 경제의 해법을 묻다' 라는 질문에 대한 답은 뻔합니다. 토지거품 때문에 경제가 무너지니까 거품이 안 생기도록 하면 되고 그러려면 토지투기를 없애면 되고 투기를 막으려면 투기 해 봐야 생기는 것이 없도록 만들면 됩니다. 그렇지요? 그렇게 결론이 나옵니다. 부동산거품을 막으려면 토지에서 생기는 불로소득을 없애면 되는 것입니다.

합리적인 좌파와 양식 있는 우파가 공감할 제도 필요해

흔히 우리가 좋은 세상이라고 할 때는 여러 가지 의미가 있습니다. 좋은 세상이 투기 없는 세상만을 말하지는 않을 겁니다. 종교에 관심이 있는 분은 모든 인간들이 구원이나 해탈에 이르는 상태가 좋은 세상이라고 볼 것이고 학교 선생들은 자신이 가르치는 모든 학생들이 공부를 열심히 하는 것이 좋은 세상이라고 볼 수도 있을 겁니다. 그러나 사람이 수준을 높이려면 또는 공부를 열심히 하려면, 즉 자신이 원하는 일을 자유롭게 하려면 모든 것의 기초가 되는 물질적인 조건이 충족 되어야 합니다.

물론 자질을 아주 훌륭하게 타고 난 분들은 굶는 것 정도는 아무런 문제가 아니라고 여기며 높은 수준에 오르기 위해 수양에 몰두하겠죠. 하지만 보통사람은 그렇게 못하지요. 보통사람에게 사흘 동안 굶게 해보십시오. 구원이다, 해탈이다 하는 게 눈에 들어오겠습니까? 물론 먹을 것을 해결한다고 다 좋은 세상이 되는 것은 아니지요. 하지만 사람이 좋은 세상을 만들기 위해 노력을 한다든지 자기를 계발한다든지 아무튼 뭔가를 하기 위해서는 우선 모든 사람의 먹고 사는 일이 기본적으로 해결되어야 합니다.

그런데 사람이 누구나 다 자신이 먹고 살 것을 스스로 해결할 수 있는 게 아닙니다. 선천적으로 자신의 의식주를 해결할 수 없는 사람도 있고, 상황에 따라 자신의 의지와 상관없이 그렇게 할 수 없는 사람도 있고, 어떤 특별한 가치를 위해 의식주를 돌보지 않는 사람도 있습니다. 이런 경우 사회보장이나 복지 제도로 그런 사람들의 생존을 지원해주어야 합니다. 그러나 이런 말을 하면 당장 반대가 일어납니다. 사회보장이나 복지제도를 하려면 재분배를 해야 되는데, "내가 열심히 일해서 번 내 돈을 왜 세금으로 내서 다른 사람을 도와줘야 하는가?" 라고 합니다.

우리가 요즘 이념에 따라 진보니 보수니 혹은 좌파니 우파니 하며 나누어져 있는데 우파 쪽에서는 재분배를 아주 싫어합니다. 지금 이명박 정부가 대표하는 우파 쪽에서는 재분배를 굉장히 싫어한

단 말이죠. 그래서 복지혜택을 자꾸 축소하는 경향이 있습니다. 그런데 좌파 쪽에서는 복지를 강조하기는 하지만 복지에 필요한 돈이 어디서 나오는가에 대해서는 별로 신경을 쓰지 않는 것 같습니다. 그러니까 서로 화해가 안 되는 겁니다.

그러나 이기심 때문이 아니라 정말 양심적인 이유 때문에 의견이 다르다면, 다른 말로 표현하여 합리적인 좌파와 양식 있는 우파라면, 서로 합의할 가능성이 있어야 좋은 세상도 가능하게 됩니다. 그렇지 않으면 한쪽이 정권을 잡으면 이렇게 했다가 다른 쪽이 정권을 잡으면 저렇게 했다가 하는 식이 되지 않겠습니까? 그러면서 서로 적대하고 증오만 하지 않겠습니까? 그래서 합리적인 좌파나 양식 있는 우파라면, 누구나 동의하는 기초로부터 출발해서 다 같이 동의할 수 있는 사회보장제도를 이끌어낼 수가 있다면 그보다 더 좋은 게 어디 있겠습니까? 물론 모든 사람들의 의식주가 해결된다고 해서 좋은 세상이 바로 오는 것은 아니지요. 하지만 좀 전에도 이야기 했듯이 사람이 여유를 가지고 좋은 세상으로 갈 수 있는 물질적 토대가 형성된다는 거죠.

"기회균등"을 반대할 사람은 없어

그러면 이제부터 좌파라 하더라도 반대하지 않을, 그리고 우파가 생각하기에도 무책임하지 않은 방식으로 누구에게나 물질적 토대를 마련해 주는 해결책을 향해 한걸음씩 나가보겠습니다. 제 생각으로는 토지제도가 이를 가능하게 한다고 봅니다.

불과 몇 년 전까지만 해도 남한 사회를 분단하는 최대의 장벽은 지역감정이었습니다. 그런데 김대중 정부부터는 진보와 보수로 나

뉘어 좌파니 우파니 하는 새로운 장벽이 지역감정의 장벽보다 높아지기 시작했고, 이명박 정부가 지난 두 정권기를 '잃어버린 10년'이라고 규정하고는 온갖 방법을 통해 '좌파'를 숙청하면서 그 장벽이 더욱 높아지고 있습니다.

이념 장벽은 지역감정 장벽보다 훨씬 심각한 문제지요. 지역감정의 경우에는 모든 국민이 "망국병이고 당연히 없어져야 한다"라는 원론에 동의하고 또 당사자들도 "잘못인 줄 알지만 상대가 그렇게 나오니까 나도 어쩔 수 없다"라는 식입니다. 그러나 이념의 경우는 사정이 다릅니다. 각 진영이 모두 자신의 정당성을 확신하고 있기 때문입니다.

진정한 이념은 인간에 대한 사랑에서 나옵니다. 그러므로 이념을 주창한 사람이나 수준 높은 동조자는 다른 이념을 추구하는 사람과도 서로 이해하고 통할 수 있습니다. 그러나 고정관념과 이해관계로 뭉친 현실의 이념사단(理念師團)은 상대방을 존중하지 않습니다. 진보의 입장에서 보는 현실의 보수는, 이상사회를 향해 진지하게 고민하지 않는 속물이며 부당한 기득권을 누리면서 추호도 양보하지 않는 이기집단입니다. 반면 보수의 입장에서 보는 현실의 진보는, 물정도 모르면서 설치는 하룻강아지이며 '사회정의'라는 이상한 깃발을 들고 떼를 쓰는 집단입니다. 그러다 보니 상대방을 타도의 대상으로만 생각하게 되는 겁니다.

진보와 보수는 정말로 화해할 수 없을까요? 한 쪽은 반드시 옳고 따라서 상대방은 틀릴 수밖에 없는가요? 저는 그렇지 않다고 생각합니다. 이념을 넘어서서 인간이면 누구나 동의할 수밖에 없는 공통의 원리를 양 진영이 받아들인다면 화해는 얼마든지 가능하다고 봅니다. 흔히 진보는 평등을, 보수는 자유를 추구한다고 합니다.

그러나 진정한 진보라면 평등의 이름으로 특혜를 받는 계층을 원하지 않을 것이고, 진정한 보수라면 약육강식의 정글형 자유를 원하지는 않을 것입니다. 합리적인 좌파라면 그리고 양식 있는 우파라면, 아니 더 나아가 이 세상에 자기생각 밖에 할 줄 모르는 욕심꾸러기라 하더라도, 적어도 겉으로는 부인하지 않는 원리가 있습니다. 지금은 워낙 세상이 대립되어 있기 때문에 "그런 공통의 원리라는 것은 없을 거야" 하면서 포기하고 있지만 저는 그렇지 않다고 생각합니다.

아무나 붙잡고 물어보십시오. "도둑질해도 좋습니까?" 당연히 안 된다고 하겠죠. 왜 안 된다고 할까요? 너무나 뻔합니다. 자기가 열심히 노력을 하고 그 기여한 만큼 대가를 받았으면 그것을 남이 함부로 가져가서는 안 된다는 생각이 마음속에 있기 때문 아닙니까? "도둑질 하지 마라"를 다른 식으로 표현하면 '역지사지(易地思之)'라고도 할 수 있습니다. 네 돈을 남이 가져가는 것이 싫으면 너도 남의 돈을 이유 없이 가져가지 마라. 또 다른 말로 좀 더 고상하게 표현하면 '한 사람의 자유는 다른 사람을 불리하게 하지 않는 범위 내에서 허용된다.'가 될 겁니다. 간단히 '평등한 자유'라고 할 수 있습니다. 결과가 평등한 것이 아니라 무슨 일이든지 할 수 있는 자유를 모든 사람들에게 똑같이 보장하자. 다른 식으로 표현하면 '기회균등'이라고 할 수 있습니다. 제가 지금까지 접해본 사람들 중에는 이러한 출발점에 반대하는 사람 없었습니다. 진보든 보수든 '평등한 자유'에 모두 동의한다면, 거기서부터 논리적으로 도출된 사회제도에도 모두 동의할 것이 아닙니까? 논리에 흠이 없다면 다 동의할 것입니다.

자연은 누가 만든 게 아니므로 모두가 주인

그럼 평등한 자유 또는 기회균등에 대해서 한번 생각해 봅시다. 평등한 자유, 기회균등을 인정한다면 자신이 노력해서 생산한 것은 자기 것입니다. 그걸 용어로 말하자면 "생산자 소유의 원칙"이라고 말할 수 있죠. 생산자가 자신의 생산물을 소유하지 못한다면 결국 비생산자인 누군가가 소유하게 되는데 이런 결과는 평등한 자유에 어긋나는 것입니다. 따라서 생산은 소유의 근거가 됩니다. 또 정당하게 소유한 생산물을 다른 사람과 자발적으로 교환할 경우에도 그 교환물에 대한 소유는 정당하다고 볼 수 있습니다. 자발적인 교환은 평등한 자유를 전혀 침해하지 않기 때문입니다. 따라서 소유의 근거는 생산과 교환이 되는 것입니다.

이 세상에는 사람이 만든 물자가 많습니까, 만들지 않은 물자가 많습니까? 뻔합니다. 생산하지 않은 것이 훨씬 많습니다. 이 우주는 사람이 생산했습니까? 아닙니다. 우주까지 가지 않고 지구상에서만 보더라도 마찬가지입니다. 태평양을 누가 만들었습니까? 대한민국의 국토를 누가 만들었습니까? 우리 눈에 보이는 것은 전부 사람이 만든 것 같아도 사실은 사람이 만들지 않은 자원들로 만든 것 아닙니까? 원료는 다 사람이 만든 것이 아닙니다. 사람이 생산하지 않은 대표적인 물자는 토지입니다. 앞으로는 토지라는 명칭으로 땅이나 대지만을 의미하는 것이 아니고 자연전체를 의미하는 것으로 이야기 하겠습니다. 인간이 생산하지 않은 자연일체 즉 토지는 누구의 것도 아닙니다. 이와 같이 생산과 교환이라는 소유의 근거로는 사람이 생산하지 않은 자연물에 대한 소유를 인정할 수 없게 됩니다. 그러므로 토지와 같은 자연물에 대해서는 생산물과는 다른 특별한 배려가 필요합니다.

땅이 모든 사람의 것이라면 우리 집에 남이 들어와서 잠을 자도 좋은가요? "땅은 모든 사람의 것이고 집은 땅 위에 지어진 것이라면, 내가 너희 집에 들어가서 생활해도 되지 않느냐?"라고 말한다면, 이것은 인간의 본성에 반하는 것입니다. 다른 사람이 마음대로 남의 집에 들어가서 잠을 자도 되는 사회제도에 대해서는 아무도 동의하지 않을 겁니다. 그러면 땅은 모든 사람의 것이되 일정한 토지는 어떤 특정 사람에게 우선권을 줄 필요가 있을 겁니다. 또 토지의 특성상 어느 한 사람이 사용하는 것이 더 적절한 경우가 있습니다.

그러면 누구에게 토지를 사용할 우선권을 줄까요? 땅은 모든 사람의 것이고 또 평등한 자유를 보장한다고 했으니, 추첨으로 우선권을 배정할 수도 있을 것입니다. 또 추첨이 아닌 다른 방법이 있다면 그렇게 할 수도 있겠지요. 그런데 다른 사람을 불리하게 하지 않아야 한다는 평등한 자유의 원칙에 비추어 볼 때 어떠할 것 같습니까? 만일 누군가가 대구의 중심지인 동성로 땅을 다 차지하면 다른 대구시민은 불리해지죠? 어느 특정 소수의 사람이 요지의 땅을 차지하면 다른 사람은 그 땅을 차지하지 못하니 다른 사람이 불리하게 되어 평등한 자유에 어긋나게 되는 것이지요. 그러면 다른 사람을 불리하지 않도록 하면서 우선권을 줘야 합니다.

또, 누군가 땅을 차지할 때 다른 사람이 불리해지는 정도는 어느 만큼일까요? 거꾸로 이야기하면, 어느 사람이 특정 토지를 차지하여 다른 사람에 비해 유리해지는 정도는 어느 만큼일까요? 그건 땅의 값어치만큼이 될 것입니다. 그것이 바로 땅값입니다. 그러니까 땅을 차지하는 사람이 땅값을 내놓고 이 돈을 모든 사람이 나누면

됩니다. 이것이 지공주의입니다. 토지 공개념에서 '토' 자와 '개념'
을 빼면 지공이 됩니다.

상식의 논리로 엮은 토지원리

지금까지 말씀 드린 공통의 출발점은 평등한 자유와 평등한 토
지권입니다. 여기에서 도출되는 토지원리를 이렇게 요약할 수 있습
니다.

[토지원리]

① (평등한 토지권) 모든 국민은 토지에 대해서 평등한 권리
를 가진다.

② (합의에 의한 우선권 인정) 사회적 필요성이 있으면 사회
적 합의에 의해 특정인에게 우선권을 인정할 수 있다.

③ (우선권 인정의 조건) 사회가 특정인에게 우선권을 인정하
려면 다음 조건을 충족시켜야 한다.

㉮ (취득기회 균등) 모든 사람에게 우선권 취득 기회를 균
등하게 보장한다.

㉯ (특별이익 환수) 우선권에서 발생하는 특별이익을 환수
한다.

㉰ (사회적 제약) 우선권 행사는 우선권을 인정하는 취지에
부합해야 한다.

원리 ①은 평등한 토지권을 문장화한 것이므로 특별한 언급이
필요 없겠지요. 원리 ②는, 사람들이 주택에 대해서는 살고 있는 사

람에게 우선권을 줘야 한다고 합의를 한다면 그렇게 하자는 것입니다. 그런데 우선권을 주는데 조건이 있어야 될 거 아닙니까? 좋은 땅 차지한 사람 있고, 나쁜 땅 차지한 사람 있으면 그건 어떻게 하나? 그러면 좋은 땅 차지한 사람은 그만큼 의무를 부담하면 됩니다. 그것이 원리 ③인 '우선권 인정의 조건'입니다.

이 우선권 인정의 조건은 쉽게 말해 이런 겁니다. 누군가가 대구의 중심지인 동성로 땅을 차지하여 그 사람에게 특별이익이 발생했다고 합시다. 그러면 다른 사람이 "그 사람만 우선권 덕에 특별이익을 보는 것이 아닌가? 그 사람만 그 요지를 1000평, 2000평 가져도 되는 것인가?"라고 불평하게 되겠죠. 그러면 그 동성로를 차지한 사람은 거기에서 생긴 특별이익을 내놓고 그걸로 다른 사람에게 보상하는 겁니다. 그것이 원리 ③의 ⓓ로 특별이익 환수라는 것입니다. 그리고 ③의 ⓓ는 토지가 원래 개인의 것이 아닌데 어떤 필요성에 의해서 우선권을 부여한 것이니 권리의 내용이 그 범위 내로 제약되어야 한다는 겁니다.

이중에서 ③의 ㉮와 ⓓ는 지금도 대체로 충족되고 있습니다. 철저히 무시되고 있는 것은 ③의 ⓓ인 '특별이익 환수'입니다. 전 세계적으로 무시되고 있는 것이 바로 이 부분입니다.

자본주의 사회에서는 토지가 사유화되어 있기 때문에 앞 주인에게 돈을 주고 땅을 살 뿐 사회에 돈을 내지는 않습니다. 사회주의 국가도 사정이 별로 좋지 않습니다. 사회주의권에서는 이론상 토지가치를 0으로 봅니다. 요즘은 조금씩 달라지고 있는데 중국도 그렇고 심지어 북한도 달라져서 토지가치를 일부 징수합니다. 그러나 충분할 만큼 징수하지 않습니다.

지금은 특별이익의 환수가 전 세계적으로 무시되고 있는데 과거에도 그랬을까요? 그렇지 않습니다. 토지 사유제가 성립되기 이전인 봉건사회에서는 적어도 그러지 않았습니다. 봉건사회의 영주는 국방의 의무가 있었습니다. 전쟁이 나면 병사를 얼마만큼 내야 된다든지 하는 공동체에 대한 의무가 있었습니다. 요즘은 토지 소유자가 공동체에 대한 의무가 어디 있습니까? 전 주인에게 돈만 지불하면 끝이고 사회에 대한 의무는 거의 없습니다. 투기과열이 생겨서 불로소득을 많이 취하든 말든 아무 관계가 없습니다. 우리나라는 그나마 있던 불로소득 환수장치마저 이명박 정부에서 완전히 없애고 있습니다.

토지사유제를 반대하기에 나는 우파입니다

제가 이명박 정부에 몇 차례 비판적으로 언급했기 때문에 여러분은 "김윤상은 아무래도 좌파인 것 같다"고 생각하실 거예요. 하지만 저는 중도입니다. 그러나 굳이 한쪽을 지적하라고 한다면 제가 주장하는 지공주의 제도는 우파적인 제도이며 그런 의미에서 저도 우파입니다. 어떤 의미에서 우파냐 하면 지공주의는 진정한 시장과 어울리기 때문입니다. 저는 시장을 나쁘게 보지 않습니다. 시장은 사회에 필요하고 또 인간의 본성에 맞는다고 봅니다. 문제는 현실의 시장, 현실의 우파가 옹호하는 시장이 진짜 시장이 아니라는 겁니다. 자본주의가 성립되려면 2가지 조건이 충족되어야 합니다. 사유재산제와 시장경제입니다. 그런데 시장경제는 사유재산제를 전제하며, 사유재산이 없으면 시장이라는 것이 있을 수 없습니다. 그러니까 사유재산제가 더 근본입니다.

사유재산제가 무엇입니까? 노력과 기여의 대가를 보호하자는 제도가 사유재산제 아닙니까? 그런데 현실의 사유재산제가 노력과 기여의 대가를 보호합니까? 아닙니다. 토지사유제는 토지소유의 특별이익 즉 불로소득을 인정합니다. 노력과 기여의 대가가 아닌 걸 보호한단 말이죠. 그러니까 토지사유제는 진정한 사유재산제가 아닙니다. 현실의 사유재산제는 토지의 사적 소유를 핵심으로 하고 있으므로 진정한 사유재산제가 아닙니다. 토지사유제는 사유재산제도가 아니므로 토지사유제를 인정하는 시장경제는 진정한 시장경제가 아닙니다.

그래서 저는 진정한 우파가 되기 위해서는, 진정한 사유재산제, 진정한 시장경제, 나아가 진정한 자본주의가 되기 위해서는, 토지사유제를 철폐하고 지공주의로 가야 한다는 겁니다. 그래야 정말로 노력과 기여의 대가만 자기 것으로 하는 진짜 이상적인 자본주의 체제가 되지 않겠느냐는 말씀입니다.

좌파의 가치를 우파의 방식으로

체제 이야기가 나왔으니 아래 〈표 1〉을 보면서 현실의 자본주의, 그 반대쪽의 사회주의 그리고 지공주의 3가지 체제를 비교해 보겠습니다.

〈표 1〉 세 체제의 비교

체제	토지	자본
자본주의	사유	사유
사회주의	공유	공유
지공주의	공유	사유

생산요소를 사람이 만든 것과 만들지 않은 것으로 나누어 보면

사람이 만든 것은 자본입니다. 사람이 만들지 않은 자연 전체를 우리는 토지라고 부릅니다. 여기에 생산요소가 또 하나 있습니다. 인간인 노동이죠. 그런데 인간을 사유화하는 노예제도는 적어도 형식적으로는 지구상에 없습니다.

현실의 자본주의는 자본과 토지를 다 사유로 하고 사회주의는 자본과 토지를 다 공유하는 형태입니다. 그런데 여기서 얘기하는 지공주의는 생산자 소유의 원칙에 따라 생산한 것은 전부 생산자가 가지기로 했으니 자본은 사유입니다. 반면에 사람이 생산하지 않은 토지는 공유입니다. 그러나 공유라고 해서 꼭 집단농장식 공동이용이 되어야 하는 것은 아닙니다. 필요하면 개인에게 우선권을 줄 수 있습니다. 그것을 소유권이라고 이름을 붙여도 좋습니다. 이름은 별로 중요하지 않으니까요. 그러나 적어도 공유의 정신을 살리기 위해서는 아까 얘기한 '토지원리'에 부합하는 제도가 필요합니다.

자본주의를 제1의 체제, 사회주의를 제2의 체제라고 한다면 지공주의는 제3의 체제라고 할 수 있습니다. 진정한 제3의 길입니다. 또 달리 말하면, 지공주의는 진정한 자본주의라고 했으니 제3의 길이라기보다 오히려 진정한 제1의 길이라고 할 수도 있습니다. 그런데 지공주의가 실현되면 사회주의가 지향하는 빈부격차 해소, 사회보장까지 다 해결됩니다. 좌파가 지향하는 가치를 실현하는데 우파의 방식인 자본주의적 방식으로 하는 겁니다. 그래서 저는 이것을 '좌도우기'라고 표현합니다. 예전에 우리나라 개화기에 '동도서기'라는 말이 있었습니다. '동양의 정신을 서양의 그릇에 담자'라는 뜻으로, 서양의 기술문명을 도입해서 동양의 정신을 꽃피우자는 의도였습니다. 그것을 본 딴 말이 '좌도우기'입니다. 좌도우기론은 좌파입니까 우파입니까? 방법을 보면 우파고 지향점을 보면 좌파입니다. 저는 좌파와 우파가 왜 대립하는지 이해를 잘 못합니다. 물론 그 이유는 알지만 대립할 필요가 전혀 없다고 생각합니다.

토지가치를 환수하는 구체적 방안

자, 지금까지 원론적인 이야기만 했는데 이제부터는 구체적으로 어떻게 하자는 것인지에 대해 이야기하겠습니다. 아까 말했듯이 토지원리 중에 제일 안 지켜지는 것이 ③의 ④ '특별이익 환수'인데 이것을 실천하여 우선권의 대가를 징수해서 모두 나누자는 이야기입니다. 그럼 구체적으로 어떤 방식으로 징수해서 나눌 것인가?

토지가치를 환수하는 방법은 여러 가지가 있지만 우리 일상생활에서 가장 많이 접한 방식으로 양도소득세가 있습니다. 토지를 포함한 부동산을 팔면서 차액이 생겨 불로소득을 얻게 되면 그 불로소득을 거두어들인다는 목적을 가지고 있습니다.

그러나 양도소득세는 졸렬한 방식입니다. 왜냐하면 거래할 때 세금이 매겨지게 되니 거래를 잘 안 하려고 한단 말이죠. 그 결과 시장 작용에 지장을 줍니다. 그걸 전문용어로 '동결효과'라 그럽니다. 땅 가진 사람이 잘 내놓지 않는다는 말입니다. 지금과 같은 우리 사회제도에서는 땅 가진 사람은 배짱부릴 수 있습니다. 왜? 땅은 오래 가지고 있다고 해서 상하거나 사라지지 않습니다. 소금 치지 않아도 썩지 않습니다. 오히려 땅을 오래 가지고 있으면 그 가치가 올라가는 경우가 많습니다. 가치가 내려가는 경우는 거의 없습니다. 드물게 있긴 하겠지만, 땅은 일반적으로 중고일수록 가치가 올라갑니다. 다른 것은 중고가 되면 가치가 떨어지는 데 땅은 중고일수록 가치가 많이 올라갑니다. 이상한 물자에요. 사람들이 손 때,

발 때를 많이 묻힐수록 가치가 올라가죠. 그러니까 땅 가진 사람이 배짱부릴 수 있는 겁니다.

자본을 가진 사람이 강할까요, 아니면 토지를 가진 사람이 강할까요? 누가 더 오래 버틸 수 있겠습니까? 토지를 가진 사람입니다. 요새는 자본이라는 용어가 여러 가지 의미로 쓰이긴 합니다만 여기서는 자본이란 생산된 생산수단인 기계와 같은 현물이라고 하겠습니다. 자본이라고 하면 흔히 돈이라고 생각하지만, 돈이란 자본이 될 수도 있고 토지가 될 수 있으니 생산요소를 말할 때 돈을 자본으로 표현하는 것은 적절하지 않습니다. 적어도 오늘 강의에서는 자본을 돈이라는 의미로 사용하지 않습니다.

토지보유세가 공인된 최선의 방안

양도소득세는 불로소득을 환수한다는 점에서 취지는 좋지만 동결효과와 같은 부작용이 있으니 어떻게 하면 좋을까요? 제가 따로 이 자리에서 자세한 설명을 드리지는 않겠습니다만 토지보유세가 불로소득을 환수하는 데 가장 우수한 수단입니다. 이것을 제가 설명 드리지 않는 이유는 모든 경제학, 재정학, 조세론 교과서에 '모든 조세 중에서 토지 보유세가 가장 우수한 조세'라고 나와 있고 이는 아주 상식화되어 있기 때문입니다.

그러면 종합부동산세도 토지 보유세의 일종인데 왜 이명박 정부와 강남 사람들이 그렇게 반대를 했을까요? 여기에는 두 가지 이유가 있습니다. 하나는 이해관계이고 다른 하나는 순수한 학술적 관점입니다. 학술적 관점의 문제는, 종부세가 땅만이 아닌 건물에까지 세금이 매겨졌다는 점, 그리고 모든 땅에 균일하게 매겨지지 않고 비싼 땅에만 집중해서 매겨졌다는 점에 있습니다. 그래서 종합 부동산세는 세련되지 못한 수단입니다.

그러면 정부가 세련되지 못한 수단을 정책으로 삼았을 때 우리가 어떤 태도를 취해야 되는가? 이해관계에 매여서 행동하는 사람은 뻔합니다. 무조건 반대입니다. 세금 내는 거 좋아하는 사람 어디 있습니까? 세상 사람이 모두 금을 좋아하지만 금 중에서 싫어하는 두 가지 금이 있습니다. 세금과 주금(죽음). (모두들 웃음) 그래서 이해관계 때문에 싫어하는 것은 어쩔 수 없어요. 그러나 아까도 말씀 드렸듯이 합리적인 좌파 그리고 양식 있는 우파라면 적어도 이해관계를 떠나서 생각해야죠.

세련되지 못한 현실의 제도에 대해서 "야, 세련되지 못했으니까 너는 사라져"하면서 빨간 딱지를 내보이며 퇴장을 시키는 것이 옳은 태도이겠습니까? 아니면 "야, 좀 세련되게 해라, 교과서에 보면 이렇게 하는 것이라고 하니 교과서대로 좀 해." 이렇게 충고하는 것이 옳은 태도이겠습니까? 양식 있는 우파라면 세련되게 하라고 하지, 퇴장하라고 하지는 않을 것입니다. 그런데 현실에서는 퇴장시켰지 않습니까? 참 걱정이죠. 집권 세력이 우파를 자칭하고 있지만 양식 있는 우파는 아닌 거지요. 우리나라 우파의 수준이 그것밖에 안 되는 거예요. 실은 우파만이 아니라 우리 모두의 자화상입니다. 정말 걱정입니다.

그런데 인간의 일반적인 수준은 사실 별로 기대할 게 못 됩니다. 이기심에 가득 차 있습니다. 저부터도 그렇습니다. 그런데 제도라는 것은 강제력이 있는 것이거든요. 제도를 안 지키는 사람에게 제재를 가할 수 있습니다. 그래서 제도가 사람의 행동에 영향을 줍니다. 이기적인 사람은 제도를 따를 때 이익과 손해가 얼마인지 그리고 따르지 않을 때 이익과 손해는 얼마인지 계산해 봅니다. 그리고 계산 결과에 따라 행동하게 됩니다.

요즘 우리나라에서는 대부분의 사람들이 교통신호를 잘 지킵니다. 제가 어릴 적에도 교통신호등이 있긴 했지만 그때는 사람들이 신호등을 잘 안 지켰습니다. 지금도 동남아 지역으로 가보면 사람들이 교통신호등이 있거나 말거나 별로 상관하지 않고 무시하는 경우가 많다고 합니다. 그러나 교통신호등이란 제도가 있고 그걸 잘 지키니 다른 나라사람들의 눈에는 대한민국 사람들의 수준이 높게 보입니다. 실제로 수준이 높아졌는지는 잘 모르지만 행동하는 것을 보면 적어도 겉으로는 그렇게 보인다는 거죠.

좌파가 지향하는 가치라고 할 수 있는 '나누자, 더불어 같이 살자, 서로 사랑하자'는 가치로서 다 좋습니다. 그러나 그것을 제도화해서는 의도대로 작동하지 않습니다. 사람은 계산을 합니다. "사랑하고 나누는 제도라고? 잘 됐어. 그럼 난 일은 적게 하고 많이 차지할 거야." 저부터도 좀 그렇거든요. 제가 인간의 수준을 너무 낮게 봅니까? 아무튼 그런 사람이 적어도 열 명 중에 한두 명만 있어도 좌파의 제도는 유지되지 않습니다. 그래서 사회주의 국가에서는 좌파의 본래 이상과는 달리 국민을 감시하고 강제하는 폭압적 권력이 나타났지요. 그래서 현실의 제도를 만들 때는 인간의 현실적 수준에 맞추어야 합니다. 지키지 않았을 때는 패널티를 확실히 적용해서 국민이 손익을 따져서 제도를 지키는 것이 더 이익이라는 계산이 나오도록 해야 한다는 겁니다.

사회제도는 옷과 같다

저는 사회제도란 마치 옷과 같다고 생각합니다. 옷을 잘 입힌다고 해서 사람이 좋아집니까? 제가 좋은 옷을 입는다고 잘난 사람이 됩니까? 그렇지는 않겠지요. 그러나 옷을 잘 입으면 잘 나 보이기는 합니다. 실제 인물이 그리고 사람이 좋아지는 것은 아니지만 잘 나 보인다는 거죠. 제도를 잘 만들면 인간 사회가 좀 더 나은 것처럼 보일 수가 있습니다. 자, 교통신호등처럼 제도가 일반화 되어버리면 사람들이 당연하게 교통신호등을 지키고 질서를 유지하는 것처럼 제도가 습관화됩니다. 교통신호등 지키기를 습관화하면 교통신호에 대해서는 지키지 않을 때보다 그 사회의 수준이 높아졌다고 볼 수 있습니다. 누구든지 마음속 깊이 "교통신호등을 지키는 것은 당연한 거야"하는 생각을 가지고 교통질서를 잘 지키면서 산다면 그 사회는 좋아진 게 아니겠습니까? 어쩌면 사람 자체의 수준도 높아졌다고 볼 수 있는 것입니다.

이렇게 좋은 제도를 통해서 겉모습이라도 사람이 좀 좋아 보이도록 하고 그렇게 해서 익숙해지면 사람이 실제로 조금 더 좋아지게 되고 그때 제도의 수준을 더 높이고 거기에 또 사람이 익숙해지고…, 그렇게 해서 결국에는 모든 인간이 구원받고, 모든 인간이 해탈하는 그런 때가 오지 않겠습니까? 그야말로 모든 인간이 바라는 좋은 세상이 되는 거죠. 토지제도에서도 마찬가지라고 볼 수 있습니다. 지금과 같은 상태에서는 모든 이기적인 사람이 지킬 수 있는 수준에서 제도를 만들어 시작하면 됩니다. 즉 누구든지 좋은 땅을 차지하게 되면 토지보유세로 그 사람이 차지한 만큼의 대가를 내게 하는 제도부터 실시하면 좋겠다는 겁니다.

사회보장을 책임질 토지제도

이제, 기본적인 생존에 대한 걱정을 하지 않고 살 수 있는 좋은 세상을 설계해 보겠습니다. 이런 설계가 우파의 동의를 얻으려면 재분배 없는 사회보장이 필요한데, 이런 사회보장이 토지제도를 통해 가능해집니다. 그러면 지금부터 재분배 없는 사회보장과 토지제도의 연결고리에 대해 이야기하겠습니다.

아까 이야기 했듯이 토지는 모두의 것이니 토지가치는 모든 국민의 것입니다. 그리고 토지에 대한 권리는 동등합니다. 그래서 누구든지 세상에 태어났다 하면 토지가치에 대한 지분이 있습니다. 그러므로 토지가치 총액을 우리 국민 수로 나누어 나온 금액은 각 국민이 태어날 때부터 당연히 취할 수 있는 소득이 됩니다. 구체적으로 한번 계산해 보겠습니다.

우리나라의 토지가치는 매매가치로 보면 최소한 3천조쯤 됩니다. 1년간 임대가치로 보면 최소한 연간 100조는 됩니다. 그러니까 우리나라 국민 모두가 연간 100조에 대한 지분을 행사할 수 있습니다. 100조를 5천만 명으로 나누면 1인당 200만 원 정도 됩니다. 누구나 태어나면서부터 따로 일을 하지 않아도 연간 2백만 원을 소비할 수 있는 권리가 있다는 거지요. 4인 가족으로 보면 가족당 연간 8백만 원의 소득이 있는 겁니다.

이런 상황에서 연간 200만원을 국민 각자에게 분배하는 방식을 우선 생각할 수 있습니다. 이러한 방식은 곧 언급하게 될 '기본소득 제도'와 비슷합니다. 그러나 그렇게는 할 수가 없겠죠? 우선 연간 200만원은 최저생계비에 미달합니다. 그냥 분배하는 방식으로 생활이 보장되지 않는다는 말이죠. 물론 앞으로 토지의 범위를 자연

전체로 넓혀서 천연자원의 가치, 환경의 가치도 징수하면 금액이 늘어날 것이고 또 토지세 수입의 증가에 맞추어 다른 세금을 감면하면 이 금액은 더 늘어납니다. 그러나 적어도 지금 상태에서 국토의 가치만을 생각하면 금액이 부족합니다. 뿐만 아니라 토지가치로 사회보장 외의 다른 용도로도 사용해야 한다면 금액이 훨씬 더 부족하겠지요. 그러니까 단순히 국민에게 토지가치를 동일한 금액으로 분배해서는 적어도 당분간은 사회보장이 되기 어려울 겁니다. 그렇다면 보험 방식을 고려해야 합니다.

보험 방식이란 토지가치에 대한 지분의 일부를 보험료로 하고 소득이 생존비에 미달하는 사람에게만 그 미달하는 차액만큼 보험금으로 지불하여 생존이 가능하게 하는 방식입니다. 저는 이런 보험을 '생존권 보험'이라고 부릅니다. 국민 중에는 소득이 많은 사람도 있고 적은 사람도 있습니다. 저 같은 사람은 보험금을 탈 이유가 없습니다. 저는 학교 월급 가지고 충분합니다. 작년에 연말정산 하는데 1년 전체 총소득이 9천만 원이었습니다. 엄청나지 않습니까? 물론 거기서 세금 떼고 이것저것 다 떼죠. 그래도 한 6천만 원 이상 되는 거죠. 그럼 저 같은 사람에게는 줄 필요가 없겠지요.

물론 모든 보험제도에는 도덕적 해이라는 문제가 따릅니다. 그러나 이런 문제에도 관심을 가지고 대처해야 하지만 자기 돈으로 자신의 생존권을 보장한다는 커다란 대의에 비하면 사소한 것이라 봅니다.

토지가치를 사회보장의 재원으로 삼아야

잠시, 기본소득 운동에 대해 말씀드리겠습니다. 기본소득제도는 모든 국민에게 일정한 금액을 나눠주는 방식입니다. 지금 유럽에서 한창 이야기하고 있고, 우리나라에서도 민주노총에서 연구용역으로 최근에 발표한 제도입니다. 생존에 필요한 기본 금액을 정해놓고 모든 국민에게 이 금액을 무조건 준다는 생각은 매우 이상적입니다. 그러나 문제는 누가 그 돈을 부담할 것인지에 있습니다.

유럽의 기본소득제도는 그 재원을 세금으로 조달한다는 겁니다. 즉 모든 국민의 생존을 남의 돈으로 보장하겠다는 거죠. 그러면 세금을 내는 사람이 좋아하겠습니까? 아니죠. 그러니까 기본소득도 좋지만 남의 돈으로 하지 말고 자기 돈으로 하자는 겁니다. 모든 사람이 200만 원씩 토지가치 지분이 있으니 그 돈으로 하면 됩니다. 아까 우리나라의 연간 토지가치는 100조 원 정도 된다고 했습니다. 이 금액의 20~30%만 하면 생존권보험 등 필요한 사회보장을 할 수 있을 겁니다. 100조 원을 모든 사람에게 나누어주기보다는 보험제도를 만들어 저처럼 스스로 벌어서 잘 사는 사람은 제외하고 일정 소득 이하의 어려운 사람에게 보험금으로 지원해 주자이겁니다.

일정 소득에 미달하는 사람은 두 종류로 나뉠 겁니다. 열심히 일해서 돈을 벌려고 해도 능력이 안 되는 사람이 있고 본인이 자원해서 가난하게 사는 사람이 있습니다. 최소한 전자는 보장을 해야 됩니다. 보험이란 본인의 책임없이 보험사고가 발생하면 보험금을 지급하도록 되어 있기 때문입니다. 후자에 대해서는 어떻게 할까요? 후자의 예를 들면, 돈 벌 능력은 있지만 예술 활동을 해야 하기 때문에 돈 벌 여유가 없는 사람입니다. "예술처럼 인생의 가치 있는 일을 놔두고 한가하게 돈을 벌려고 다니겠느냐"하는 사람도 있다는 겁니다. 모든 사람에게는 자기 나름의 가치를 추구하는 삶이 있습니다. 그것이 경제적 수입과 연결이 되지 않는 경우도 많습니다. 본인은 열심히 하지만 그에 대한 대가로 아무도 돈을 주려고 하지 않지요. 열심히 그림을 그리고, 그것을 통해서 인생의 보람을 찾고, 거기서 하느님을 찾는 사람도 있을 겁니다. 그러한 인생관, 세계관을 가진 사람이 있다고 칩시다. 그런 사람에게까지도 사회보장 혜택을 주는 것은 과연 어떨까요?

일하는 인간인가, 노는 인간인가?

제가 학생들에게 이런 질문을 해 본 적이 있습니다. "모든 사람이 최저생계를 유지할 수 있도록 보장해 주면 사람은 자기를 발전시키는 방향으로 노력할 것 같으냐? 아니면 무위도식하면서 무의미하게 생을 낭비할 것 같으냐?" 그런데 요즘처럼 험한 세상에서는 완전한 사회보장이 되는 그런 세상을 상상하기가 참 어렵습니다. 오늘처럼 강의 처음에 상상력에 대해서 얘기했습니다. 조금만 상상력을 발휘해 보자고…. 그래도 학생들이 도대체 상상이 안 되는 거예요. 왜 그럴까요?

지금은 대부분의 사람들이 먹고 사는 일에 마음이 급하여 혹시 제대로 못 먹고 살까 싶어서 마음속에 불안감이 가득 찬 채로 생활하고 있습니다. 요즈음 학생이든 직장인이든 '자기 계발' 이라는 것을 많이 하는데, 왜 합니까? 다 아시다시피 취직하고 승진하려고 합니다. 또 실직하게 되면 전직해야 하니까 그 때를 대비해 자기계발합니다. 영어를 공부하느니 시험 점수를 따느니 하는데 그게 무슨 자기 계발입니까? 정말 자기 수준이 높아지는 것이 자기계발이지 영어 좀 잘한다고 자기 계발이 되나요? 지금 세상에서는 그런 고정

관념과 빈곤에 대한 두려움 같은 것에 사로잡혀서 사람들이 상상을 못합니다. 그래서 제가 물었던 학생들도, 그들이 대학원생이든 대학생이든, 대부분 "무위도식 할 것 같아요"라는 대답을 합디다.

그러나 제가 생각하기에는 그럴 것 같지 않아요. 사람이 가장 못 견디는 것이 무언지 아십니까? 제가 지금까지 관찰한 바로는 '심심'한 것입니다. 사람은 심심한 상태에서 벗어나기 위해 뭔가를 열심히 합니다. 무위도식이 좋을 것 같지만 사람은 심심해서라도 무위도식을 오래 하지 못합니다. 지금은 현실이 하도 각박하다보니 조금이라도 일을 피하고 빈둥거리고 싶지만, 사흘만 빈둥거려보십시오. 사흘이 지나면 뭔가 일거리 없나, 할 일 없나 하면서 할 일을 찾아다닐 겁니다.

그래서 후자, 즉 스스로 빈곤을 택하는 사람까지도 생존권보험의 혜택을 주자는 것입니다. 물론 이것은 토지가치의 크기와 토지가치 중에서 사회보장에 할애할 금액이 정해진 후에, 필요한 만큼을 감당할 수 있을 때에만 가능합니다. 그러나 제 생각으로는 충분히 감당할 수 있다고 봅니다. 또 생존권보험금을 설계할 때, 보험금을 무상으로 지급하지 않고 수급자가 일정한 소득 이상을 벌게 되면 상환하도록 하는 조건부 지급을 한다면 그 가능성은 더욱 높아질 것으로 봅니다.

누구나 자기 돈으로 자기의 생존권을 보장하는 세상. 우파가 이런 세상에 반대하겠습니까? 아닙니다. 우파가 사회보장에 반대하는 핵심적인 이유는 재분배라는 점인데, 생존권보험은 제 돈으로 사회보장을 하니 재분배가 아닙니다. 좌파가 이런 세상에 반대하겠습니까? 아닙니다. 방법이 우파적이라고 해도 좌파가 지향하는 목표를 달성하지 않습니까? 지공주의는 단순히 이상적인 토지제도가 아닙니다. 지공주의는 좌우 양쪽을 다 만족시키는 가운데 좋은 세상을 이룩할 수 있는 기초입니다.

이것으로 일단 제 강의를 마무리합니다. 더 자세한 것이나 궁금한 것은 질문을 통해 함께 이야기 나누도록 하겠습니다.

|질|의|응|답|

중국과 한국의 토지제도 비교

질문 : 좋은 강의 잘 들었습니다. 제가 들은 바에 의하면 중국에서는 외국자본에 토지를 30년 혹은 50년간 임대한다고 합니다. 한국은 공단을 조성하여 부지를 판매합니다. 선생님이 주장하시는 지공주의에 비추어 볼 때, 이 두 제도의 장단점이 무엇인지 알고 싶습니다.

답변 : 네, 좋은 질문을 하셨습니다. 중국에서는 외국자본뿐만 아니라 중국 국민들에게도 토지를 임대하고 있죠. 중국은 기본적으로 토지가 국유라서 개인에게 임대 방식으로 사용권을 줍니다. 임대라는 표현은 안 쓰지만 우리 식으로 보면 임대입니다.

좀 더 자세한 설명을 위해 토지제도를 4가지 유형으로 나누어서 설명하겠습니다.

〈표 2〉 토지소유제도의 유형

토지소유권의 권능	토지공유제	토지공공임대제	토지가치공유제	토지사유제
사용권	공	사	사	사
처분권	공	공	사	사
(가치)수익권	공	공	공	사

토지소유권을 구성하는 권능에는 세 가지가 있습니다. 민법에 '소유자는 소유물을 사용, 수익, 처분할 권리가 있다'고 되어있습니다. 다른 나라도 거의 비슷합니다. 내가 무언가를 소유하고 있다고 합시다. 내가 그것을 직접 사용하고 싶다면 사용할 수 있습니다. 이것이 사용권입니다. 다른 사람에게 팔고 싶으면 팔 수 있고 임대하고 싶으면 임대할 수 있습니다. 이것은 처분권입니다. 그리고 소유물에서 나오는 이익이 있으면 그 이익을 가질 수 있습니다. 그것이 수익권입니다. 우리는 여기서 이 수익권을 토지가치 수익권으로 한정하기로 하겠습니다. 다른 수익권은 사용권의 일부로 취급하면 됩니다.

　이러한 소유권의 모든 권능인 사용권, 처분권, 수익권을 국가(공)가 가지는 제도인 토지공유제가 있는가 하면 모든 권능을 개인(사)이 가지도록 사유화시킨 제도인 토지사유제가 있지요. 현실적으로 이런 유형과 완전히 들어맞게 토지제도를 운영하는 나라는 없지만 대체로 맞추어 보면 토지공유제는 사회주의 사회에서, 토지사유제는 자본주의 사회에서 볼 수 있습니다.

　그리고 중간 형태로 두 가지 유형이 더 있습니다. 그 중 한 가지가 사용권을 개인에게 주고 처분권이나 가치 수익권을 국가가 가지는 유형으로 공공임대제라고 할 수 있습니다. 처분권에 대하여, 경우에 따라 개인이 50년 범위 내에서 다른 사람에게 재임대할 수 있게 하는 방법도 있습니다. 하지만 근본적으로는 공이 소유합니다.

　그런데 중국의 경우 가치수익권을 공이 가진다고는 하지만 토지가치를 철저하게 징수하지 않습니다. 전 세계적으로 철저히 징수하는 나라가 없는 실정이지요. 아까 말한 '토지 원리 ③의 ④'를 철저히 지키는 나라가 없다는 말입니다. 특히 사회주의는 토지가치에 대한 개념이 별로 없습니다. 그래서 가치 환수를 제대로 하지 않는 거죠. 토지사용권조차 개인에게 주지 않던 과거의 중국 같은 사회주의 사회에서는 부동산 투기가 일어나는 것을 도저히 상상할 수 없었습니다. 그러나 지금의 중국에서는 사용권을 풀면서 가치 환수는 제대로 하고 있지 않아 부동산 투기가 많이 일어납니다.

그리고 나머지 한 가지 유형으로 사용권 외에 처분권까지 개인에게 주는 제도로 토지가치공유제가 있습니다. 토지사유제를 가진 사회가 제도를 바꾸려고 한다면 이 제도가 실행하기에 가장 쉽죠. 세금만 좀 거두면 되니까요. 그런데 아까 양도소득세하고 보유세가 있다면 어떤 것이 더 낫다고 했죠? 보유세 방식이죠. 보유세 방식으로 조금 거두면 이행하기가 제일 쉽습니다. 그 조금이라는 것은 매년의 임대가치 만큼을 말합니다. 그러면 세금이 너무 많은 것 아니냐고요? 그 만큼 다른 세금을 낮추면 됩니다. 세금 총액은 그대로 두고 부과 대상만 이동하는 겁니다.

지공주의는 토지공공임대제 혹은 토지가치공유제입니다. 사용권은 개인이 가지고 처분권은 개인이나 혹은 국가가 가질 수 있고 가치 수익권은 국가가 가지는 거죠. 지공주의에서는 토지공유제와 달리 사용권에 대해 국가가 이래라 저래라 하지 않습니다. 토지사용에 관한 개인의 자유와 창의를 다 보장해 주고 노력과 기여의 대가도 역시 보장해줍니다. 이것이 지공주의입니다.

처분권을 국가가 가지는 토지공공임대제에 대해 불안감을 가질수도 있습니다. 그러나 현재 우리나라 전화제도가 바로 이런 방식인데, 그것 때문에 불안해하는 경우는 없지요. 전화의 경우 사람마다 자기 번호를 다 가지고 있다가 그 번호의 전화를 더 이상 사용하지 않으려고 하면 그 전화를 반납 하지 않습니까? 이 유형은 토지공유제의 전통을 가진 사회에서 지공주의로 이행하려고 할 때 실시하기가 쉬운 제도입니다.

우리나라는 지금 사용권, 처분권, 가치수익권 모두 사유인 사유제이고 중국은 공공임대제 쪽으로 가고 있는데 가치수익권을 제대로 환수하지 못하고 있기 때문에 투기가 있습니다. 자, 둘 중 어느 쪽이 좋은가. 현재는 이것도 저것도 불안정합니다. 그러나 중국이 현재와 같이 개인에게 사용권을 주고 어느 정도의 사용대가를 받는 그런 토지제도를 실시한 덕분에 중국의 경제가 상당한 정도로 개방되고 발전했다고 볼 수도 있습니다. 물론 그 외에도 여러 가지 요인이 있을 거고, 토지제도 하나만 딱 떼어 이야기하는 것은 좀 무리가 있지만요.

사례가 많지만 한 가지 예를 들겠습니다. 중국에 용항진(龍港鎭)이라는 곳이 있다고 합니다. 중국은 농촌에 살던 주민이 마음대로 도시로 이사할 수 있는 사회가 아니라서 이동의 제한이 상당히 많은 나라입니다. 그런데 이 용항진이라는 곳에서는 농민이 쉽게 이주할 수 있는 제도를 만들고, 세금을 없애고, 토지 임대료만 받아 재정에 충당했다고 합니다. 여기서 여러분에게 한 가지 질문을 드리겠습니다. 건물을 지으려고 하는데 만약 이것저것 세금을 많이 내는 곳과 그런 세금 없이 땅에 대한 임대료만 내는 곳이 있다면 어디로 가서 건물을 짓겠습니까? 어차피 건물을 짓고 개발을 하려면 땅은 구해야 됩니다. 건물에 대한 세금이나 소득세 같은 것도 없고 땅값만 받는 그런 곳에 가서 개발하는 것은 당연한 이치입니다. 그래서 용항진이 눈부시게 발전했답니다. 사회주의라서 그런 거 아닌가, 자본주의에서는 임대보다는 분양이 더 낫지 않나, 하고 이야기할 수도 있습니다. 또, 자본주의에서는 그런 예가 없다고 말할지도 모릅니다. 그러나 천만의 말씀입니다. 그런 예를 한번 볼까요?

뉴욕의 땅이 원래 개인 땅이었습니까? 아닙니다. 맨해튼의 개발은 전부 임차 토지에서 이루어졌습니다. 설마~ 하시지요? 뉴욕의 역사를 찾아보십시오. 엠파이어스테이트빌딩, 세계무역센터, 록펠러 센터 같은 건물들이 전부 임차토지에서 개발된 것입니다. 남의 땅에 누가 거액의 투자를 할까 싶지만 사용권만 잘 보장되면 아무 문제없습니다. 또 뉴욕에 있는 자유의 여신상을 둘러보면 맨해튼의 제일 남쪽에 자유의 여신상을 마주보고 있는 지역에 배러리파크(Battery Park)라고 있습니다. 우리말로 밧데리 파크가 되겠죠. (모두들 웃음) 그곳에 아주 고급스런 일급 주택단지가 들어서 있습니다. 그 땅이 전부 공공의 땅입니다. 그래서 그 주택단지는 토지임대 건물분양으로 된 것이지요. 요즘 반값아파트의 일환으로 흔히 말하는 토지임대부주택과 비슷한 겁니다. 또, 캘리포니아에 팜스프링이라는 곳이 있습니다. 한국 교포들이 골프 치러 많이 가는 곳으로 LA 근처에 있습니다. 그곳도 인디안 땅을 임차해서 개발한 곳이죠.

토지를 임대하면 내 것이 되지 않기 때문에 그곳에 지은 건물이 분양이 되지 않을 거라는 걱정은 할 필요가 전혀 없습니다. 우파경제학자들이 지공주의에 대해 흔히 비판하기를 "사유화해야 경제가 잘 되지"라고 합니다. 뉴욕을 안 가봤는지, 가봤는데도 못 봤는지…. 밧데리 파크도 모르나 봐요. (모두들 웃음)

질문 : 중국은 토지가치를 환수하는 방법으로 어떤 것을 하고 있는지 궁금합니다. 임대료를 받는다고 하셨는데 그걸 가치 환수라고 할 수 있는가요?

답변 : 중국은 가치 환수를 하긴 하지만 임대가치에는 훨씬 못미칩니다. 처음 분양할 때 좀 받고 그 후에는 소액을 받기 때문에 투기와 같은 부작용이 생기는 것이지요. 지금 북한에서 개성공단의 토지 임대료를 올리겠다고 하지 않습니까? 저는 그것은 옳은 방향이라고 생각합니다. 근데 북한 당국이 진짜 이런 이론을 알고 임대료를 올리려는 건지 남한을 애먹이려고 하는 건지는 잘 모르겠습니다.

지공주의의 도입방안과 국토보유세

질문 : 오늘 강의를 듣고 나니 지공주의가 정착되면 참 좋을 것이라고 생각됩니다. 그런데 실제로 그렇게 정착되려면 사유화되어 있는 토지들을 국가 소유로 돌려야 하고 그런 과정에서 토지개혁이 수반될 수밖에 없다고 생각합니다. 우리 역사를 살펴보아도 알 수 있듯이 정약용 선생이나 수많은 실학자들이 토지개혁을 주장했지만 실제 토지개혁이 이루어진 것은 이승만 정부 때였는데, 그것도 농지에 한해서 부분적으로 이루어진 것이었습니다. 그 과정에도 많은 문제가 있었다고 알고 있습니다. 지공주의의 토지제도방식을 실현하려면 현실적으로 어떤 조건으로 혹은 어떤 식으로 해야 된다고 보십니까?

답변 : 지공주의를 현실에서 어떻게 도입할 것인가는 당연한 질문입니다. 이상적인 제도를 현실에 도입하기 위해서는 저항을 극복해야 합니다. 좋은 제도일수록 현실과 다르기 때문에 기존의 제도아래에서 기득권을 고수하려는 사람들의 저항이 있기 마련입니다. 저항에는 두 종류가 있습니다. 하나는 "나에게 손해되는 것은

무조건 안 된다"라고 하는 것이고 다른 하나는 자신의 이해관계를 떠나 "그것은 잘못된 것이야" 하면서 지공주의의 문제점을 제시하는 것이죠. 무조건 안 된다고 하는 데는 어떻게 할 방법이 없습니다. 그건 좀 있다 이야기하지요.

우선 지공주의의 문제점이 없도록 해야 합니다. 제일 큰 문제는 지공주의로 전환할 때 손해 보는 사람에 대한 대책입니다. 종래에 토지사유제가 옳다고 모두 생각했고, 다들 거기에 적응해서 살아 왔습니다. 사회가 다 같이 착각했던 거였죠. 사회가 공동으로 저지른 잘못을 시정하는 과정에서 종래의 제도를 믿은 선량한 국민이 손해 보게 해서는 안 되겠죠. 토지 가치를 한꺼번에 걷으면 토지 매매가격은 영(0)이 됩니다. 땅 가진 사람이 쫄딱 망한다는 말입니다. 그렇게 하면 선량한 땅 소유자는 굉장히 당황하게 되겠죠.

이걸 막기 위한 아주 멋진 방법이 있습니다. 예를 들어 어떤 사람이 땅을 살 때 1억을 주고 샀다면 1억에 대한 이자를 보장하고 지대를 징수하는 겁니다. 그러면 매매가격이 1억으로 유지됩니다. 지가가 폭락하지 않으니까 안전하지요. 또 땅을 산 사람의 입장에서 원금과 이자가 보장되니까 불만이 없을 겁니다.

그래도 불로소득을 차단당했다고 볼멘소리를 할 수는 있겠지만 그건 욕심일 뿐 정당한 불만이라고 할 수 없지요. 안전하고 멋집니다. 당장 실시해도 경제에 아무런 지장이 없고 손해를 보는 사람도 없습니다. 이자를 공제하고 지대를 징수하니까 결국 지대와 이자의 차액을 징수하게 됩니다. 그래서 저는 이것을 '지대이자차액세' 라고 부르기도 하고 좀 더 듣기 쉽게 하여 '국토보유세' 라고도 부릅니다.

좋은 개혁안이 현실에 도입되기 위해서는 3가지 조건이 필요합니다. 이론과 운동 그리고 정치입니다. 대통령 선거도 좀 잘 합시다. (웃음) 이 세 가지를 열심히 하는 수밖에 없지요. 흠잡을 수 없는 이론을 만드는 것도 중요합니다. 자꾸 흠을 잡으면 저는 이렇게 말합니다. "교과서를 봐라. 당신들도 그렇게 가르치지 않느냐?" 자칭 자유주의 경제학자들이 종부세를 물고 늘어질 때 "종부세가 세련되지 못한 제도인 것은 인정한다. 그렇지만 토지보유세도 나쁜 세금이냐?" 이렇게 되물으면 그 사람들이 대답을 못합니다. 자신들의 강의 시간에 토지보유세가 가장 우수한 세금이라고 가르치고 있거든요. 이것이 이론의 힘입니다. 상대방 진영에서 적어도 양식 있는 사람에게는 할 말이 없도록 만듭니다. 이것이 훌륭한 이론의 힘입니다. 저는 그런 역할을 하고 있습니다. 사람이 동시에 세 가지를 다 할 수 없습니다. 자신이 잘 할 수 있는 것을 선택해서 서로 분업해야죠. 제일 잘하는 것에 여러분의 힘을 보태주십시오. 저는 주로 이론에 힘을 쏟고 있고 운동 쪽은 토지정의시민연대라는 단체에서 열심히 활동하고 있습니다.

질문 : 아까 우리나라 토지의 총 가격이 약 3,000조이고 1년에 임대료 가치가 100조라고 들었습니다. 그런데 방금 선생님께서 말씀하신 지대에서 매입지가에 대한 이자를 뺀 '지대이자차액세'를 도입하면, 100조 원에서 이자를 공제하고 징수하게 되므로 징수하는 금액이 현저히 줄어들지 않습니까?

답변 : 그렇습니다. 아주 정확합니다. 그래서 지대이자차액세를 도입하면 처음에는 재원이 부족하기 때문에 완전한 생존권보험을 당장 실시할 수는 없습니다. 점진적으로 진행해야 합니다. 제가

시뮬레이션 했더니, 이자율이 연 5%이고 토지가치가 1년에 3%정도 오른다고 하면 지대를 70~80% 환수하는데 한 50년 정도 걸립니다. 50년 정도 걸려서 좋은 세상이 온다면 그것보다 좋은 일이 어디 있겠습니까. 저는 50년 걸려서 좋은 세상으로 갈 수 있는 토대가 되는 토지제도가 확립될 수 있다면 그것보다 좋은 일이 어디 있을까 생각합니다. 50년 후에 저는 살아있지 않겠지만 지하에서 혹은 하늘에서 보고 얼마나 기분 좋아 하겠습니까?

저항과 점진적 도입의 현실성

질문 : 선생님, 그러기 위해서는 50년 동안 안정적인 정치적 구조가 형성되거나 선생님 말씀 하신 것처럼 국민들이 모두 공감해야 한다는 점이 매우 중요하다고 생각합니다. 현실적으로는 정치의 갈등관계가 심하고 꼭 필요한 것은 구호로만 드러나고 있기 때문에 안정적으로 실현되기에는 50년이 너무나 긴 시간이 아닐까요? 정권이 바뀌면 정책도 금세 바뀌기 때문에 50년이란 오랜 세월동안 일관성 있게 추진되기가 참 어렵지 않을까 싶습니다. 경제문제, 토지문제에 집중해서 말씀하셨지만 아무리 옳다 하더라도 결국 이러한 문제는 다른 정치적 문제와 밀접하게 연관을 가지고 있습니다. 그리고 소위 대의제 민주주의를 그대로 유지하고 있는 한 일정한 금권력에 의해서 움직이는 게 현실입니다. 그래서 점진적으로 실현해 나가려고 해도 중간 중간에 벌어지는 선거를 통해서 도로 아미타불이 되지 않을까 말입니다. 또 정말 현실적인 대안이라고 하기엔 너무나 동떨어진 듯이 느껴져 국민들에게 과연 이것을 제안할 수 있을까 하는 걱정도 듭니다. 이런 이상적인 이론이 현실화된다

는 생각은 혹 공염불이 되지 않을까요?

답변 : 그렇습니다. 설계 자체는 현실적인 설계인데 그것을 점진적으로 도입한다는 전략이 과연 현실에서 먹히겠는가 하는 데는 저도 동감합니다. 그러나 그 외에 달리 어떻게 하겠습니까? 그러니까 사람 사는 세상이 늘 그 모양이죠. (웃음)

저는 이런 이야기를 할 때마다 "목표와 방법을 분리해서 설정된 목표가 훌륭하냐 아니냐를 우리가 먼저 생각해보자"고 합니다. 그리고 "만약에 그것이 목표로서 훌륭하다면 그 목표를 향해 가도록 하는 것이 맞지 않는가?" 하고 말씀 드립니다. 그런데 만일 "점진적인 방법은 현실에서 안 돼, 그러니 결국은 목표로서도 좋은 것이 아니야!" 라고 한다면 이것은 별개인 두 가지를 결합시키는 오류를 범하는 것이 아닙니까? 지공주의가 우리가 가야할 목표라는 것에 일단 합의를 보자는 거죠.

페이비언 협회(Fabian Society)의 예를 생각해 볼까요? 페이비언 협회는 지공주의의 원조인 헨리 조지의 주장에 대해 매우 열성적으로 지지했습니다. 시드니 웹이나 극작가 조지 버나드 쇼 등이 결성했던 초기 페이비언 협회에서 헨리 조지의 지대 환수 주장을 정강으로 채택하기도 했습니다. 그런데 페이비언 협회가 비판을 받은 게 바로 점진적 개량주의 아니냐 하는 거였습니다. 그러나 그 당시 단기적으로 실현되지 않았다고 "실패다", 또는 "목표도 잘못 되었다" 하고 간단히 부정할 수는 없습니다. 단기간에 성취하려면 어떻게 해야 합니까? 혁명을 해서 하루아침에 도입을 할까요? 아주 세련되게 하는 혁명이 있을지는 모르겠습니다만 우리가 아는 혁명적인 사태라 하면 상당히 많은 사람들이 불행하게 되는 측면이 있거든요.

토지가 아닌 다른 예를 봅시다. 미국이 전쟁을 해서라도 노예를 해방하는 것이 좋았는가, 아니면 노예 해방을 위해서 끊임없이 남북이 협상하고 타협하는 가운데 점진적으로 가는 것이 더 좋았을까? 어느 편이 더 나은지는 잘 모르겠습니다. 하지만 저는 전쟁은 피해야 된다고 봅니다. 영국은 타협을 했습니다. 노예제를 철폐할 때 보상을 했습니다. 노예소유자에게 보상을 해 주었다는 겁니다. 노예제도는 옳지 않은 제도이며 반윤리적인 제도 아닙니까? 그런데 왜 보상을 합니까? 도둑 당한 물건을 돌려받으면서 또는 장물 취득한 사람에게서 장물을 도로 받으면서 보상해주는 것과 같습니다. 법적으로나 도덕적으로 맞지 않는 겁니다. 그러나 전쟁보다는 낫다고 판단해서 또는 불가피해서일 수도 있지만 어쨌든 영국에서는 보상을 했죠.

개혁 방법으로서 어느 것이 더 좋은가 하는 것은 사람마다 다르게 생각 할 수 있는데, 되풀이해서 말씀 드리지만 제가 생각할 때는 잘 안되더라도 전쟁보다는 그래도 점진적으로 가는 것이 좋다고 생각합니다. 그러나 목표에 대해서만은 확실하게 합의를 해두자고 말씀 드리고 싶습니다. 99%의 지지를 얻도록 개혁안을 잘 다듬어 내놓으면 된다고 생각합니다. 시뮬레이션을 제대로 해서 잘 만들어 내 놓으면 된다는 말이죠. 이해관계에 따라서 사람들이 많이 움직이니까 내용을 잘 다듬어서 "이 개혁은 당신들에게 이익입니다" 하면서 보여주자는 거죠.

지공주의의 부작용은?

질문 : 선생님이 주장하시는 지공주의에 대한 발상 그 자체로는 명백히 지향해 갈 만한 것이라 어떻게든지 실현시켜야겠다는 생각이 듭니다. 지공주의에 대한 전제가 시장경제를 활성화 시키고 올바른 시장경제를 끌어간다는 것이라고 선생님의 책에서도 읽었습니다. 그런데 보통 기업들은 더 많은 토지를 마련하여 이윤을 추구하려고 하는데 땅값이 영(0)이 되면 토지를 더 쉽게 취득할 수 있게 되니 오히려 농지를 더 개발하려고 해서 농민들이 더욱 어려워질 수 있지 않을까요? 농민들이 더 쉽게 농사를 포기하게 만드는 그런 부작용이 생길 수 있지 않을까, 말하자면 좀 더 종합적인 계획이나 고민이 있어야 되지 않을까요? 그리고 토지를 불로소득과 같은 이윤추구의 기제로 삼지 않는다 하더라도 그 토지를 대신할만한 다른 것, 예를 들어 증권투자로 사람들이 몰려 또 다른 부작용이 생기지 않을까요? 마치 두더지 잡기 게임을 하듯 토지를 막으면 다른 부분이 튀어 오르는 것처럼 말입니다.

답변 : 두 가지 질문을 같이 해 주셨네요. 첫째 질문은, 기업가들이 토지를 쉽게 취득하게 되니 오히려 농민이나 영세민들이 더 힘들어지지 않을까 하는 말씀인데 그 근거로 땅값이 영(0)이 된다는 것을 말씀하셨습니다. 그런데 제가 제안하는 제도는 매매가격이 영(0)이 된다는 것이지 토지비용이 들지 않는다는 말이 아닙니다. 매매가격이 영(0)이라는 것은 마치 임대차의 경우처럼 보증금 없이 월세만을 내는 식이라고 생각하시면 됩니다. 보증금이 없으면 그 집에 들어갈 때는 그냥 공짜로(?) 들어가지 않습니까? 그렇지만 나중

에 월세 낼 것까지 감안해서 감당해 낼 수 있는지를 보고 그 집에 들어가죠. 그러나 보증금이 없으면 월세에 대한 부담이 있다고 하더라도 상대적으로 쉬워지는 거 아닌가 하고 생각하겠지만, 일시불이냐 분납이냐 그 차이가 있을 뿐이지 부담하는 금액은 결과적으로 같지요.

오히려 지금은 토지를 취득할 때 목돈만 잘 내면 그 다음에는 불로소득이 생기기 때문에 기업가의 사업이익보다 토지로 인한 이익이 더 큰 경우가 흔히 생깁니다. 여러분들도 잘 아시다시피 시에서 혹은 토지주택공사에서 공단을 개발해서 1000평, 2000평 단위로 팔지 않습니까? 그러나 보통 영세업자들은 수 천 평까지 필요 없습니다. 몇 백 평 정도면 공장 지을 수 있거든요. 그러니 형편이 되는 사람이 몇 천 평을 사두었다가 나중에 부동산 경기가 좋아지면 필지 분할해서 파는 거죠. 그렇게 해서 돈을 벌지 않습니까? 이런 식으로 해서 사업은 망해도 기업체는 돈을 벌게 되는 겁니다. 그러니까 지금과 같은 현실이 오히려 실제적인 생산의욕은 별로 없으면서도 수익 극대화를 추구하려는 돈 많은 사람들이 땅을 구하기가 더욱 유리한 그런 세상이죠.

그 다음 질문은 이 정책을 잘 시행하여 토지투기가 없어진다고 해서 다른 투기가 없어지느냐 하는 것이었는데요. 당연히 다른 투기는 있습니다. 사람은 생존 극대화를 추구하는 본성이 없어지지 않는 한 어디서든지 돈을 많이 벌려고 합니다. 물론 돈에 별로 관심이 없는 사람도 있지요. 큰돈을 벌겠다는 욕심 없이 그저 밥 세끼만 먹으면 된다고 생각하는 사람이 있습니다. 저는 그런 사람들이 많이 잡아 30% 정도 되지 않을까 생각합니다. 그러면 적어도 70%의 사람들은 안 그렇거든요. 그런 사람은 반드시 투기의 대상을 찾아서 불로소득을 취하려고 할 가능성이 있습니다.

그러나 투기 중에도 종류에 따라 악성도의 차이가 있고 악성이 아닌 양성 투기도 있습니다. 가령 이자 소득을 봅시다. 이자도 불로소득이라고 볼 수 있겠지요. 목돈을 은행에 저금해두고 가만히 앉아서 금리 생활하는 사람을 사회기생충이라고 생각하는 사람도 있지만, 그 돈을 맡겨서 이자를 받음으로 인해 그 맡긴 돈은 사회에 투자됩니다. 다른 사람이 그 돈을 활용할 수 있는 기회가 생기지 않습니까? 이와 같이 악성도에 차이가 있는데 투기 중에서 가장 악성도가 심한 것이 토지투기입니다. 토지투기로 불로소득을 얻는다고 할 때 사회에 기여될 게 뭐가 있습니까? 아무것도 없거든요. 땅을 판 땅 주인에게만 좋을 뿐이지 사회에 아무런 기여도 되지 않고 오히려 사회를 해치는 투기가 바로 토지투기입니다. 적어도 이런 건 먼저 막자는 거죠. 다른 투기도 있지만 그건 악성도가 토지투기보다 덜하니까 우선순위가 그 다음이라는 거죠.

증권 투기 때문에 공황이 생기지 않습니까? 대체로 보면 부동산투기가 제일 큰 덩어리이고 증권도 만만치 않습니다. 부동산투기가 먼저 나고 덩달아서 사회에 투기 분위기가 조성이 되면 증권도 그때 같이 따라갑니다. 그러다가 두 개가 한꺼번에 폭삭 망하는 데 1980년대 후반에 있었던 일본의 경우가 그랬습니다. 그런 것도 당연히 막아야죠.

그러나 증권투기는 사회적으로는 문제가 있지만 개인적으로 보면 증권을 사지 않으면 안 망합니다. 틀림없죠? 토지의 경우는 토지를 사지 않으면 안 망합니까? 집값이 자꾸 올라 살 집이 없어지니까 집 없는 사람은 망하는 겁니다. 그러니 땅 없으면 망하는 거지요. 그러니까 토지 불로소득은 모든 사람을 강제로 참여시키는 가운데 일어나는 이전 소득입니다. 증권은 그렇지 않죠? 사지 않으면 망하지 않아요. 그거 샀기 때문에 망하는 거지.

그럼 양성투기도 있느냐. 물론 있습니다. 투기라는 것은 미래의 불확실한 대상에 대해서 투자하는 것입니다. 농산물 투기를 예로 들어보겠습니다. 농산물 투기라고 하면 "그거 농민의 피땀 어린 것을 대상으로 투기를 하다니!" 하면서 윤리적으로 비난하는 경우도 많습니다. 농산물이 부족할 것에 대비해서 출하기에 미리 많은 양을 사 두는 것이 농산물 투기입니다. 그러면 수요는 적고 공급이 많을 때 투기수요가 들어가서 수요 공급을 맞춰줍니다. 나중에 공급은 적고 수요는 많을 때가 되어 이 투기자들이 물건을 내놓음으로 해서 수요와 공급을 맞춰줍니다. 이런 것은 양성투기입니다. 그 투기하는 사람이 돈놀이 하듯이 돈을 벌기는 하지만 그것이 사회에 기여하는 바는 상당히 많습니다. 안 그러면 가격의 진폭이 굉장히 커질 것 아닙니까? 이런 양성투기도 있습니다. 투기가 다 나쁜 것이 아니라는 말입니다.

그러나 어쨌든 모든 투기 중에 사회에 기여하는 바가 전혀 없을 뿐 아니라 참여하지 않는 사람까지도 망하게 만드는, 악성이 가장 높은 투기가 토지투기이기 때문에 토지투기부터 제어 하자는 얘기입니다.

경제위기 주범은 금융인가 토지인가?

질문 : 선생님의 강연을 들으면서 제가 토지제도와 지공주의에 참으로 문외한임을 알았습니다. 경제문제의 근본원인이 불로소득이라고 하셨는데 기본적으로 저도 동의하는 부분은 있지만 한편으

로는 경제의 영역을 나누어볼 때 20세기 후반에 들어와서는 금융이라는 측면이 경제위기를 가져온 데에 훨씬 더 큰 역할을 한 것이 아닌가 생각합니다. 그런 면에서 본다면 토지문제만 해결해서는 부족한 부분이 있지 않을까요?

답변 : 토지문제를 해결한다고 해서 모든 문제가 해결되는 것은 아닙니다. 어떻게 모든 것을 토지 하나에 환원시켜서 그렇게 단순하게 이야기 할 수 있겠습니까? 하지만 여러 가지 문제의 뿌리 중에 토지가 가장 중요하냐고 물으면 저는 단연코 그렇다고 대답합니다. 그 이유 두 가지만 들겠습니다.

첫째, 땅 없이 사람이 살 수 있습니까? 생존 자체가 불가능합니다. 인간은 자연에서 태어나서 자연에서 생존하고 자연에서 의식주를 해결합니다. 자연이 없다면 그 무엇도 안 됩니다. 사람과 자연의 관계를 정하는 사회제도는 모든 사회제도의 근본이 된다고 봅니다. 토지보다 중요한 게 어디 있습니까? 잊고 지낼 뿐이죠. 그래서 인간과 관계를 맺어주는 토지제도는 아까 말씀 드린 토지원리에 입각하지 않으면 다른 문제가 다 꼬입니다. 기본이 안 되어 있는데 그 위에 집을 지으면 사상누각이 됩니다.

둘째, 토지는 그 외에도 중요합니다. 우선 토지가치만 보더라도 우리나라의 땅값은 특히 비싼데 공시지가만 해도 3,000조가 넘습니다. 우리나라의 1년 예산이 200조 정도 아닌가요? 지가를 국내총생산(GDP)에 비한다면 이 금액은 엄청난 규모입니다. 그뿐 아니라 토지는 어떤 물자보다 투기의 대상이 되기 쉽습니다. 인간이 생산한 다른 물자는 추가 공급이 가능합니다. 주식도 공급이 됩니다. 그러나 토지는 공급이 늘어나지 않습니다. 존재가 일정하므로 거래는 주인 바꿔치기에 불과합니다. 그러니 투기 대상으로 가장 적합한 것이죠. 모든 사람의 생활필수품, 아니 생존 필수품인 동시에 존재량이 제한되어 있어 투기대상이 되기에 너무나 적합합니다.

금융위기라고 하는데, 미국의 금융위기가 무엇 때문에 생겼나요? 바로 땅 때문에 생겼습니다. 땅과 주택을 담보로 잡고 그 담보로 증권을 발행해서 파생상품을 만들었으니 땅이 없으면 누가 그 파생상품을 믿고 샀겠습니까? 땅값과 주택 값이 계속해서 올라가고 있기 때문에 사람들이 주택을 바탕으로 하는 파생상품을 안심하고 샀던 겁니다. 그렇지 않으면 금융 상품만으로 뭘 믿고 사겠어요? 아무리 금융기법이 발달한다 하더라도 밑바탕에 받쳐주는 것이 없으면 안 됩니다.

자본주의 사회는 항상 오르락내리락하는 경기변동 사이클을 이루었는데, 역사상 일어났던 거의 모든 중요한 경제위기에는 침체 바로 직전에 부동산 붐이 있었습니다. 부동산 붐이 건설 붐으로 연결이 되었다가 땅값이 지나치게 올라가면 건설 붐이 꺾입니다. 그러면 건설 붐이 일어나서 공급과잉상태로 건설되던 것들이 중단됩니다. 그런 식으로 건설경기가 급격하게 하락하면서 불황이 생겼던 겁니다. 유력한 증거가 있습니다. 최근에 나온 번역서 [부동산 권력]이라는 책에 나와 있습니다.

토지가 그만큼 중요하다는 것입니다. 물론 토지만 중요한 것은 아니지만 가장 중요하고 핵심적이라고 볼 수 있습니다. 그래서 토지문제만 해결 되면 그만큼 우리가 가진 어려움이 상당부분 해결된다고 봅니다. 그러나 대통령 선거도 중요하죠. (웃음)

실험적 도입의 장벽과 반값 아파트

질문 : 지공주의에 대한 선생님의 이런 생각을 시나 구 단위의 지방자치단체에서 실험적으로 제도로 만들어보거나 상위법을 넘어서서 뭔가를 할 수 있는 그런 방법을 찾아보지 않으셨나요? 그리고 앞에서 말씀하신 캠페인 같은 것을 만들어보신 적은 없습니까?

답변 : 네, 그러지 않아도 그런 생각을 십여 년 전에 논문으로 낸 적이 있습니다. 그런데 현재로는 실험적 도입이 좀 어려운데 그 이유는 헌법에 조세법률주의가 명시되어 있기 때문입니다. 조세법률주의라고 할 때의 법률은 중앙정부의 국회가 만드는 형식적인 의미의 법률을 의미하는데 그 내용을 보면 지방자치단체가 실험할 수 있는 여지가 굉장히 적습니다.

지방자치단체가 일부 세목의 경우에 탄력세율을 50%까지 적용할 수 있다는 조항이 있습니다. 탄력세율을 적용한다는 것은 이런 겁니다. 예를 들어 중앙정부에서 어떤 법률에 의해 세율을 10%로 한다고 할 때 그것의 50%를 적용하여 지방자치단체가 세율을 5%~15%사이로 조정할 수 있는 권한이 있다는 겁니다. 딱 그 권한만 있습니다. 지난 참여 정부에서 재산세을 올린다고 했을 때 강남 구청에서는 이 탄력세율을 적용해서 재산세액을 올리지 않겠다고 했던 겁니다. 지금 제도 속에서는 그 50% 정도 범위 외에는 재량권이 없습니다. 그래서 시도해 보기가 어려웠습니다.

현재의 조세에 관한 법률을 그대로 둔 상태에서 할 수 있는 방법이 무엇인가 하면 토지의 공공임대제입니다. 소규모는 아니지만 대규모 아파트 단지는 전부 토지주택공사나 시에서 합니다. 그러면 땅을 건설업체에 분양하지 않고 임대 하는 겁니다. 즉, 건설업체에서 땅을 임대 받아 그 땅에 집을 지어 판다는 말이죠. 그것이 바로 토지임대 건물분양방식으로 토지 임대부 주택이라고 표현하기도 합니다. 이와 비슷한 것을 홍준표 의원이 발의하여 제도화한 적이 있습니다. 이 방식은 조세에 관한 법을 전혀 건드리지 않고도 얼마든지 지대환수를 할 수 있는 방법이죠.

참여정부 때도 이런 실험을 했습니다. '토지임대부주택', '반값 아파트'라고 해서 논쟁이 나왔을 때였습니다. 그런데 제일 인기 없는 위치에 구색만 갖추어서 비인기 지역에 시범사업을 실시해서 실패한 사례가 있죠. "이것 봐라, 해봐야 안 된다"는 것을 보이려는 것처럼 말입니다. 의도적 실패라고 할 수 있죠.

강연자는 좌파냐 우파냐?

질문 : 선생님께 여전히 좌파 아니냐고 하고 여쭈고 싶습니다. 선생님께서는 우파라고 말씀하시는데 오늘도 제가 느끼는 것이 선생님은 역시 좌파구나 하는 생각입니다. (청중 웃음)

답변 : 하하하. 중도를 어디다 두느냐에 따라 다르게 볼 수 있습니다. 지금 우리의 현실에서는 토지공개념을 주장하는 사람은 좌파라고 할 것입니다. 그만큼 우리 사회가 극우에 기울어 있다는 거지요. 그러나 진정한 좌우 구분이라는 입장에서 보면 지공주의는 시장과 자본주의를 긍정하는 우파적 제도입니다.

세상을 크게 나누면 세 가지 유형으로 나눌 수 있다고 봅니다. 하나는 정글과 같은 세상으로 현실에 굉장히 가까워요. 정의로운 제도도 필요 없습니다. 힘으로 제도를 바꾸어서 자신에게 유리하게 해 나가는 '만인의 만인에 대한 투쟁'이 이루어지는 세상입니다. 모든 사람이 이기심에 가득 차서 제도 자체를 자기에게만 유리하게 바꾸려고 하죠. 정글은 노예제도와 도둑질을 허용하는 세상입니다. 법에는 도둑질 하지 말라고 되어 있지만 우리 현실에는 사실상 도둑질인데도 법에 걸리지 않는 것 많지요? 지금과 같은 정글형 세상에서는 말입니다. 동의하시죠? (모두들 웃음) 그 반대쪽에는 박애형 세상이 있다고 봅니다. 나누고, 사랑하고, 배려하는 공동체적 정신이 충만한 그런 세상입니다.

이렇게 보면 정글형은 극우파가 되고 그 반대형은 극좌파에 해당되는데요. 그 중간에 기회균등형이 있습니다. 우리가 처음부터 이야기했던, 평등한 자유가 보장 되고, 기회가 균등한 그런 세상입니다. 노예제도와 도둑질을 금지하는 세상입니다. 이런 기회균등의 세상이 중도라고 봅니다. 그럼 중도 중에서도 여러 유형이 있을 수 있는데 결과에 미치는 요인을 상식적으로 보겠습니다.

누구나 열심히 노력하고 그 노력의 대가로 결과를 가져갑니다. 그러나 상식적으로 노력만 한다고 결과가 다 잘 나옵니까? 능력이 있어야 되죠. 능력에는 자기가 노력해서 키운 것이 있고, 선천적으로 타고 난 것도 있습니다. 그럼 노력과 능력이 있으면 다 결과가 좋습니까? 또 다른 요인이 있습니다. 바로 운입니다.

그러면 이 세 가지 요인을 어디까지 인정할 것이냐에 따라서 중도 내에서 좌우가 결정된다고 봅니다. 중도우파는 운까지 다 인정을 하는 것이고 중도 좌파는 선택해서 되는 것, 즉 노력과 노력에 의해서 형성한 능력까지지요. 미국의 철학자 롤즈(J. Rawls) 같은 경우는 중도 좌파가 되겠죠.

그 중간에는 노력과 선천적 능력까지 인정하자는 입장이 있습니다. 제가 제시하는 지공주의는 중도우파도 동의하는 제도입니다. 사실 좌파가 지향하는 가치에 반대하는 사람이 누가 있겠습니까? 저의 지향은 좌파입니다만, 진정한 우파의 사상인 지공주의를 제시하기 때문에 제 자신을 우파라고 부르는 겁니다. 아까 좌도우기론이라고 했죠? 이기심이 가득 찬 사람에게 적용하더라도 좌파의 가치를 구현할 수 있는 제도가 좋다는 거죠.

시간이 다 되었다고 합니다. 오늘 경청해주시고 진지하게 토론해 주시어 감사드립니다. 미진한 부분은 다음 자료를 참고해 주시고 또 언제라도 제게 연락해 주시면 고맙겠습니다.

http://land.kimc.net (지공주의를 추구하는 기독교 단체 '성토모' 웹사이트)

김윤상 (2006) 『알기 쉬운 토지공개념: 지공주의 해설』, 경북대 출판부. (해설서)

김윤상 (2009) 『지공주의: 새로운 토지 패러다임』, 경북대 출판부. (학술서)

헨리 조지 (1879) 『진보와 빈곤』, 김윤상 역(1997), 비봉출판사. (번역서)

김윤상.박창수 (2007) 『진보와 빈곤』, 살림.(해설서)

제3강
즐거운 노동을 위한
키워드

김 유 선

한국노동사회연구소 소장
서울대학교 경제학과 76학번 '80년 졸업
최종학위 : 경제학 박사(노동경제학 전공)
 – 학위취득학교 : 고려대학교 대학원 경제학과 (2001. 3~2003. 8)
 – 학위논문 : "한국 노동시장의 비정규직 증가원인에 대한 실증연구",
  고려대 대학원 박사학위 논문. 2003.

주요 저서
〈노동시장 유연화와 비정규직 고용〉 한국노동사회연구소, 2004
〈한국 노동자의 임금실태와 임금정책〉 후마니타스, 2005
〈한국의 노동 2007〉 한국노동사회연구소, 2007

기타 이력
(전) 민주노총 정책국장
(전) 고려대 아세아문제연구소 연구교수
(전) 대통령자문 정책기획위원회 위원
(전) 한겨레신문 객원논설위원
(현) 한국노사관계학회 부회장

즐거운 노동을 위한 키워드__

이런 좋은 자리를 마련해 주셔서 감사합니다. 저는 98년 2월까지는 민주노총에 있었습니다. 노사정위원회 협상 때는 민주노총 실무 책임자로 참석했었고, 협상이 끝난 뒤에는 불명예스럽게 사퇴했습니다. 그 당시 김대중 대통령 당선자 쪽에서는 "IMF가 요구하는 정리해고 법제화와 파견근로 합법화를 받아들여라. 이것만 받아들이면 노동 쪽에서 요구하는 것은 다 받아들이겠다."는 식이었습니다. 당시 저희는 나라가 망한다는 판에 총파업을 한다고 해도 정리해고 법제화를 막기는 힘들다고 판단했습니다. 그래서 전교조 합법화, 의료보험 통합일원화, 공무원 노조의 전단계로 공무원 직장협의회 설치, 법정 노동시간 단축 등 여러 사안들을 한꺼번에 내걸고 합의했습니다. 사흘 뒤 열린 민주노총 대의원 대회에서 합의안이 부결되고, 정리해고 법제화에 합의하고 온 당사자들부터 먼저 해고되어야 한다는 비판도 있고 해서, 사표를 제출했습니다.

생각해 보니까, 그 뒤 10년 동안 천안에 있는 아버님 묘소를 들르는 일 외에는 지방에 내려 온 일이 없었던 것 같습니다. 이번 강연도 워낙 오래 전에 의뢰를 받다보니 다른 일정이 있다고 핑계를 댈 수도 없고 해서 오게 되었습니다.

앞서 주최 측 사회자께서 요즘 뭔가 좀 멍하다고 그러셨는데요. 전직 대통령마저 자기 몸을 던지지 않으면 억울함을 호소할 길이 없는 그런 시대에 살고 있구나 하는 생각을 하면서, 저도 요 며칠 동안 상당히 멍해졌습니다. 오늘 강연을 할 수 있을까 하는 생각도 하면서 왔습니다만, 예상외로 많은 분들이 참석하셔서 제가 생각하는 바를 말씀드릴 기회를 갖게 되어 대단히 고맙게 생각합니다.

노동시장을 바라보는 전통적 시각

제 전공이 경제학입니다만, 요즘 경제학에서는 신고전파가 주류입니다. 그러다보니 신고전파 경제학에서 이야기하는 것을 경제학의 모두라고 생각하는 사람들이 많습니다. 신고전파에서는 '노동시장' 하면 완전경쟁시장을 전제로 합니다. 완전경쟁시장에서는 임금이 오르면 고용이 줄어듭니다. 완전경쟁시장 그림을 가지고 얘기하겠습니다.

〈그림 1〉에서 오른쪽으로 올라가는 선이 공급곡선이고, 내려가는 선이 수요곡선입니다. 이들 두 곡선이 만나는 점(E)에서 임금(W_E)과 고용(L_E)이 정해집니다. 노동조합이 열심히 교섭을 해서 임금을 W_E에서 W_2로 올리면 고용량은 L_E에서 L_2로 줄어듭니다. 그래서 임금이 오르면 노동조합 있는 사람들은 좋겠지만, 전체적으로

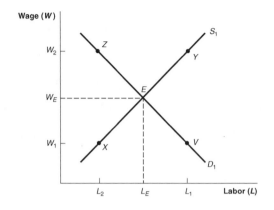

〈그림 1〉 완전경쟁시장

고용이 줄어드는 문제가 생긴다는 겁니다. 노동조합이 열심히 파업을 해서 임금을 올리는 경우도 마찬가집니다. 요즈음 최저임금위원회에서 내년도 최저임금을 논의하고 있습니다. 최저임금을 올리면 당사자들은 도움이 되겠지만, 그만큼 고용이 감소해서 부정적인 피해를 미칠 수 있다는 주장도 마찬가지죠. 이 그림은 아마 중고등학교 때 교과서에서 보셨을 겁니다.

신고전파처럼 노동시장을 완전경쟁시장으로 가정하면 노조나 정부가 시장에 개입하는 건 안 됩니다. 노조나 정부가 개입해서 임금을 올리면 그만큼 고용이 줄어드는 부정적인 결과를 낳게 되니까요. 소득불평등도 교육이나 훈련을 제대로 받지 않은 개인의 잘못에서 비롯됩니다.

노동시장은 완전경쟁시장이 아니다.

그런데 경제학에 신고전파 경제학만 있는 게 아닙니다. 마르크스 경제학은 제쳐 놓더라도 제도학파 경제학도 신고전파 경제학에 뒤지지 않는 커다란 비중을 차지하고 있습니다. 제도학파 경제학은 시장을 완전경쟁시장으로 가정하지 않습니다. 불완전경쟁시장으로 가정합니다. 우리가 주변에서 보는 시장 중에는 그래도 주식시장이 가장 완전경쟁시장에 근접한 것 아닙니까? 주가가 오르내리면 곧바로 거래량도 오르내리죠. 그렇지만 이런 주식시장도 조금만 들여다보면 과연 이게 완전경쟁시장이냐 하는 의문이 생깁니다. 보이지 않는 손인지 보이는 손인지 분명하지 않습니다만, 큰 손들이 좌지우지하니까요.

노동시장은 사람이 움직이는 시장입니다. 임금이 올랐다고 해서 곧바로 고용이 줄어들고, 임금이 내렸다고 해서 곧바로 고용이 늘어나지 않습니다. 다른 어느 시장보다 불완전경쟁시장에 가깝다고 할 수 있습니다.

이렇게 노동시장을 불완전 경쟁시장으로 가정하면 그림이 달라집니다. 〈그림 2〉는 불완전 경쟁시장에서 임금과 고용을 나타내는

〈그림 2〉 수요독점모델

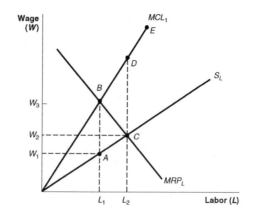

그림인데, 흔히 수요독점 모델이라고 부릅니다. 노동시장에서는 수요자인 기업이 공급자인 노동자보다 힘이 세지 않습니까? 이러한 힘 관계를 반영한 모델이 수요독점모델이라고 생각하시면 됩니다.

완전경쟁시장이라면 C점(W_2, L_2)에서 임금과 고용이 정해집니다. 그렇지만 불완전경쟁시장에서는 A점(W_1, L_1)에서 정해집니다. 완전경쟁시장보다 임금은 낮고 고용량은 적죠. 노동조합이 열심히 교섭해서 임금을 W_1에서 W_2로 올리면 고용량은 L_1에서 L_2로 늘어납니다. 노조가 파업을 해서 임금이 올라도 마찬가집니다. 한꺼번에 너무 많이 올려 W_3를 넘어서면 그 때는 고용이 줄어듭니다만, W_3까지는 임금을 올리면 오히려 고용이 늘어납니다. 법정 최저임금도 마찬가지고요.

불완전경쟁시장에서는 임금이 오른다고 해서 고용이 줄어드는 게 아닙니다. 일정범위 내에서는 오히려 고용이 늘어납니다. 지나치게 많이 오르면 그때 비로소 고용이 줄어듭니다. 신고전파에서는 시장에 맡겨 놓으라고 합니다. 그렇지만 이 때 임금과 고용(W_1, L_1)은 저임금에 저고용이죠. 그렇기 때문에 제도학파 경제학에서는 시장 뿐 아니라 노조나 정부, 제도의 역할을 중시합니다. 신고전파에서는 노조나 정부는 제발 시장에 끼어들지 마라 하지만, 제도학파에서는 일정 범위 내에서 적절히 개입하면 임금도 높아지고 고용도 늘어나는 긍정적인 영향을 미친다고 봅니다.

이명박 정부가 들어서고 나서 노동정책은 신고전파 쪽으로 상당히 쏠렸습니다. 참여정부 때는 정부와 노조의 역할을 어느 정도 인정했는데, 이명박 정부에서는 '시장에 맡겨라'가 기본입니다. 지금까지 말씀드린 것을 요약하면 〈표 1〉과 같습니다.

	신고전파	제도학파
시장에 대한 가정	완전 경쟁 시장	불완전 경쟁 시장
임금과 고용의 관계	임금↑ ➡ 고용↓	임금↑ ➡ 고용↑ (일정 수준 초과시 고용↓)
중시하는 요인	시장(수요-공급)	시장(수요-공급) - 제도
노조, 정부 역할	부정식	긍적적, 강조
정치적 입장	현실 긍정, 보수적	개혁적
소득불평등 발생원인	개인의 잘못 (공급 측면 인적 자본 중시)	제도, 구조적 요인 (수요 측면 분단노동시장)

노사관계를 바라보는 5가지 시각

지금까지 노동시장을 바라보는 시각에 대해 말씀드렸습니다. 노사관계를 바라보는 시각도 사람마다 상당한 차이가 있습니다. 제가 민주노총에 있을 때는 저와 달리 생각하는 사람을 보면 도대체 왜 저렇게 생각하는지 잘 이해가 되지 않았습니다. 그러나 공부를 하면서 보니까 사람들마다 놓여있는 처지나 위치에 따라 그리고 사고방식에 따라 전혀 다른 생각을 한다는 사실을 알 수 있었습니다. 이건 우리나라만이 아니라 다른 나라도 마찬가집니다. 학자들마다 노사관계를 바라보는 시각을 분류하는 방식이 다릅니다만, 제가 지금까지 본 것 중에서는 캐나다 학자인 고다드(Godard)의 분류가 가장 설득력이 있는 것 같습니다.

〈표 2〉를 보면 제일 먼저 신고전파가 나옵니다. 정치적으론 가장 오른쪽, 우파입니다. 신고전파는 노사관계뿐 아니라 모든 것이 경제적 효율성을 극대화하는데 맞춰져야 한다고 봅니다. 갈등은 시장이 알아서 해결하므로 그냥 내버려두면 되고, 노조나 단체교섭은 사회적으로나 경제적으로나 부정적이므로 없는 게 낫다고 봅니다.

〈표 2〉 노사관계를 바라보는 5가지 시각 (Godard, 1994)

시각견해	신고전파 Neo-classical	인사관리 Managerialist	다원주의 Pluralist	개혁주의 Liberal Reformist	급진파 Radical
주요관심	효율성 극대화	충성심 극대화	효율성과 형평성의 균형	불평등과 부정의 제거	체제내적 힘의 불균등 제거
분석초점	노동시장	경영방침	노조, 노동법, 단체교섭 등	사회적 이슈 노동문제	갈등과 통제
POWER	시장이 치유. 중요하지 않다	경영방침이 전향적이면 중요성 감소	어느 정도 중요	매우 좋음. 불평등의 주요 원천	근본적 중요. 체제내적 힘의 불균형
갈등 내재정도	없다. 시장이 치유	경영자 전향적 방침 취하면 감소	이해의 공통성 때문에 제한적. 적당	핵심부는 낮고, 주변부는 높다	근본적. POWER 따라 가변적
노조, 단체 교섭평가	사회/경제적 으로 부정적	당사자 의지 따라 양면성	사회적 긍정적. 경제적 중립적 (또는 긍정적)	핵심부 효과 제한적, 주변부 효과 없음	자본주의 체제 내에서 매우 제한적 효과
처방	정부, 노조 시장개입 축소	경영진 전향적 방침과 노사협력 촉진	단체교섭보장, 최저기준입법 등	정부개입 증대 노동법 개혁	급진적 구조 변화, 종업원 소유 통제
정치적 입장	우				좌

그러다보니 노조나 정부가 시장에 개입하는 일은 최대한 축소해야 합니다. 이것이 신고전파의 시각입니다.

두 번째가 인사관리입니다. 대체로 경영학이나 기업하시는 분들이 이런 생각을 많이 가지고 있습니다. 이 분들의 주요 관심은, 어떻게 하면 종업원들의 충성심을 극대화할 것인가 입니다. 갈등도 경영진이 경영방침을 잘 세워 잘 운영하면 대부분 해결할 수 있다고 보고요. 제가 볼 때 신고전파보다는 나은 생각입니다. 당사자들이 어떻게 하느냐에 따라 노조나 단체교섭이 긍정적인 역할을 할 수도 있고 그렇지 않을 수도 있지요. 정치적으로는 중도우파 쯤으로 분류할 수 있을 겁니다.

다음으로는 다원주의입니다. 주요 관심사는 효율성과 형평성, 양자가 균형을 이루는데 있습니다. 노동자와 경영진 모두 나름대로 이해관계가 있는데, 부분적으로는 이해관계가 일치하고 부분적으로는 대립합니다. 서로 대립하는 부분은 파업을 해서라도 타협하고 절충해야 한다는 거죠. 우리나라 노동법이나 미국식 노사관계는 이런 다원주의 영향이 큽니다.

그 다음이 개혁주의죠. 주된 관심은 노동시장이나 우리가 살고 있는 사회에서 어떻게 하면 불평등이나 부정의를 없앨 수 있을까에 있습니다. 분석 초점도 사회적 이슈나 노동문제로, 핵심부는 갈등이 적고 주변부는 갈등이 많다고 봅니다. 우리나라에서 비정규직 문제를 생각하면 됩니다. 요즈음 대기업 정규직에서는 파업이 상당히 줄고 있습니다. 그렇지만 중소영세업체 비정규직은 제대로 터져 나오지 않아서 그렇지, 갈등이 상당부분 잠재해 있습니다. 노조나 단체교섭도 핵심부에서는 제한적이나마 효과가 있습니다. 그런데 주변부에서는 효과가 없어요. 우리 주위를 둘러봐도 마찬가집니다. 그나마 노조에 가입할 수 있는 사람은 대기업 정규직에서나 가능하고, 중소영세업체 비정규직은 노조가입이 쉽지 않습니다. 핵심부에서는 노조가 제한적이나마 나름대로 역할을 하지만, 주변부에서는 효과가 별로 없다고 얘기할 수 있습니다. 다원주의는 노동자들이 대부분 조직된 것을 전제로, 힘과 힘이 부딪혀서 해결하라고 합니다. 흔히 얘기하는 노사자율도 다원주의 맥락에서 나오는 겁니다. 하지만 우리는 조직률이 12%밖에 안 되지 않습니까? 나머지 88%는 조직도 안 되어 있는데, 노동자들 스스로 힘으로 해결하라고 해서는 문제가 해결되지 않습니다. 그런 면에서 개혁주의는 정부가 노동시장에 개입해야 한다고 봅니다.

마지막으로 급진파(Radical)입니다. 마르크스주의(Marxism)나 생디칼리즘(Syndicalism)을 들 수 있는데, 자본주의 체제에서는 문제가 해결되지 않으므로, 자본주의 체제 자체를 근본적으로 바꿔야 한다는 시각입니다.

지금까지 노사관계를 바라보는 시각을 다섯 가지로 유형화해서 살펴봤습니다. 이쯤 되면 여러분들 스스로, 나는 도대체 어디쯤 속할까 궁금해질 겁니다. 한번 생각해 보시기 바랍니다. 전에는 잘 몰랐는데, 저는 아무래도 개혁주의(Liberal Reformist)에 속하는 것 같습니다. 지난 10년 동안 주로 비정규직 문제를 다루다보니, 노조를 통해 해결할 수 있는 영역도 있지만, 노조만 가지고는 해결이 안 되는 영역이 꽤 많다는 것을 알았습니다. 그러다 보니 정부나 제도가 중요하다는 생각을 갖게 되었고요. 정치적으로는 중도좌파 정도 되더라고요. 여러분도 스스로가 어디쯤 속하는지 한번 생각해 보시기 바랍니다. 민주노총 조합원들이라면 아마 개혁주의가 제일 많을 겁니다. 그렇지만 민주노총 조합원들도 신고전파 사고방식을 가진 사람도 있고 급진파도 있고 그 스펙트럼은 매우 다양합니다.

이명박 정부의 노동정책

오늘 강의 제목이 '한국의 노동 2009'입니다. 미국에는 경제정책 연구소(EPI)라는 민간 싱크탱크가 있습니다. 민주당 좌파, 미국 노총과 밀접한 관계를 갖고 있는데, 2년마다 한 번씩 워킹 아메리카(Working America)라는 책자를 냅니다. 미국 노동자들의 생활 상태를 정리한 책인데, 대학교재로도 많이 쓰입니다. 저희 연구소도 한국 노동자들의 생활 상태를 정리해서 '한국의 노동 2007'이라는 책자를 낸 바 있습니다. 작년까지는 주로 이 책의 내용을 요약해서 강의를 했는데, 요즘 이명박 정부 들어서는 너무 노골적이고 황당한 일들이 많이 벌어져서, 이 책을 갖고 강의하는 게 잘 들어맞지 않는 것 같습니다. 그래서 요즈음 벌어지는 일들을 중심으로 다시 정리하다 보니, 이전과 틀이 많이 달라졌어요. 그래서 '한국의 노동 2009'라고 새로 제목을 붙여 봤습니다.

이미 잘 아시는 내용입니다만 한번 정리하는 수준에서 이명박 정부의 노동정책을 개괄해 보겠습니다. 2007년 대선 때는 연 7% 성장으로 일자리를 300만개 만들겠다고 했습니다. 매년 60만개씩 만들겠다는 거죠. 그 때부터 이건 말도 안 된다는 비판이 있었습니다. 현재 우리나라 경제규모로 볼 때 성장 7%는 말이 안 된다는 게 첫째고, 둘째로는 설령 7% 성장이 이루어지더라도 일자리 300만개가 어떻게 가능하냐? 참여정부 때 경제성장률은 5% 수준이었는데, 일자리는 40만개에서 30만개 수준으로 매년 떨어졌습니다. 다른 구조적인 변화가 전제되지 않는다면 설령 7% 성장 하더라도 60만개 일자리 창출은 가능하지 않다는 겁니다. 게다가 설령 7% 성장하고 일자리가 1년에 60만개씩 만들어진다고 하자, 그래도 현재 노동시장 구조를 개혁하지 않는다면 늘어나는 일자리는 모두 비정규직 저임금 일자리가 아니겠냐. 그런 면에서 이명박 후보가 이야기하는 경제 살리기는 출발부터 서민경제 살리기와는 거리가 먼 것 아니냐. 이런 비판은 당시부터 있었습니다.

2008년 상반기에는 대통령직인수위가 있었고, 이명박 정부 출범이 있었습니다. 그렇지만 상반기에는 아무리 눈을 씻고 봐도 노동정책이라 할 만한 게 없었습니다. 제가 올해 2월까지 1년 반 동안 한겨레신문에서 노동담당 객원논설위원을 맡았습니다만, 작년 상반기에는 도대체 사설로 쓸 게 없었습니다. 노동정책이라고 나온 게 없거든요. 논설위원실에서는 사설 쓰라고 하는데, 사설 쓸 게 없다는 이야기를 반복하다 보니 눈치가 많이 보이더라고요. (모두들 웃음) 작년 상반기에는 정말 이렇다 할 게 없었습니다. '성장이 유일한 해법'이었죠. 경제가 성장하면 자연스럽게 일자리가 확대된다는 겁니다. 재벌이나 건설업자 위주의 성장정책과 노동시장 유연화를 근저에 암묵적으로 깔고 있었다고 보입니다.

그러다가 2008년 하반기에 경제위기에 고용위기가 심화되니까 노동정책의 실체가 드러나기 시작했습니다. 선거 때 내놓았던 '747과 일자리 300만개'라는 공약은 이미 폐기한 것으로 보입니다. 스스로도 말이 안 된다고 인정한 거죠. 그렇지만 그 대신 내놓은 게 '녹색뉴딜과 일자리 96만개'입니다. '녹색성장'에 '녹색뉴딜', 좋은 말들입니다. 그렇지만 실제 내용은 이미 다른 분들이 많이 지적했듯이 녹슨 삽질 밖에 없습니다. 건설업자 일거리 만들어주기가 정책의 최우선순위입니다. 대통령께서 건설업체 출신이다 보니, 밑에서는 누구도 뭐라 못하는 것 아닌가 하는 생각마저 들 정도입니다. 양적으로 일자리 수를 과대 포장하는 것도 똑같습니다. 숫자만 300만개가 96만개로 줄어들었을 뿐, 대선당시 공약과 본질적으로 차이가 없고 줄어든 96만개도 과대포장입니다. 또, 이 96만개의 95%가 단순노무직, 비정규직 일자리입니다.

최근의 노동정책은 탈레반 시장주의?

2008년 가을 학회 세미나에 토론자로 참석한 적이 있었습니다. 그 곳에 가보니 뜬금없이 비정규직 보호법 때문에 일자리가 줄었다는 이야기가 나오고, 비정규직 보호법 사용기간을 2년에서 4년으로 연장해야 된다는 이야기가 나오더군요. 흔히 우파로 분류되는 학자들도 그건 말이 안 된다며 강하게 문제제기를 했던 것으로 기억합니다. 그런데 얼마 안가서 이게 정부 정책으로 나옵니다. 뒤에 다시 말씀드리겠습니다만, 아무리 찾아봐도 비정규직 보호법 때문에 일자리가 줄었다는 증거는 발견되지 않았습니다. 이것만으로는 부족하다고 판단해서인지 조금 지나니까 노동부 장관이 직접 나서서 2009년 7월이 되면 비정규직 보호법 때문에 100만 명이 해고되는 고용대란이 발생한다고 이야기 하더군요. 이건 전혀 사실이 아닙니다.

도대체 왜 사용기간 연장을 추진하려드는 걸까, 곰곰이 생각해 보았습니다. 이명박 정부가 출범한 작년부터 일자리가 줄어들고 있는데, 그 책임을 비정규직 보호법에 덤터기 씌우려는 것 아닌가 하는 생각이 들더군요. 정규직보다는 비정규직을 선호하는 그리고 노동시장 유연화를 선호하는 이데올로기를 가진 사람들이 제기한 것이 아닌가 하는 생각도 듭니다. 이건 시장주의를 넘어선 시장근본주의 같은 겁니다. 혹은 탈레반 시장주의라고 해야 할까요?

조금 지나니까 최저임금법을 개정하겠다고 합니다. 그 내용을 보니 60세 이상 고령자의 최저임금을 깎겠다는 겁니다. 최저임금 받는 분들은 대부분 단순노무직 비정규직인데, 이분들 임금 깎으려고 수습기간을 3개월에서 6개월로 연장하겠다고 합니다. 외국인 노동자들 숙식비를 최저임금에서 빼겠다, 최저임금을 지역별로 차등하겠다, 뭐 이런 겁니다. 최저임금위원회는 노(勞), 사(社), 공익(公) 이렇게 3자로 구성이 되는데, 공익은 노동부가 임명합니다. 최저임금위원회는 사실상 공익 손에 좌지우지되는데, 그것도 귀찮아서인지 공익위원이 단독으로 결정하는 방식으로 바꾸겠다고 합니다.

지역별로 차등해서 정하면 그 지역에 도움이 될까요? 서울은 4000원, 대구는 3600원으로 최저임금을 달리 정하겠다는 건데, 이건 지역발전에 도움이 되지 않습니다. 오히려 지역 망치는 길입니다. 웬만한 사람은 서울이나 다른 시도로 가려 하지, 대구에 있지 않으려 할 겁니다.

저는 최저임금법은 별로 손댈게 없다고 봅니다. 매년 정하는 최저임금 수준이 중요하죠. 그런데 법을 바꾸자는 것은 한 푼이라도 최저임금을 깎아보려고 이것저것 꼬투리 찾는 걸로밖에 보이지 않습니다. 아까도 봤지만 최저임금을 올린다고 해서 고용이 줄어드는 게 아닙니다. 최저임금을 올리면 고용이 늘어날 수도 있습니다. 요즘 학교 졸업하고 취업 준비하는 학생들이 많지 않습니까? 이 학생들이 저임금 일자리에 갈까요? 아니면 집에서 공부하면서 다른 취직자리 준비하는 게 나을까요? 최저임금을 올리면, 저거 받을 바엔 차라리 집에서 낮잠이나 자겠다고 하다가도, 그 정도면 일 하겠다는 사람이 나올 수 있는 거죠. 그럼에도 최저임금을 올리면 무조건 일자리가 준다는 단순무식한 생각은 시장근본주의에서 비롯된 것으로 볼 수밖에 없습니다.

다음으로는 공공부문 인원감축하면서 청년 인턴제 도입한다는데요, 저는 요즘처럼 민간부문에서 일자리를 제대로 못 만드는 상황에서는 공공부문에서 일자리를 늘려야 한다고 생각합니다. 설령 공공부문에서 일자리를 줄이는 게 필요하다고 해도, 가뜩이나 일자리가 모자라는 지금 일자리를 줄여서는 안 됩니다. 그런데 그렇게 일자리 줄여놓고 도입한다는 청년인턴은, 이거 뭐 일자리로 보기도 곤란하고 길어야 열한 달짜리 알바죠. 외환위기 때처럼 올해 하반기에 경기가 V자로 회복된다면 그나마 다행이겠습니다만, 대부분 내년 하반기까지는 고용사정이 그다지 개선될 것 같지 않다고들 봅니다. 그렇다면 올해 졸업한 사람들은 당장은 청년인턴 알바로 때

운다고 하더라도, 내년에는 또 학교를 졸업한 사람들이 사회로 나올 터인데, 그때는 도대체 뭘 어떻게 하겠다는 건지…. 지금 학교 졸업하는 사람들은 자칫하면 잃어버린 세대가 될 수 있습니다. 그런 면에서 좀 더 장기적인 전망 아래 정책을 세우는 게 필요합니다.

그 다음에 내놓은 게 잡쉐어링(Job Sharing) 즉 일자리 나누기죠. 과거 외환위기 때는 '일단 정리해고부터 하고 보자'였는데, 그동안 기업들 나름대로 학습효과가 있었던 것 같습니다. 현대자동차, 대우자동차에서 정리해고 했던 사람들을 얼마 안 가 다 복직시켰는데, 정리해고가 득보다 실이 많았다는 평가가 있었던 것 같고요, 삼성경제연구소도 올해 경제위기 상황에서는 정리해고보다 잡쉐어링이 낫다는 보고서를 내놓았습니다. 대통령께서도 잡쉐어링이 좋다고 했는데, 이는 과거 경험에서 온 학습효과 때문으로 봅니다.

하지만 실제로는 잡쉐어링이 본래 의미와 전혀 다른 방향으로 운영되고 있는 게 아닌가 하는 생각이 듭니다. 본래는 "노동시간 단축을 통해 일자리를 유지하자"는 것으로, 노동시간이 줄어든 만큼 줄어든 임금을 어떻게 보전할 것인가가 고통분담의 핵심입니다. 일감이 반으로 줄었을 때 주40시간 일하던 사람은 주20시간만 일한다, 그렇게 해서 해고하지 않고 함께 일한다고 할 때, 월급이 절반으로 줄어들지 않습니까? 월급이 절반으로 줄어들면 가뜩이나 생활이 어려운 터에 노동자들 스스로 감내하기가 쉽지 않습니다. 내수에도 부정적인 영향을 미치고요. 이 때문에 노동자들이 모든 부담을 짊어질 게 아니라, 일부는 정부가 부담하고 나머지는 기업과 노동자가 나눠 부담하자는 게 본래 잡쉐어링의 기본적인 취지입니다. 그런데 노동시간 단축은 어디 갔는지 싹 사라지고, 이번 기회에 임금이나 삭감하자로 본말이 뒤바뀌었습니다.

"정규직 일자리는 줄이고, 저임금 비정규직을 늘리자"

지금까지 살펴본 이명박 정부 노동정책을 종합하면 "정규직 일자리는 줄이고, 저임금 비정규직은 늘리자"로 요약됩니다. 실제로는 일자리를 늘리지도 못하면서, 담론 수준에서 정부가 하고 싶은 일을 합리화하는 근거로 악용되고 있는 게 아닌가 하는 생각마저 듭니다. 미디어법을 통과시켜야 일자리가 늘어난다고 하지를 않나, 잠실에 제2롯데월드 짓는 것도 일자리가 늘어난다고 합리화하려 들지 않나…. 일자리 늘리기가 만병통치약 같습니다. 두어 주 전에는 이명박 대통령이 '노동유연성 문제를 올해 연말까지 최우선적으로 해결해야 할 국정 최대과제'라고 강조했습니다. 마치 임금 깎고 비정규직으로 대체하면 일자리가 늘어나는 것으로 생각하는 것 같은데, 이건 아니라고 봅니다. 가뜩이나 가계수지가 어려운 터에 오히려 내수기반을 잠식해서 일자리만 줄어들 겁니다.

〈그림 3〉 매출액 대비 인건비 비중 추이 (1971~2007년, 단위:%)

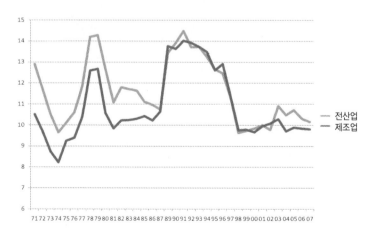

〈그림 3〉은 1971년부터 2007년까지 매출액 대비 인건비 추이를 살펴본 겁니다. 2007년 매출액 대비 인건비는 10% 정도입니다. 외환위기 전인 90년대 초반에는 14% 정도였는데, 4%나 줄어든 거죠. 제조업, 전산업 다 비슷합니다. 80년대 초반보다도 낮습니다. 그럼에도 계속 인건비를 줄이겠다는 건데, 지금보다 얼마나 더 줄이겠다는 건지 도대체 그림이 안 그려집니다. 더 이상의 인건비 축소는 내수만 잡아먹게 될 겁니다.

비정규직 보호법의 빛과 그늘

참여정부에 대해 제가 갖고 있는 가장 큰 불만은, 비정규직 문제가 중요하다는 것까지는 알면서도, 할 수 있고 해야 할 일을 하지 않았다는 겁니다. 참여정부 말기에 유일하게 한 게 비정규직 보호법입니다.

〈그림 4〉 비정규직 규모 추이

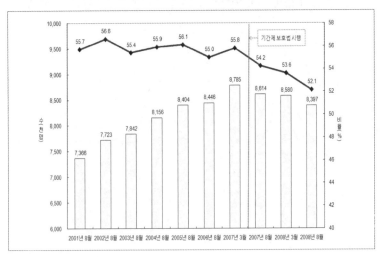

〈그림 5〉 정규직 규모 추이

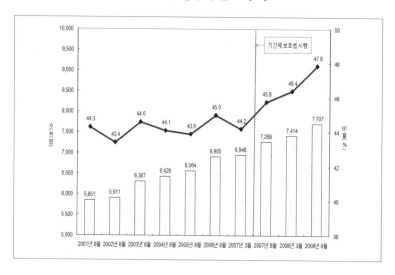

외환위기 이후 비정규직은 매년 늘어났습니다. 2001년에는 737만 명이다가 2007년 3월에는 879만 명으로 늘어났습니다. 비정규직 비율은 55~56% 수준에 고정되어 있었고요. 그런데 2007년 7월 비정규직 보호법을 시행하니까 변화가 나타나기 시작했습니다. 노동계에서는 이 법도 미흡하다고 봅니다만, 처음으로 비정규직이 줄어들기 시작했습니다. 비정규직 비율은 56%에서 52%로 줄었고, 비정규직은 줄어들고 정규직은 늘어났습니다. 이러한 변화는 경기침체 효과만으로 설명되지 않습니다. 만약 경기침체 때문이라면 정규직도 함께 줄든가 적어도 늘어나지는 않아야 합니다. 그렇지만 정규직은 오히려 늘어났습니다. 이러한 변화는 비정규직 보호법 실시에 따른 정규직 전환 효과와 경기침체 효과가 맞물린 결과로 해석할 수밖에 없습니다.

물론 이 법이 긍정적 효과만 있었던 건 아닙니다. 비정규직 보호법은 모든 비정규직 노동자를 보호하는 게 아니고 직접고용 기간제만 적용대상으로 합니다. 그러다보니 기간제에서 정규직으로 바뀌면 지금보다 나아지지만, 파견이나 용역 같은 간접고용으로 바뀌면 전보다 더 나빠질 수도 있습니다. 재작년 이랜드사태가 대표적입니다. 통계상으로는 기간제가 25만 명 감소하고 정규직이 76만 명 늘어남과 동시에, 용역근로가 6만 명 늘어나는 부정적 효과도 있었습니다.

이 법을 시행하면서 정부는 차별개선효과를 많이 강조했습니다. 그러나 2000년부터 2008년까지 월평균임금 추이를 보면 정규직과 비정규직의 임금격차는 줄어들지 않고 있습니다. 시간당임금도 마찬가집니다. 다른 지표를 보더라도 아직 차별개선효과는 발견되지 않습니다. 물론 기간제로 있다가 정규직으로 전환된 사람은 확실히 차별이 개선되었습니다. 이 법을 시행하면서 은행이나 공공부문에서 정규직으로 전환된 경우가 많습니다. 백화점도 이랜드처럼 나빠진 경우도 있지만 정규직이나 무기계약으로 바뀐 경우도 있습니다. 이 분들에게는 도움이 되었다고 봅니다.

이 법이 좀 더 강력했으면 하는 아쉬움은 남습니다만, "법률 등 정책수단을 잘 사용하면 비정규직 문제를 해결할 수 있다"는 함의는 끌어낼 수 있습니다. 물론 100% 해결은 안 되겠지만 상당 부분 해결할 수 있습니다.

흔히 비정규직 문제는 우리나라뿐만 아니라 전 세계적으로 공통된 현상이라고들 합니다. 그렇지만 이것만으로는 우리나라의 상황이 잘 설명되지 않습니다. 미국이나 일본은 비정규직 비율이 30%를 조금 넘어서는데 왜 한국은 50%가 넘는가, 왜 이렇게 차별이 심한가 말입니다. 그동안 정부나 제도가 제 역할을 하지 않았기 때문입니다.

파견, 용역 등 간접고용으로 대체하는 것을 제어할 제도적 장치를 마련하고, 차별해소가 실효성을 갖도록 제도를 보완해야 합니다. 차별시정 신청대상을 간접고용 등 모든 고용형태로 확대하고 차별시정 신청주체도 노조로 확대해야 합니다. 요즈음 정부가 얘기하는 것처럼 비정규직 사용기간을 늘리면 그만큼 정규직 전환효과만 사라질 것입니다.

요즘 비정규직이 줄어드는 이유

비정규직 보호법 때문에 일자리가 줄었다는 주장도 있고 해서, 2006년 하반기부터 2008년 하반기까지 일자리 증가를 살펴봤습니다. 〈그림 6〉에서 비정규직 보호법이 시행된 2007년 하반기에는 취업자와 노동자, 상용직 모두 증가했습니다. 한 해 전보다 취업자

〈그림 6〉일자리 수 증감 추이 (단위:천명)

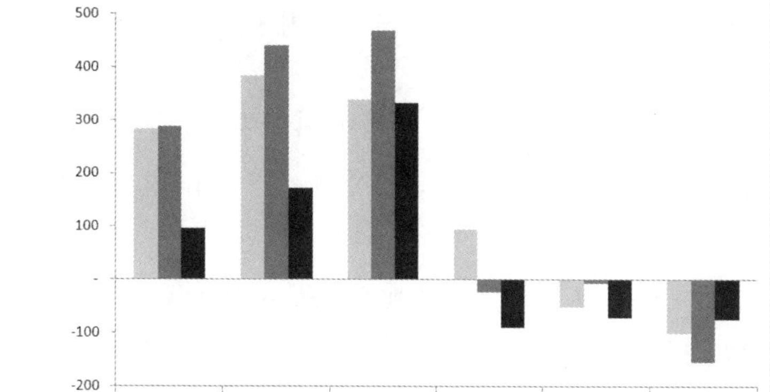

	취업자	노동자	상용직	임시직	일용직	비임금근로자
2006년 하반기	283	383	339	95	-51	-101
2007년 하반기	288	440	468	-22	-6	-153
2008년 하반기	98	173	332	-89	-71	-74

는 29만 명, 노동자는 44만 명, 상용직은 47만 명 증가했습니다. 그 대신 자영업자나 임시직, 일용직은 줄어들었습니다. 비정규직 보호법은 임금노동자를 대상으로 합니다. 다른 어느 해보다 2007년 하반기에 상용직이 대폭 증가한 것은, 비정규직이 정규직으로 전환한 효과로 해석할 수밖에 없습니다. 이명박 정부가 출범한 2008년 2월부터 일자리 증가속도는 빠르게 둔화되기 시작했고, 2008년 12월부터는 일자리가 줄어들기 시작했습니다.

정부는 올해 7월이 되면 고용대란이 온다고 합니다. 그래서 비정규직 일자리를 보호하려면 사용기간을 2년에서 4년으로 늘려야 한다고 주장합니다. 과연 그런지, 안 그런지는 그때 가 보면 알겠습니다만, 사용기간을 2년에서 4년으로 늘린다고 해서 비정규직 고용이 보장되지는 않습니다. 고용사정이 악화된 기업은 사용기간이 2년이든 4년이든 비정규직부터 줄이려 들 겁니다. 사용기간을 늘린다고 일자리가 늘거나 실업자가 줄어들 가능성은 희박합니다. 그나마 긍정적인 정규직 전환효과만 없앨 겁니다. 비정규직 노동자들의 고용을 보장하려면, 정규직 전환을 촉진해서 일자리의 안정성을 높이는 게 최선의 방안입니다.

요즈음 비정규직이 줄어드는 요인 가운데 하나는 경기침체입니다. 경기 침체기에는 대부분의 기업이 비정규직부터 줄이려 듭니다. 일자리를 잃은 사람들은 실업자가 되지만 일자리 구하는 걸 포기하고 비경제활동인구가 되기도 합니다. 언젠가 다시 경기가 회복되면, 비정규직은 급증할 것입니다. 참여정부 때는 비정규직 비율이 55~56% 수준에서 유지되었지만, 지금 정부가 하는 걸 보면 앞으로 경기가 다시 회복되면 비정규직 비율이 60%선을 넘어서지 않을까 우려됩니다.

100만 해고 대란은 근거가 있나?

정부는 기간제 근로자 사용기간을 2년에서 4년으로 연장하지 않으면 올해 7월에 백만 명이 해고되는 고용대란이 발생한다고 합니다. 올해가 경제위기라고 하는데 아직 실업자가 백만 명이 안 됩니다. 7월에 백만 명이 새로 해고되면 실업자가 이백만명이 된다는 얘긴데, 도대체 우리나라처럼 법이 제대로 지켜지지 않는 나라에서 법률 조항 하나 때문에 실업자가 백만 명 나온다는 게 상식적으로 납득이 가는 이야기입니까? 그런데도 노동부장관이 그런 얘기를 하고 다닙니다. 국회의원이나 신문사 논설위원들도 마찬가집니다. 올해 7월이 되면 근속년수가 2년이 넘는 기간제 근로자가 백만 명 한꺼번에 해고된다는 겁니다. 그러다가 요즈음은 말을 바꾸어 7월 이후 1년 사이 백만 명이 해고된다고 주장합니다.

비정규직 보호법을 보면 적용제외가 엄청나게 많습니다. 5인 미만 사업장은 적용대상이 아니고요, 55세 이상 고령자도, 주 15시간 미만 근무자도 적용대상이 아닙니다. 2008년 8월 기간제 노동자가 237만 명인데, 5인 미만 사업장과 55세 이상 고령자, 15시간미만 단시간근로자를 빼면 147만 명으로 줄어듭니다. 그런데 이건 통계숫자로 확인할 수 있는 사람들 얘깁니다. 통계숫자로 확인되지 않는 사람들을 열거하면 A4용지로 2~3장정도 나옵니다. 박사 빠지고, 기술사, 노무사, 변리사, 의사, 약사 등 '사' 자 붙은 사람은 모두 빠집니다. 게다가 2007년 7월부터 올해 7월까지 2년 동안 계속 기간제로 일한 사람이라고 해서 모두 2년 제한 조항이 적용되는 것도 아닙니다. 비정규직 보호법 부칙을 보면 2007년 7월 이후 새로이 고용계약을 체결하거나 갱신한 때부터 사용기간 2년 제한 조항이 적용됩니다. 계속 기간제로 일했어도 2007년 3월에 계약을 체결해서 올해 3월 고용계약을 갱신했다면, 이 사람은 2011년 3월에 가서야 적용됩니다.

2007년 7월 새로 계약을 체결해서 2008년 8월까지 같은 사업장에 계속 근무한 사람은 2만6천명입니다. 이 사람들이 올해 7월까지 같은 사업장에 계속 근무한다는 보장은 없습니다. 예년에도 24개월 동안 계속 일한 기간제 근로자는 1만6천 명 정도 됩니다. 아무리 늘려 잡아도 7월에 사용기간 2년 제한 조항을 적용받는 사람은 3만에서 4만을 넘어서지 않을 겁니다. 한 달에 3,4만 명이면 1년에 40만 명인데, 물론 이것도 적은 수는 아닙니다. 그렇지만 일부는 정규직이 되고 일부는 고용계약이 해지될 것입니다. 경제위기 때문에 기업이 어려워서 일자리가 없어지는 것이 아니라면, 그 빈자리는 다른 사람이 대체할 겁니다. 사회 전체적으로 비정규직 보호법이 고용총량에 미치는 효과는 0이죠. 일자리 총량으로 봤을 때는 아무런 영향이 없는 것입니다. 물론 기간제 노동자에게는 양날의 칼이 될 수 있습니다. 정규직으로 전환되는 사람은 플러스, 고용계약이 해지되어 일자리를 잃는 사람은 마이너스입니다. 그런데 이 빈자리에서 새로 일하는 사람은 플러스입니다. 어느 모로 보나 사회 전체적으로 마이너스가 아닙니다.

정부가 강조하는 부작용인 고용계약 해지는 입법 당시 이미 예고된 사항들입니다. 당시 민주노총이나 노동계에서는 사용기간 2년 제한 조항만 달랑 있으면 2년 지나서 분명히 문제가 된다고 누누이 지적했습니다. 그때는 이 조항만 있어도 괜찮다고 하던 정부가, 이제는 마치 이 조항 때문에 큰일이라도 나는 양 얘기합니다. 정부가 정말 노동자들 생각한다면 사용사유 제한조항을 추가해야 합니다.

하지만 정부는 그건 절대 못하겠다고 합니다.

지금까지 일하던 사람을 정규직으로 전환해서 쓰는 기업에게 혜택을 주는 정책이 필요합니다. 그래도 부득이 그만두는 사람이 나오면 정부가 그 사람의 재취업을 촉진하기 위해 노력해야 하고요. 정규직 전환을 촉진하기 위한 장려금 애기가 나오는데 저는 정부안보다 민주당 안이 좋다고 봅니다. 민주당 안은 기간제를 정규직으로 전환해서 계속 고용하는 기업주에게 매달 50만원씩 2년 동안 지급한다는 것이고, 정부 안은 10만 원 정도 되는 사회 보험료의 절반을 정부가 2년 동안 부담한다는 것입니다. 제가 보기에는 오히려 초기에 뭉치로 50만원이든 얼마든 지급해서 정규직 전환을 촉진하는 게 낫다고 생각합니다.

정규직 전환을 촉진하기 위해서는 장려금뿐만 아니라 채찍도 필요합니다. 의원들은 채찍은 애기하지 않으려고 하죠. 다른 나라에서는 비정규직을 많이 사용하는 업체의 사회보험료 부담을 높인다든지 계약종료수당을 운영하고 있습니다. 계약종료수당은 퇴직금과 마찬가진데, 퇴직금은 1년 이상 근무한 사람에게만 지급하지 않습니까? 얼마 전 중국에서는 6개월 미만 근무한 사람도 근무기간에 비례해서 해고수당 내지 계약종료수당을 받도록 법을 바꿨습니다. 이처럼 비정규직 사용을 통해 기업이 얻을 수 있는 금전적 이익을 축소시키는 방향에서 정책을 운용하는 게 필요합니다.

최저임금법 개정이 경제위기 해법으로?

지금 정부는 최저임금법에서 두 가지만 개정하겠다고 합니다. 60세 이상 고령자 대신 65세 이상 고령자의 최저임금을 삭감하고,

외국인 노동자의 최저임금에서 숙식비를 뺀다는 겁니다. 제가 볼 때 정부쪽의 최저임금법 개정 논의는 기본적으로 현재의 최저임금이 너무 높다는 생각을 깔고 있는 것 같습니다. 노동부 장관은 "노인들 만나보니까 최저임금에 훨씬 못 미치는 일자리에서라도 일하고 싶다는 분들이 많다."면서 정서에 호소하려 듭니다. 60세나 65세를 기준으로 고령자 최저임금을 깎으면 사용자는 아무래도 더 싼 임금을 주는 사람을 채용하려 들 것입니다. 바로 60대가 50대 후반의 일자리를 대체하는 효과가 생기는 겁니다.

우리나라의 노인 가구 빈곤율은 45%로 경제협력개발기구(OECD) 국가 중에서 가장 높습니다. 우리 다음으로 높은 나라는 20%대입니다. 그나마 있는 최저임금마저 깎으면 노인 가구 빈곤율은 더 악화되지 않을까 우려됩니다. 또, 노동부 장관은 "최저임금 이하를 받더라도 일하고자 하는 사람을 위해 최저임금법을 개정해야 한다."고 말하는데, 원래 최저임금법은 그런 식의 바닥으로 질주를 막기 위해 생긴 것 아닙니까? 이건 말이 안 됩니다. 우리 장관께서도 연배가 정년퇴직 하실 나이 아닙니까? 억대연봉 아니어도 장관 할 사람 많습니다. 연봉을 10분의 1로 깎고 장관을 열 명 두자는 것과 마찬가지 논리 아니겠습니까? (모두들 웃음) 만약 그렇게 노인들이 걱정된다면 고령자 고용촉진장려금제도를 활용하면 됩니다. 고용보험기금에서 기업에게 고령자 고용촉진장려금을 지급해서 고령자들 일자리 늘리면 되지 최저임금을 깎아서는 안 됩니다.

최저임금에 대해 잘못된 생각들이 많습니다. 1994년 경제협력개발기구(OECD) 일자리 연구(Job Study)는 최저임금을 없애거나 줄이라고 권고합니다. 그렇지만 몇 년 안가 입장이 바뀝니다. 1998년 경제협력개발기구 고용전망 보고서(Employment Outlook)는 회원국가의 최저임금 효과를 다음과 같이 종합하고 있습니다.

첫째, 최저임금은 임금불평등을 완화하는데 효과적이며, 연령간, 남녀간 임금격차를 축소한다, 평균임금 대비 최저임금 비율이 높은 나라일수록 임금불평등이 낮고 저임금계층이 적다.

둘째, 최저임금이 고용에 미친 부정적인 효과에 대한 합의는 존재하지 않는다. 부분적으로 이견은 있으나 최저임금 수준이 높을수록 10대 청소년들이 일자리를 상실할 가능성이 높다. 그렇지만 여성, 파트타임 등 다른 집단은 최저임금의 부정적 고용효과를 발견할 수 없다.

셋째, 최저임금은 노동자 가구에서 빈곤을 축소하고 분배구조를 개선한다. 노동자가 없는 가구도 있기 때문에 대상을 전체 가구로 넓히면 빈곤축소효과는 줄어든다. 빈곤가구 가운데 취업자가 한 사람도 없는 가구가 있고, 최저임금 수혜자의 부모가 중산층인 가구도 있기 때문이다. 따라서 빈곤을 해소하는 데는 근로장려세제(EITC ; Earned Income Tax Credit)가 좀 더 효과적인 정책수단일 수 있다. 그러나 근로장려세는 국가 재정이 소요되고 저임금 노동자들을 '빈곤의 덫'에 빠뜨릴 가능성이 있으므로, 최저임금제와 상호 보완적으로 운영하는 것이 바람직하다.

최저임금은 개인에게 지급하는 겁니다. 주40시간 일하면 최소한 80만원 줘라, 그 이하는 안 된다는 거죠. 그런데 애가 딸린 미혼모라면 최저임금 80만원으로는 도저히 애를 키울 수 없습니다. 정상적인 생활도 불가능하고요. 그렇다고 해서 최저임금을 150만원으로 올릴 수도 없는 일입니다. 이럴 때 근로장려세 같은 제도가 필요합니다. 가구단위로 소득이 일정액에 못 미치면 그 부족분을 국세청에서 근로장려세라고 해서 돈으로 주는 것이죠. 일종의 마이너

스 세금입니다. 물론 근로장려세제는 최저임금과 상호보완적으로
운영해야 합니다. 기업은 최저임금은 그대로 두고 너 어려우면 근
로장려세 받아써라 할 겁니다. 그러다 보면 노동자들을 계속해서
저임금의 늪에 빠뜨리게 될 우려가 있죠. 그리고 국가 재정 지출이
늘어나기도 하는 문제도 있고요. 이 정부야 뭐 수백억, 수천억 원도
부자들에게 팍팍 줘버리니까…. (웃음) 그래서 근로장려세는 최저
임금제와 상호보완적으로 운영되어야한다는 거죠.

한국의 최저임금 수준은 높은가?

국제노동기구의 사겟(Saget)은 남미, 아시아, 아프리카 20개
저개발 국가를 대상으로 실증분석한 뒤 다음과 같이 결론짓고 있습
니다.

첫째, 평균임금 대비 최저임금 비율이 높다고 해서 비공식 부문
이 증가하거나 고용이 감소하는 부정적 효과가 발견되지 않는다.
노동시장 경직성 특히 임금경직성은 남미 국가에서 비공식 부문이
증가한 주된 요인이 아니다.

둘째, 1인당 국민소득, 제조업 평균임금 등을 통제하더라도, 최
저임금 비율이 높은 나라일수록 빈곤율이 유의미하게 낮다. 최저임
금은 고용에 부정적 영향을 미치지 않으면서, 노동자 가구의 생활
조건을 개선하고 빈곤을 해소하는데 긍정적 영향을 미칠 수 있다.

이처럼 경제협력개발기구 회원국뿐만 아니라 저개발 국가를 대
상으로 한 분석도 결과는 마찬가지입니다.

영국에서 대처정부는 산업별 최저임금위원회를 없애버렸습니
다. 1998년 노동당이 집권하자 1999년부터 전국단위 최저임금제를

실시하고 있는데, 지금까지 평가는 매우 긍정적입니다.

첫째, 최저임금은 기업이나 고용에 부정적인 영향을 미치지 않으면서도, 1백만 저임금 노동자 특히 여성, 파트타임, 연소자, 소수민족에게 혜택을 주고 있다.

둘째, 최저임금의 부정적 고용효과를 뒷받침할만한 증거는 발견되지 않는다. 최저임금 수혜자 집단에서 고용증가율은 평균치를 상회한다. 연소자들은 예외적으로 미세한 마이너스(-) 고용효과가 발견되지만, 청소년 노동시장은 주로 경기변동의 영향을 받고 있다.

셋째, 최저임금 도입은 생산성 증대를 가져오지도 않았고, 단위노동비용 증가를 가져오지도 않았다.

미국에서는 70년대, 80년대에 '여성이나 파트타임 등 성인고용에 대한 부정적 효과가 발견되지 않는다.' 는 평가가 거의 정설로 받아들여졌습니다. 논쟁은 10대 연소자의 고용에 어떤 영향을 미치는가를 둘러싸고 이루어졌는데, 80년대에는 부정적 영향을 미치지만 실업률에 미치는 영향은 없다는 견해가 다수였습니다. 90년대에는 부정적 효과는 없고, 때로는 긍정적 효과가 있다는 연구결과가 쏟아져 나왔습니다. 최저임금이 오르니까 패밀리 레스토랑에서 일하겠다는 10대가 더 나오더라, 그래서 고용이 늘어났다는 거죠.

2004년 미국 경제정책연구소의 채프먼(Chapmann)은 "긍정적이든 부정적이든 최저임금이 고용에 미치는 영향은 크지 않다. 최저임금은 고용증대에 목적이 있는 게 아니라 저임금 노동자들의 생활조건 개선에 목적이 있다. 실증분석 결과의 차이는 노동경제학자들에게는 흥미로울지 몰라도 정책입안자나 저임금 노동자에게는 흥미로울 게 없다. 최저임금을 인상하더라도 저임금 산업에 부정적인 고용효과를 미치지 않는다는 정책적 함의는 동일하기 때문이다."고

했습니다. 저도 이런 의견에 공감합니다.

국내의 실증분석도 마찬가집니다. 긍정적 효과도 나오고 부정적 효과도 나오고 효과가 없다는 것도 나오고 있습니다. 그렇지만 계수 값이 크지 않아 고용에 미치는 효과가 적다는 데에는 일치합니다.

올해 최저임금은 시급 4천원입니다. 하루 일당 3만2천원이고 한 달 25일로 계산하면 80만원입니다. 최저임금이 적정한가를 물은 국민여론조사에서, '너무 적다'가 72.4%로 나옵니다. 그런데도 정부는 자꾸 최저임금이 너무 높고 가파르게 올랐다고 합니다.

최저임금이 높은지 낮은지를 이야기할 때는 나라마다 임금수준이 다르기 때문에 그 나라 노동자들이 받는 평균임금 대비 최저임금이 얼마인지 봅니다. 지난 3월 기획재정부는 경제협력개발기구(OECD)가 내놓은 구조개혁평가보고서를 요약한 보도 자료를 내 놓았습니다. 멕시코의 최저임금이 가장 낮고 한국이 두 번째로 낮습니다. 한국의 최저임금은 미국과 일본은 물론 다른 나라들보다 한참 낮은 수준입니다.

국민의 정부나 참여정부 시절에 최저임금이 너무 올랐다고도 합니다. 외환위기 이후부터 보면 최저임금이 오른 건 사실입니다. 그렇지만 최저임금을 처음 도입한 89년부터 보면 겨우 그 때 수준을 회복한 겁니다. 89년 이후 최저임금은 계속 떨어졌습니다. 그러다가 98년, 99년에 바닥을 치고 2000년부터 조금씩 올라갔습니다. 외환위기 이후 저임금문제가 심각하다는 사회적 관심이 높아지면서 최저임금이 조금씩 회복된 겁니다. 앞으로도 최저임금을 한참 올려야 하는데 벌써부터 너무 높다는 얘기나 나오니….

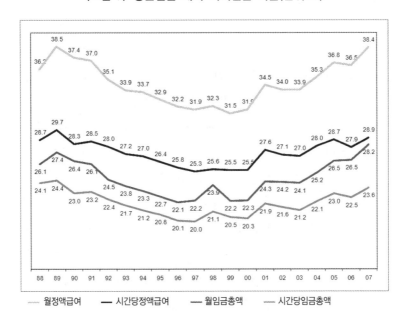

월정액급여　　시간당정액급여　　월임금총액　　시간당임금총액

양질의 일자리를 만드는 길

우리나라 노동시장에서 가장 큰 문제는 노동시장 양극화입니다. 참여정부 때는 이 문제를 해결하지 않으면 앞날이 어둡다고 하는 공감대정도는 있었지만, 양극화를 해소하기 위한 적극적인 노력은 기울이지 않았다고 생각합니다. 지금은 경제위기에 따른 고용사정 악화까지 맞물린 상황입니다. 앞서 본 것처럼 이명박 정부는, 저임금 비정규직을 양산하는 나쁜 길(low road)로 치달리고 있습니다. 근로빈곤(working poor)층이 양산되면서 내수가 잠식되고 일자리가 축소되는 악순환이 빚어지고 있습니다. 대안으로는 양질의 일자리(decent work) 창출을 목표로 하는 좋은 길(high road)을 추구

해야 합니다.

노동시장 정책 하면 이미 일자리를 갖고 있는 분들만 생각하는 경향이 있는데, 학교를 졸업하고 새로 노동시장에 들어오는 젊은 사람들부터 이들에게 적합한 일자리를 만들어줘야 합니다. 지금 정부가 하는 것은 청년인턴 밖에 없습니다. 인턴은 일종의 아르바이트 일자리죠. 인턴 늘리라고 하니까 민간 기업에서는 정규직으로 채용하려던 일자리를 인턴으로 대체하는 경향마저 나타납니다.

시장근본주의가 판을 치다보니, 공공부문에서 사람 줄이고 민간 부문에서 일자리를 만들어야 한다는 사람들이 있습니다. 그렇지만 지금처럼 경제 환경이 불확실한 상태에서는 돈을 쌓아놓고 있어도 민간 기업이 쉽사리 투자에 나서려 하지 않습니다. 안정된 일자리를 만들 것으로 기대하기도 어렵습니다. 이럴 때일수록 공공부문에서 제대로 된 일자리를 만들어줘야 합니다.

참여정부는 공공부문에서 일자리를 늘려야 한다는 인식은 갖고 있었던 것으로 보입니다. 그렇지만 공무원이나 공공부문 일자리를 늘리자는 얘기는 하기 힘든 분위기니까, 사회적 일자리라고 해서 민간에게 책임을 맡기는 방식을 택한 것 같습니다. 하지만 공공부문은 원래 시장에서 수익성을 기대하기 어려운 경우가 많습니다. 그러다보니 사회적 일자리는 공공부문이기는 하되 값싼 일자리로 전락하는 경우가 많습니다. 무턱대고 시장에 맡기려고 할 게 아니라, 공공부문에서 제대로 된 일자리를 만들어줘야 됩니다.

예를 들어보죠. 요즘 교육, 교육하는데 교육은 결국 교사의 양과 질이 문제입니다. 얼마 전 시민사회단체들이 모여서 새로운 일자리 100만개 창출 방안을 만들었습니다. 우리나라에 초중등 학교가 11,000개라고 합니다. 교사라면 젊은 층에게는 아주 좋은 일자리입니다. 학교마다 선생님을 1명씩 늘리면 좋은 일자리가 1만개 늘어납니다. 시민사회단체들은 학교마다 4명씩 늘리자고 합니다. 그러면 교사 일자리 4만 명이 느는 겁니다.

집안에 환자가 생기면 온 집안 식구들이 매달리든가 간병인 도움을 받아야 합니다. 빠듯한 살림살이에 보통 일이 아닙니다. 요즈음 병원노조에서는 '보호자 없는 병원 만들기' 운동을 하고 있습니다. 공공부문이 비용을 부담해서 병원에 간호사나 간병인을 늘리고, 그 병원을 보호자 없는 병원으로 만들자는 겁니다. 병원노조 얘기로는 한양대 병원에서 시범 실시했는데, 환자나 가족들의 반응이 아주 좋다고 합니다.

요즈음 실업자가 많이 나오다 보니 고용안정센터에 일거리가 넘친다고 합니다. 거기서 일하는 분들 얘기로는 워낙 많은 사람들이 찾아오니까 제대로 된 상담은 힘들다고 합니다. 그런데 얼마 전 노동정책 관계자를 만나서 얘기해보니, 현재 고용안정센터 상담자들은 신분이 민간인이 아닌 공무원으로 되어 있어서, 인원을 늘리기가 힘들다고 합니다. 인원을 늘려야 할 곳은 늘려야 하는 것 아닙니까?

찾으면 늘려야 할 영역은 얼마든지 있습니다. 곧바로 "재원이 없다, 국민의 세금이다."라는 반박이 나옵니다. 왜 재원이 없습니까? 국회예산처가 계산한 바에 따르면 부동산 감세효과가 앞으로 5년간 96조원입니다. 연봉 2천만 원짜리 일자리를 50만개 만들어도 10조원이면 됩니다. 5년이면 50조원인데 96조원의 절반밖에 안 됩니다. 부자들 세금 깎아줄 생각 하지 말고, 엉뚱한데 돈 쓸 궁리 안 하면 재원은 충분합니다.

지금 같은 경기침체 국면에는 있는 일자리를 지키는 것도 중요합니다. 실 노동시간 단축을 통한 잡쉐어링(Job Sharing)이나 워크쉐어링(Work Sharing)을 기본으로 하면서, 고용유지 지원제도를 늘리는 게 필요합니다.

실업대책 확대하고 최저임금 올려야

고용보험에 가입한 사람이 8~9백만 명 정도 됩니다. 가입했다고 모두 실업급여를 받는 것은 아니고 6개월 이상 가입해야 하니까, 실제 실업급여를 받을 수 있는 사람은 6~7백만 명 정도 됩니다. 따라서 취업자가 2500만 명이니 1800~1900만 명이 실업급여 적용대상에서 제외되어 있는 거죠.

정부는 자영업자도 본인이 원하면 고용보험에 가입시키겠다고 합니다. 제가 볼 때 자영업자는 가게 문 닫기로 마음먹기 전에는 고용보험에 가입하지 않을 것 같습니다. 또, 이제 막 학교를 졸업한 학생들은 실업급여 대상자가 될 수 없습니다. 그런 면에서 고용보험 가입여부에 관계없이 실직했을 때 생계를 보장하는 방향에서 한시적이나마 실업부조를 실시할 필요가 있습니다.

덴마크는 실업자가 되어도 걱정할 게 없답니다. 실업자가 되면 아무 조건 없이 1년 동안 실업급여를 받을 수 있습니다. 그 뒤로도 3년 동안은 직업훈련을 받거나 구직활동을 하면 실업급여를 받을 수 있습니다. 실업급여 액수도 실직 전 월급의 70~80%이고, 저소득층은 실직 전 월급의 90%를 실업급여로 받습니다. 우리나라와는 완전히 다르죠.

우리는 실업급여를 평균 다섯 달 정도 받습니다. 나이가 쉰이 넘고 10년 이상 가입한 사람은 7~8개월 정도 받을 수 있습니다. 실업급여 액수도 최저임금과 120만원사이입니다. 정책의 우선순위는 대상을 확대하고, 기간을 연장하고, 수준을 인상하는 순서로 잡아야 할 겁니다. 어쨌든 실업대책은 전 국민으로 확대하는 방향으로 가야 합니다.

요새는 일자리가 줄다보니 비정규직이라도 감지덕지하라는 식으로 사회분위기가 흘러가는 것 같습니다. 그렇지만 지금 같은 때일수록 오히려 최저임금을 인상하고 비정규직의 정규직 전환을 촉진해서 일자리 질을 개선해야 합니다.

미국도 어느 정당이 집권하느냐에 따라 정책이 많이 바뀝니다. 부시정부 8년 동안 최저임금이 5.15달러에서 한 푼도 오르지 않았습니다. 미국은 최저임금을 의회에서 정하는 유일한 나라인데, 민주당이 하원에서 다수 의석을 확보한 뒤로는 최저임금이 빠른 속도로 오르고 있습니다. 올해는 최저임금이 7.25달러로 올랐고, 2011년은 9.5달러로 올린다고 합니다. 그러면 평균임금의 50%에 근접하게 됩니다. 이처럼 최저임금을 빠른 속도로 올리는 데는, 어려운 사람들에게 한 푼이라도 더 지원해야 소비가 늘고 내수가 증진되어 경제위기를 극복할 수 있다는 인식이 깔려 있습니다.

브라질도 지난 2월 최저임금을 415헤알에서 465헤알로 10% 이상 올렸습니다. 브라질 정부는 93억 달러의 유동성을 공급한 것과 마찬가지 효과를 가져왔고, 4천3백만 명에게 직, 간접적인 소득효과가 나타나 소비가 늘고 산업생산과 고용수준을 유지하는 결과를 가져왔다고 평가하고 있습니다.

그런데 우리나라에서는 오히려 최저임금을 깎으려 듭니다. 그렇지만 최저임금 액수를 깎기는 어려울 테고, 물가상승분에 못 미치는 수준에서 최저임금을 조금 인상할 것으로 보입니다. 그러면 실질임금은 떨어지는 거죠.

한국의 노동시장은 매우 유연한 편

정부나 재계에서는 우리나라 노동시장이 매우 경직적이어서 더 많은 유연화가 필요하다고 합니다. 그러나 경제협력개발기구가 발표한 고용보호법제 경직성지표를 보면, 한국은 회원국 28개국 가운데 12위로 유연한 편에 속합니다. 구체적으로 정규직 고용보호는 16위고, 임시고용 규제는 17위로 중간 정도입니다. 집단해고 규제는 뉴질랜드, 일본에 이어 3위로 매우 유연합니다. 고용보호법제가 가장 유연하다는 미국이나 캐나다, 영국도 집단해고는 우리보다 강하게 규제하고 있습니다. 한국의 노동시장이 경직적이라고 볼 근거가 없습니다. 뭐든지 1등이어야 한다고 생각하지 않는다면 말입니다.

그런데 저는 이런 유의 경직성 지표는 별로 신뢰하지 않습니다. 해고관련 법률조항에 점수를 매긴 건데, 이런 방식으로는 그 나라 노동시장이 과연 유연한지, 경직적인지 평가할 수 없습니다. 예컨대 남녀고용평등법은 동일가치노동 동일임금을 정하고 있습니다. 그렇지만 실제로는 거의 안 지켜집니다. 법률과 현실 사이에 괴리가 있는 거죠. 몇 해 전에 주40시간제로 법정 노동시간 단축을 논의할 때 얘기입니다. 경총에서는 법정 노동시간을 단축할 필요가 없다고 했죠. 독일은 법정 노동시간이 48시간이고 우리나라는 44시간인데 더 낮출 필요가 있냐는 거죠. 그렇지만 실제 노동시간은 독일의 경우 35시간이고 한국이 46시간입니다. 이처럼 법률과 실제는 차이가 납니다.

〈표 3〉 고용보호법제 경직성 지표 (OECD 28개국 비교)

	1998년	2003년	1998년	2003년	1998년	2003년	1998년	2003년
미국	0.2	0.2	0.3	0.3	2.9	2.9	0.7	0.7
캐나다	1.3	1.3	0.3	0.3	2.9	2.9	1.1	1.1
영국	0.9	1.1	0.3	0.4	2.9	2.9	1.0	1.1
아일랜드	1.6	1.6	0.3	0.6	2.4	2.4	1.2	1.3
뉴질랜드	1.4	1.7	0.4	1.3	0.4	0.4	0.8	1.3
호주	1.5	1.5	0.9	0.9	2.9	2.9	1.5	1.5
스위스	1.2	1.2	1.1	1.1	3.9	3.9	1.6	1.6
헝가리	1.9	1.9	0.6	1.1	2.9	2.9	1.5	1.7
덴마크	1.5	1.5	1.4	1.4	3.9	3.9	1.8	1.8
일본	2.4	2.4	1.6	1.3	1.5	1.5	1.9	1.8
체코	3.3	3.3	0.5	0.5	2.1	2.1	1.9	1.9
한국	2.4	2.4	1.7	1.7	1.9	1.9	2.0	2.0
슬로바키아	3.6	3.5	1.1	0.4	3.3	2.5	2.5	2.0
폴란드	2.2	2.2	0.8	1.3	4.1	4.1	1.9	2.1
핀란드	2.3	2.2	1.9	1.9	2.6	2.6	2.2	2.1
오스트리아	2.9	2.4	1.5	1.5	3.3	3.3	2.4	2.2
네덜란드	3.1	3.1	1.2	1.2	3.0	3.0	2.3	2.3
이태리	1.8	1.8	3.6	2.1	4.9	4.9	3.1	2.4
벨기에	1.7	1.7	2.6	2.6	4.1	4.1	2.5	2.5
독일	2.7	2.7	2.3	1.8	3.5	3.8	2.6	2.5
스웨덴	2.9	2.9	1.6	1.6	4.5	4.5	2.6	2.6
노르웨이	2.3	2.3	3.1	2.9	2.9	2.9	2.7	2.6
그리스	2.3	2.4	4.8	3.3	3.3	3.3	3.5	2.9
프랑스	2.3	2.5	3.6	3.6	2.1	2.1	2.8	2.9
스페인	2.6	2.6	3.3	3.5	3.1	3.1	3.0	3.1
멕시코	2.3	2.3	4.0	4.0	3.8	3.8	3.2	3.2
터키	2.6	2.6	4.9	4.9	1.6	2.4	3.4	3.5
포르투갈	4.3	4.3	3.0	2.8	3.6	3.6	3.7	3.5
평균값	2.2	2.2	1.9	1.8	3.0	3.0	2.2	2.2
중위값	2.3	2.3	1.6	1.5	3.0	2.9	2.2	2.1
표준편차	0.86	0.83	1.41	1.23	0.98	0.96	0.83	0.73
한국순위	**18**	**16**	**17**	**17**	**4**	**3**	**13**	**12**

자료: OECD(2004), *Employment Outlook*, p.117.

유연성이라는 말은 담론 차원에서는 그럴듯한, 좋은 말입니다.

그러다보니 우리뿐만 아니라 다른 나라에서도 엄밀하게 정의되지 않은 채, 매우 다양한 의미로 사용하고 있습니다. 어떤 사람은 해고의 자유로 생각하고, 또 다른 사람은 비정규직을 마음대로 사용하는 걸로 생각합니다. 경제학에서라면 당연히 "경제가 변동할 때 노동시장이 얼마나 유연하게 (탄력적으로, 빠른 속도로) 조응하는가"로 정의해야 할 겁니다. 경제학에서 유연성 개념에 가장 근접하는 지표로는 탄력성과 조정속도, 변동성과 상관성이 있습니다.

실상 한국이 경제협력개발기구 회원국 중 으뜸

제가 남보다 늦게 공부를 시작했습니다. 마흔이 넘어 대학원에 갔으니까요. 수업시간에 배운 김에 탄력성, 조정속도 같은 지표를 계산해 보니, 가장 유연하다는 미국보다 한국이 훨씬 더 유연하더라고요. 칠레 중앙은행에서도 18개국의 탄력성을 추정했더니 한국과 홍콩이 가장 유연하고 다음으로 칠레, 멕시코, 미국이 유연한 것으로 나왔다고 합니다.

우리나라 노동연구원에서도 마찬가지 결과가 나왔습니다. 정부는 김영삼 정부 때부터 노동시장 유연화를 가장 중요한 노동정책으로 추진해 왔습니다. 10년쯤 지났으니 우리나라가 어떤 상태에 와 있는지, 객관적인 지표로 진단하고 평가해야 되지 않느냐고 의견을 냈습니다. 그래선지 노동연구원에서 작업을 했는데, 60개국 중 한국이 9위라는 결과를 내 놓았습니다. 우리보다 노동시장이 더 유연하다는 여덟 개 나라를 살펴보니, 경제협력개발기구 회원국은 하나도 없습니다. 그러니 우리가 경제협력개발기구 회원국 중에서 가장 유연한 거죠. 홍콩과 아시아, 아프리카에서 이름도 들어보지 못한 나라들이 대부분입니다. 결국 노동시장 유연성이 높다는 것은 그만큼 후진국이라는 얘기죠? (청중 웃음)

우리나라 노동시장이 유연하다는 분석 결과가 잇따라 제시되자, 정부는 비정규직까지 포함하면 유연하지만, 정규직 노동시장은 매우 경직적이라고 말을 바꿉니다. 물론 정규직이 비정규직보다 경직적인 건 사실이고, 사업장에 따라서는 경직적인 곳도 있습니다. 그렇지만 전체 노동시장을 대상으로 실증분석 해 보면 정규직 노동시장도 미국의 전체 노동시장보다 훨씬 유연한 걸로 나옵니다. 노동자들이 느끼는 고용불안은 뜬금없는 게 아니라 객관적인 근거가 있는 겁니다. 정규직들이 느끼는 고용불안도 마찬가집니다.

국제노동기구(ILO)는 고용안정성의 지표로 근속년수를 많이 사용합니다. 물론 근속년수가 짧다고 반드시 나쁜 건 아닙니다. 워낙 좋은 직장이 많아서 계속 자리를 옮겨 다닌다면 근속년수가 짧을 수도 있습니다. 그렇지만 실제로는 마음에 드는 직장이 생기면 한 곳에 계속 근무하는 경우가 많습니다. 경제협력개발기구 회원국들의 근속년수를 비교하면 유럽대륙 국가들은 8~13년입니다. 호주는 6.9년, 미국은 6.7년입니다. 그렇지만 한국은 4.5년밖에 안 됩니다. 그만큼 우리나라 노동자들의 고용이 불안정한 거죠.

앞서 노동시장 유연성을 "경제가 변동할 때 고용, 임금, 노동시간이 얼마나 빠른 속도록 변화 하는가"를 의미한다고 했습니다. 기업 입장에서 노동시장 유연성이란 경제적 효율성을 의미하지만, 노동자 입장에서는 그만큼 고용불안과 생활불안이 커지는 겁니다. 따라서 똑같은 유연성도 노동자와 사용자가 받아들이는 의미가 전혀 다릅니다. 경직성도 마찬가집니다. 기업 입장에선 경직성이 나쁜 거지만, 노동자 입장에선 그만큼 내 생활이 안정적이므로 좋은 겁니다.

물론 노동자도 기업의 효율성을 나 몰라라 할 수는 없습니다. 그러나 아무리 기업에 필요하고 좋은 것이라 해도 사람이 감내할 수 있는 범위 안에서 추구해야 합니다. 그렇지 않으면 경제운용의 효율성을 저해하고 사회불안을 야기할 수 있습니다. 한국의 노동시장에서 유연성은 이미 사람이 감내할 수 있는 수준을 넘어섰다고 봅니다.

유럽연합의 노동시장 유연안정성 논의

유럽연합에서는 사용자들이 요구하는 유연성(Security)과 노동자들이 요구하는 안정성(Flexibility) 양자를 결합해서 노동시장 정책과 사회보장 정책을 운용하는 유연안정성(Flexicurity)에 대한 논의가 활발하게 이루어지고 있습니다. 빌트하겐 (Wilthagen)은 유연성을 외부 수량적 유연성, 내부 수량적 유연성, 기능적 유연성, 임금 유연성 네 가지 유형으로 구분하고, 안정성을 직장안정성, 고용안정성, 소득안정성, 결합안정성 네 가지 유형으로 구분한 뒤, 이들 유연성과 안정성을 어떻게 조합하느냐에 따라 유연안정성이 다양한 방식으로 높아질 수 있다고 강조합니다.

직장안정성은 지금 다니는 직장에서 잘리지 않고 계속 다닐 수 있는 걸 말합니다. 노동자들이 가장 바라는 거죠. 다니던 직장에서 해고되면 다시 그만한 일자리를 구하기가 쉽지 않고, 겨우 일

〈표 4〉 빌트하겐 유연안정성 행렬 (Wilthagen Flexicurity Matrix)

안정성 / 유연성	직장안정성 Job Security	고용안정성 Employment Security	소득안정성 Income Security	결합안정성 Combination Security
외부 수량적 유연성 External numerical flexibility	- 고용계약유형 - 고용보호입법 - 조기퇴직	- 고용서비스 /적극적노동시장 - 훈련/평생학습	- 실업보험 - 기타사회급여 - 최저임금	- 휴가기간 해고 금지
내부 수량적 유연성 Internal numerical flexibility	- 근로시간단축 /파트타임제도	- 고용보호입법 - 훈련/평생학습	- 파트타임보충급여 - 학습보조금 - 질병급여	- 다양한휴가제도 - 파트타임 연금
기능적 유연성 Functional Flexibility	- 직무확충 - 훈련 - 노동임대 - 하도급 - 아웃소싱	- 훈련/평생학습 - 직무순환 - 팀제 - 다기능화	- 성과급제도	- 자발적노동시간 조정
임금 유연성 Labor Cost/Wage Flexibility	- 노동비용조정 - 사회보장급여조정 /삭감	- 사회보장급여변경 - 고용보조금 - 취업급여	- 임금협약 - 노동시간단축시 급여조정	- 자발적노동시간 조정

자리를 구하더라도 비정규직일 가능성이 높으니, 지금 일자리를 고수해야 한다는 생각을 갖는 거죠. 실직되더라도 다른 직장에 빨리 취직할 수 있는 게 고용안정성이고, 생활이 크게 흔들리지 않는 게 소득안정성입니다. 그동안 우리 정부가 강조해 온 게 고용안정성이라면, 덴마크는 소득안정성이 잘 되어 있습니다. 직장을 그만 둬도 4년까지는 실직 전 임금의 80~90%가 보장되니까요.

유연성도 해고를 쉽게 하고 비정규직을 늘리는 외부 수량적 유연성만 있는 게 아닙니다. 내부 수량적 유연성도 있고 기능적 유연성, 임금 유연성도 있습니다. 유연성과 안정성은 나라마다 구체적인 조건에 따라 다양한 조합을 모색해야 합니다. 유럽연합에서는 노·사·정 3자가 유연성과 안정성을 동시에 균형 있게 추구한다는데 합의를 보고, 이러한 방향으로 나아가고 있습니다.

〈그림 8〉 유럽연합 회원국의 유연안정성 유형

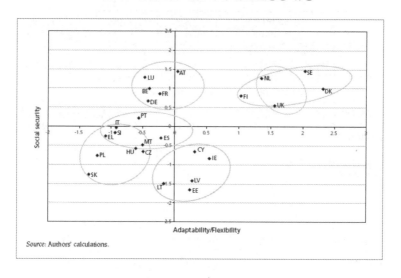

Source: Authors' calculations.

〈그림 8〉은 유럽연합 회원국의 유연안정성을 실증 분석한 결과입니다. 가로축이 유연성이고 세로축이 안정성입니다. 이 그림에서 유럽 25개국은 6개 집단으로 나눌 수 있습니다. 유연성과 안정성 모두 높은 나라가 스웨덴(SE)과 덴마크(DK), 핀란드(FI), 영국(UK), 네덜란드(NL)입니다. 북구는 모두 높은 걸로 나옵니다. 안정성은 높지만 유연성은 그저 그런 나라가 룩셈부르크(LU), 오스트리아(AT), 프랑스(FR)입니다. 안정성이 가장 떨어지는 쪽은 최근에 체제가 전환된 동유럽 국가들입니다. 우리는 어디쯤 속할까요? 유연성은 상당히 높고, 안정성은 낮지만 동구보다는 조금 높은, 맨 오른쪽에서 아래로 내려온 곳에 위치하지 않을까 생각됩니다.

〈그림 9〉는 유럽연합 수준에서 합의된 지향점을 그린 겁니다. 미래의 유럽을 현대화된 사회적 모델(Modernized Social model)로 제시하고 있는데, 유연성과 안정성 모두 높은 노르딕 국가들을

〈그림 9〉 유럽연합 회원국의 유연안정성 프레임 수렴

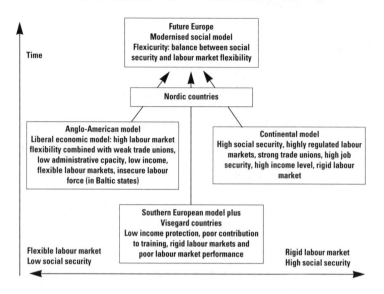

가장 발전된 모델로 보고 있습니다. 왼쪽에는 유연성은 높지만 안정성이 떨어지는 앵글로아메리칸 모델이 있고, 오른쪽은 노동시장은 경직적이지만 안정성이 높은 유럽대륙 모델이 있습니다. 맨 아래는 유연성과 안정성 모두 떨어지는 남부유럽 모델이 있고요. 유럽연합에서는 안정성이 떨어지는 나라는 안정성을 높이고, 유연성이 떨어지는 나라는 유연성을 높이고, 안정성과 유연성 모두 떨어지는 나라는 둘 다 높이는 방향에서, 각국의 구체적인 조건에 따라 유연안정성을 제고해야 한다고 보고 있습니다. 이러한 방법을 통해 모든 나라가 북유럽 모델을 넘어서서 현대화된 사회적 모델로 나아가야 한다는 거죠.

이 정도로 오늘 강연을 마무리하겠습니다. 긴 시간 동안 집중해 주셔서 고맙습니다.

한국이 실업 문제는 양호하다던데…

질문 : 정확히 기억은 안 나지만 국제통화기금(IMF)인지 세계경제기구인지 최근의 전 세계적 경제위기상황에서 한국이 실업문제에서는 양호하다고 말한 기사를 봤는데 어떤 점에서 그런 상태로 나왔는지를 설명해 주셨으면 합니다.

답변 : 국제통화기금(IMF)이 뭘 근거로 한국의 사정이 낫다고 했는지 구체적인 내용은 보지 못했습니다. 아마 그런 얘기를 했다면 공식 실업률만 보고 판단한 게 아닌가 하는 생각이 듭니다. 공식 실업률만 보면 3~4%로 매우 낮습니다. 하지만 요즈음 언론에서도 많이 얘기하지만, 한국의 실업률은 고용사정을 제대로 이야기 해주지 못 합니다. 비경제활동인구 중에서 취업준비자가 60만 명이고, 그냥 집에서 쉰다는 사람이 백만 명이 넘습니다. 실업률을 계산할 때는 한 시간만 일해도 취업자로 분류하는데, 매주 몇 시간 일하는 것으로 생활이 유지되겠습니까? 이런 분들까지 포함하면 실제 실업자는 3~400만 정도 될 겁니다. 국제통화기금(IMF)에서 이런 부분은 아마 고려하지 않았을 것입니다.

한국 노동운동의 과제는?

질문 : 민주노총에 계시다가 그만두셨다는데 지금 같은 이러한 노동 상황 속에서 노동운동진영이 어떠한 실천을 해야 된다고 생각

하시는지 견해를 듣고 싶습니다.

답변 : 한국은 노동조합 조직률이 낮고 노동자에게 유리한 제도적 장치도 제대로 없는 상태인데, 지난 10년 동안 상대적으로 노동에 우호적인 정부가 집권하고 있었던 시기에 더 나은 제도를 하나라도 더 확보하는데 주력했어야 한다는 아쉬움을 가지고 있습니다. 물론 지금 정부보다는 상대적으로 우호적이었다는 것이지, 지난 정부도 노동계 요구에는 상당히 못 미쳤습니다. 노동에 유리한 제도적 장치를 확보하지 못한 데다 과거보다 노동의 힘이 약해질 대로 약해진 상태에서 앞으로 몇 년을 꾸려가야 합니다. 그렇지만 어려우면 어려운 데로 헤쳐 나가야 할 것이며, 좀 더 유연하면서도 탄력적으로 대응해 나가는 것이 필요하다고 생각합니다.

민주노총과 계급적, 사회적 연대

질문 : 민주노총이 말로는 비정규직문제에 대해 고민한다고 하면서도 실제로는 비정규직문제에 나서지 못했다는 점에서 내부의 반성이 있는 것 같습니다. 바깥에서 볼 때는 아쉬움이 많은데 그런 문제에 대해서 생각을 좀 들어보고 싶습니다.

답변 : 노동조합의 역할이나 운동이념에 대해서는 하이만 (Hyman)의 삼각형을 가지고 설명하겠습니다. 삼각형에서 한 점은 시장(Market)이고, 다른 한 점은 계급(Class), 또 다른 한 점은 사회(Society) 입니다. 어느 나라 노동운동도 시장과 계급, 사회 셋 중 어느 하나를 전적으로 무시할 수는 없습니다. 그렇지만 놓인

조건에 따라 시장이나 계급, 사회 어느 한 쪽으로 쏠릴 수는 있습니다.

우리나라는 기업별 노조체계를 골간으로 하고 있습니다. 기업별 노조는 대기업 정규직이 중심이 될 수밖에 없습니다. 상급조직이 사회(Society)나 계급(Class)을 염두에 두고 있더라도, 노동조합 하부로 내려가면 시장(Market) 즉 직접적인 조합원의 요구나 이해관계로 쏠리게 됩니다. 노동운동 내에서도 조합원의 요구나 이해관계를 넘어서서 사회적 연대나 계급적 연대를 강화하는 방향으로 나아가야 한다는 공감대는 많이 형성되고 있는 것으로 보입니다.

계급적 연대를 강조하면 비정규직 문제나 전체 노동자 계급에게 일어나는 문제에 더욱 적극적으로 나서게 될 것이고, 사회적 연대를 강조하면 노동자뿐 아니라 사회적 약자들의 문제에 함께 하게 될 것입니다. 그런 면에서 최근 민주노총 집행부가 사회적 연대를 강조한 것은 긍정적이라고 봅니다.

정규직 조합원들도 외환위기 전에는 사회적 연대에 적극적이었습니다. 외환위기 이후로는 당장 먹고 사는 것조차 불안정해지면서 다른 문제로 시야를 넓히지 못하고 있습니다. 그러다 보니 집행부나 상급조직이 취할 수 있는 운신의 폭도 제한되고 있습니다. 현실적으로 노동운동은 제약조건을 무시할 수 없습니다. 그렇지만 주어진 제약조건에서라도 나름대로 할 수 있는 노력은 해야 합니다. 민주노총 조직들이 안팎의 기대에는 못 미쳤어도, 나름대로는 비정규직 문제를 자기 문제로 받아 안으려고 부단히 노력한 것으로 보입니다. 아마 이 만큼이라도 노력하는 노조는 다른 나라에선 찾기 힘들 겁니다.

다만, 설령 조합원들의 이해관계와 배치되는 것이 있다 하더라도, 상급조직에서는 제도적 장치를 확보하기 위한 노력을 기울였어야 하는데, 지난 10년간 그나마 상대적으로 우호적인 정부와 대립각을 형성하다 보니, 풀 수 있었던 문제마저 풀지 못한 것은 패착으로 생각합니다.

유연안정성과 한국의 현실

질문 : 노동시장의 유연성에 관한 얘기를 많이 해주셔서 도움이 되었습니다. 강연내용 중 〈표 5〉에 대해 설명을 조금 더 들으면 좋겠습니다. 특히 우리 현실과의 연관성이 어떤지도 말씀해 주십시오.

답변 : 유럽연합에서 노사정 3자가 유연안정성에 합의한 것은, 어찌 보면 노동운동 차원에서는 타협이나 절충안을 택한 것으로 볼 수도 있습니다. 유연성을 받아들인 거니까요. 유연성에는 수량적 유연성만 있는 게 아니라 기능적 유연성도 있고 임금 유연성도 있습니다. 우리나라는 외부 수량적 유연성에 매달려 왔습니다. 애킨슨(Atkinson) 같은 학자는 수량적 유연성에 매달리면 오히려 더 중요한 기능적 유연성, 즉 노동자들 스스로 변화하는 상황에 대처할 수 있는 능력을 키워나가는 것을 가로막을 수 있다고 얘기합니다. 그런 점에서 저는 지나친 수량적 유연성은 제어하고 기능적 유연성을 높이는 방향으로 나아가야 한다고 생각합니다.

안정성은 직장 안정성, 고용안정성, 소득 안정성 그리고 결합안정성 4가지로 구분할 수 있습니다. 직장안정성은 지금 직장에서 떨려나지 않는 것을 말하는데, 우리나라 노동자들이 가장 원하는 게 이겁니다. 고용안정성은 지금 직장에서 떨려나더라도 다른 직장에 쉽게 취업할 수 있도록 취업능력을 키우라는 건데, 재취업안정성이나 재취업가능성이라고 할 수 있습니다. 적극적 노동시장정책을 통해 직업훈련 하고 취업알선 하는 것은 모두 고용안정성을 높이기 위한 거죠. 소득안정성은 실업기간 중에 생활이 그 전보다 크게 떨어지지 않도록 실업보험을 통해 생계를 보장하는 것을 말합니다.

국민의 정부와 참여정부에서 정책방향은 수량적 유연성과 고용안정성 두 가지에 초점이 맞춰졌다고 보입니다. 평생직장에서 평생고용으로 가야 한다는 거죠. 그렇지만 지금까지 다니던 직장을 그만 두었을 때 그만한 일자리를 구하기 쉽지 않습니다. 일자리를 구해도 저임금 비정규직일 가능성이 높으니, 어떻게든 지금 일자리를 고수하려 합니다. 이건 당사자 개인에게는 합리적인 판단입니다.

지금처럼 저임금 비정규직 일자리만 늘어나는 상태에선, 직업훈련이나 취업알선 같은 적극적 노동시장정책만으로 고용안정성 즉 재취업가능성을 보장할 수 없습니다. 우리나라는 소득안정성도 매우 낮습니다. 실업기간 중에 생활보장을 의미하는 소득안정성은 기본적으로 국가재정이 소요되는 문제인데, 우리나라는 덴마크 같은 소득안정성을 기대할 수 없습니다.

요즘 젊은 학생들은 참으로 열심히 공부합니다. 제가 2001년에 대학원에 입학한 뒤 학교에 가서 깜짝 놀랐습니다. 우리는 학교 다닐 때 공부 별로 안 했는데, 요즘 애들은 엄청나게 공부하는구나! 그런데 조금 지나서 보니 공부하는 게 전부 취직공부예요. 이런 건 직장 다니면서 익혀도 충분할 텐데……. 아, 우리가 오히려 행복했구나, 하는 생각이 듭디다. 그런데 그렇게 열심히 공부해도 좋은 일자리가 안 나오는 게 현실이란 말예요. 그나마 좋은 일자리도 공공부문 구조개혁이니, 아웃소싱이니 해서 자꾸 없애버리니까 그렇죠.

정규직에 있는 분들도 지금 해고되면 지금 같은 직장은 다시 얻기 힘들다는 걸 이미 알고 있어요. 실직 후에는 재취업가능성도 낮고, 소득안정성도 낮고…. 앞으로도 상당 기간 노동자들이 직장을 그만 둬도 괜찮다고 생각할 만한 고용안정성과 소득안정성을 보장하기는 어려울 겁니다.

그렇다면 현재 한국에서 추구할 수 있는 유연안정성 모델은 무엇일까요? 먼저 유연성 측면에서, 지나친 수량적 유연성은 제어하고 기능적 유연성을 높이는 방향으로 나아가야 합니다. 다음으로는 고용안정성과 소득안정성이 당장 채워지기 힘들므로 어느 정도는 직장안정성을 담보할 수 있어야 합니다. 평생직장은 아니더라도 현재 일하고 있는 직장에서 어느 정도 안정성을 담보하면서, 점차 고용안정성과 소득안정성을 높이는 방향으로 나아가야 하지 않을까 생각합니다. 그러기 위해서는 저임금 비정규직 일자리를 적정임금 정규직 일자리로 전환하기 위한 노력도 기울여야 할 것이고, 실직 후 생활이 벼랑으로 떨어지는 일이 없도록 사회보장 제도도 대폭 확충해야 할 것입니다.

오늘 강연은 여기서 마치겠습니다. 고맙습니다.

제4강

세계공황,
그리고 한국의
분배와 복지

김 수 행

성공회대 석좌교수
(사)한국사회경제학회 이사장
1961-67년 서울대 경제학 학사와 석사
1975-82년 런던대학교 경제학 석사와 박사

박사논문
마르크스경제학의 공황이론. "Theories of Economic Crises: A Critical
Appraisal of Some Japanese and European Reformulations" Birkbeck
College, University of London. 1982.

주요 저서
(역서) 마르크스 「자본론」 1~3 완역, 비봉출판사, 2004
「자본주의 경제의 위기와 공황」 서울대학교 출판부, 2006
「자본론의 현대적 해석」 서울대학교 출판부, 2008

기타 이력
(사)서울사회경제연구소의 이사
한국경제발전학회의 회장
전 서울대 경제학 교수

세계공황, 그리고 한국의 분배와 복지__

오늘 제가 맡은 강의 제목이 '세계공황, 그리고 한국의 분배와 복지'인데, 사실 저의 전공은 '분배와 복지'가 아니고 '마르크스 공황론'입니다. 그런데 대구참여연대 쪽에서 복지와 분배에 대해서 얘기해달라고 했기 때문에, 현재 공황의 발생과 극복을 분배와 복지라는 주제에 맞추어 이야기하겠습니다.

사실상 공황이 닥치면 기업과 은행이 급격하게 파산하고 생산과 유통이 마비되고 대규모 실업이 발생하는데 그 결과 서민생활이 파탄 나고 빈부격차가 심화되며 이혼이나 자살이 급증하는 등의 사회현상을 동반합니다. 그렇기 때문에, 공황은 분배 및 복지와 큰 관련이 있지요.

제가 할 이야기의 내용은 이번 공황이 어떤 식으로 폭발했느냐, 각국 특히 미국에서 이 공황을 어떤 식으로 극복하려고 하는가, 그렇게 하면 극복될 것인가, 그리고 이명박 정부는 우리나라의 공황을 어떻게 극복하려고 하는가가 주요 내용이 될 겁니다.

20세기 이후 공황의 역사

자본주의 경제는 1900년 이후 거대한 세계적 공황을 세 번이나 겪었어요. 1929년, 1974년 그리고 2008년에 발생했지요. 국내총생산(GDP)의 전 세계적 총합을 세계총생산(World GDP 또는 GWP: Gross World Product)라고 하는데, 제가 만든 〈그림1. 세계총생산(World GDP) 추이〉를 보시면 세계총생산이 1900년 이후 어떻게 변동했는가를 볼 수 있습니다. 가로는 연도를 나타내고 세로는 세계총생산(지수)을 나타냅니다. 세계총생산은 추세선(trend)인 직선의 상하로 운동하고 있지요. 세계총생산이 추세선 위로 올라가는 것은 경제가 호황국면에 들어가는 것이고, 추세선 아래로 급격하게 내려가기 시작하는 곳은 바로 공황이 발생하는 시점입니다. 그림에서 아래로 급하게 기울어지기 시작하는 지점이 세 군데인데, 이 지점들이 바로 세계대공황이 발생한 시점이지요.

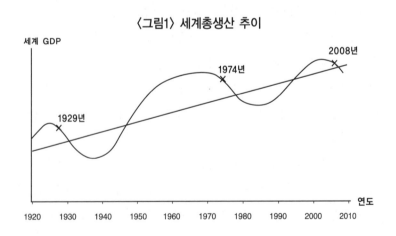

〈그림1〉 세계총생산 추이

이제 하나하나에 대해 간단히 이야기해 볼까요? 1929년에 첫 번째 대공황이 왔고 경제가 회복되는 것이 1940-45년입니다. 이때가 유럽과 태평양에서 제2차 세계대전이 시작된 때입니다. 전쟁을 통해서 경제가 회복되었다는 것이지요. 사실 미국의 루스벨트 대통령이 그 당시에 유행한 '시장만능주의=자유방임주의'를 배격하고 뉴딜정책을 실시했지요. 대규모 토목공사, 사회보장제도, 노동조합의 권리 확장 등이 뉴딜정책의 주요내용이었어요. 그렇지만 대공황을 벗어날 수 없었고, 전쟁을 준비하고 집행하는 과정에서 생필품을 배급하고 군수산업을 확장하고 또 실업자를 군대에 동원하는 등 한마디로 전쟁을 통해서 대공황을 탈출하게 된 것입니다.

1950-70년의 자본주의 황금기

1945년 제2차 세계대전이 끝나자 곧 경기가 후퇴하는 조짐이 보였어요. 그러자 선진국의 유권자들이 "전쟁 시기에 완전고용과 설비의 완전가동을 실현한 우리가 왜 평화 시기에는 그것을 실현할 수 없는가!"를 외쳤지요. 정당들은 유권자들의 지지를 얻어야 하니 결국 모든 정당이 완전고용, 복지국가, 혼합경제를 목표로 삼아야 했고 나아가 그것이 '사회적 합의'로 격상되었어요. 여기서 혼합경제란 시장경제를 기반으로 정부가 경제에 개입하는 경제를 말합니다. 그리해서 1950년에서 1970년까지 '자본주의의 황금기'가 왔습니다. 어느 정당에서 집권하든 모든 선진국에서 복지국가 건설과 완전고용 달성을 경제정책의 최고 목표로 삼았지요. 그리고 공적 원조든 민간원조든 후진국에 대한 경제원조도 상당한 수준에 이르렀던 겁니다.

그러나 자본주의 진영과 사회주의 진영 사이의 열전과 냉전이 계속되고, 자본주의 진영 안에서도 서독과 일본이 미국의 경쟁국으로 등장하면서 세계경제는 혼란에 빠졌어요. 미국이 베트남전쟁을 수행하면서 엄청난 규모의 달러를 세계에 지출했거든요. 그 결과로 세계적인 인플레이션이 일어나게 되고 미국 달러의 가치가 뚝 떨어지게 되었어요. 그러면서 달러와 금 중심의 국제통화제도가 무너지기 시작했지요. 그 당시에는 외국의 중앙은행은 미국의 중앙은행인 FRB에서 35달러를 금 1온스로 바꿀 수 있었거든요. 그런데 달러가치가 내려가니 미국이 계속해서 금을 내 줄 수 없어지게 되었지요. 결국 1971년 8월 15일에 미국의 닉슨대통령이 미국 달러를 금으로 태환하는 제도를 폐지했어요. 또 미국에 들어오는 모든 수입품에 대해 관세를 10% 추가로 부과했습니다. 그러다가 1973년에는 각 나라의 통화 사이의 환율이 종전의 '고정환율'로부터 '변동환율'로 바뀌었는데, 환율의 불확실성 때문에 국제거래가 상당한 타격을 받게 되었지요.

또, 1972년은 미국의 대통령 선거연도였습니다. 당시 재선을 바라던 닉슨은 경기확장정책을 채택할 수밖에 없었어요. 그러다보니 미국의 국제수지 적자를 줄이기 위해 닉슨이 서독과 일본 정부에게 마르크와 엔의 평가절상을 요구했어요. 그러면 서독과 일본은 평가절상 때문에 국제경쟁력이 약해지지 않습니까? 그것을 피하려고 서독과 일본은 보유하고 있던 외환을 대규모로 빨리 지출하려고 했는데, 그 때 서독과 일본은 무역흑자로 그리고 환차익을 노려 들어온 핫머니로 외환보유고가 크게 증가해 있었어요. 특히 원자재를 대부분 외국에 의존하는 일본이 대규모 달러로 원자재를 매점매석하려고 했지요. 그래서 원자재에 대한 투기가 세계적 규모에서 일어나게 되고 원자재 가격이 폭등했지요. 이 와중에 석유수출국기구(OPEC)는 1973년 10월부터 1974년 1월 사이에 석유가격을 1배럴당 3달러에서 12달러로 4배를 인상했어요. 원자재 가격 오르고 석유 가격 오르니 물가가 폭등하겠지요? 그래서 선진국 정부들은 인플레이션을 막기 위해 재정금융의 긴축정책을 취하게 되고 그 결과 투기에 열중한 기업과 은행은 파산하기 시작했습니다. 이것이 1974년의 대공황이지요.

1974년의 대공황과 뒤이은 불황을 극복하기 위해 등장한 것이 이른바 '신자유주의'(neo-liberalism)입니다. 영국에서는 1975년 5월에 마가렛 대처가 수상이 되고 미국에서는 1980년 11월에 로널드 레이건이 대통령이 되면서 신자유주의를 실시하기 시작했어요. 그런데 신자유주의적 정책은 세계경제를 회복시키지 못하면서 투기적인 활황과 붕괴(boom-and-bust)를 여러 차례 야기하다가 결국은 2008년에 다시 대공황을 맞게 됩니다. 그래서 저는 이번 대공황의 배후에는 신자유주의적 경제정책이 자리 잡고 있다고 말합니다.

내가 경험한 복지국가

신자유주의는 1950-70년에 걸친 '자본주의 황금기'의 분배와 복지가 1974년 공황의 근본원인이라고 주장하거든요. 그래서 자본주의 황금기의 상황을 파악할 필요가 있습니다. 저는 1972년 2월부터 1982년 9월까지 런던에서 아들 셋과 함께 살고 있었기 때문에 이 당시의 상황을 매우 잘 알고 있습니다.

이 황금기 동안 선진국 정부는 두 가지의 목표를 가지고 있었어요. 하나는 복지국가의 건설이고 다른 하나는 완전고용의 달성이었지요. 이 목표들은 제2차 세계대전을 '총력전'으로 수행한 이후에 각국에서 '사회적으로 합의'한 것이었습니다. 따라서 보수당이든 노동당이든 이 목표들을 달성하는 것 자체에 대해서는 아무런 이견이 없었고 단지 정책수단에서만 차이가 조금 있었던 겁니다.

복지에 대해 이야기합시다. 첫째는 병원이 전부 공짜였습니다. 국민의료서비스(National Health Service)가 모든 병원을 소유하고 있으며 모든 의사는 국가의 공무원이고 환자는 어떤 병이라도 무료로 치료를 받았어요. 월급에서 일정한 금액을 '국민의료기여금'이라는 항목으로 공제하긴 하지만 영국에 온 여행자까지 무료로 치료받았어요.

둘째로 학교도 유치원부터 시작해 대학과 대학원까지 모두 무료였어요. 그리고 대학생은 학비면제뿐만 아니라 생활비(grant)까지 받았습니다. 우리나라처럼 수업료, 기성회비 이런 거 전부 학생이 낼 필요가 없었던 거죠. 학생 집에서 돈을 하나도 내지 않았어요. 또 학교를 다닐 때 부모님 집에서 다니지 않고 독립해서 생활하면 그 보조금에서 주거비를 포함해서 받게 되어 있거든요. 그래서 학생들이 집에서 나와 독립해서 생활했어요. 부모도 역시 주거비가 보조되니까 자녀를 고등학교 졸업하면 일찍감치 독립시켰고 그래서 부모는 자식이 일찍 독립하는 것을 당연한 걸로 여겼답니다.

셋째로 실업자는 실업급여를 받았는데, 실업급여를 받아 가정생활을 할 뿐 아니라 정부에서 지원하는 직업교육을 받아 새로운 직업을 가질 수도 있을 정도였습니다. 현재 우리나라는 직장을 다녀 고용보험료를 낸 사람에게만 실업급여를 주고 있지만 영국에서는 직장경험이 없는, 학교를 갓 졸업한 실업자에게도 당연히 실업급여를 주었어요.

넷째로 서민들은 주로 장기임대의 공공주택에서 삽니다. 월세는 그 가정의 소득에 따라 다른데, 만일 소득이 없으면 월세를 내지 않고, 소득이 많으면 월세를 많이 내고 소득이 적으면 월세를 적게 냅니다. 또한 지방자치단체는 노숙자를 없애야 할 법적 의무가 있습니다. 그래서 모든 사람들에게 집을 제공한다고 보면 됩니다.

다섯째로 여성은 60세부터 그리고 남성은 65세부터 정부에서 연금을 받습니다. 이 노후연금을 받기 위해 이전에 미리 보험료를 낼 필요가 없습니다. 그리고 사회복지사(social worker)는 노인 중 움직이기 어려운 사람들의 집을 찾아가 온갖 도움을 줍니다.

이것이 영국 복지국가의 실상이었습니다. 국가가 의료, 교육, 보육, 주거, 실업급여, 노후연금을 모든 국민에게 당연히 제공해야 하는 것이 복지국가의 이념이었어요.

사실 우리나라에서도 김대중 정부 때 국민기초생활보장제도를 만들었지요. 매년 보건복지부장관이 결정해 고시하는 가구규모별 최저생계비에 비해 가구별 소득인정액이 낮을 경우에 그 차액을 정부가 생계급여, 의료급여, 주거급여, 교육급여, 자활급여의 형태로 지급했지요. 그리고 해당 가구의 소득인정액이 최저생계비 이하라 하더라도, 돌봐주어야 할 부양의무자가 없는 경우와 부양의무자가 있어도 부양능력이 없는 경우로 한정했습니다. 그런데 이렇게 아주 제한적인 사회보장제도인데도 보수적인 언론들은 복지 때문에 경제성장이 저해된다느니 복지는 국가가 전담할 것이 아니라 가족이 더 큰 부담을 짊어져야 한다고 대서특필해댔죠. 우리나라 사람들은 복지국가 개념을 제대로 모른다고 볼 수밖에 없습니다.

그럼 영국은 복지국가를 유지하는데 필요한 재원을 어디에서 얻었을까요? 결국은 정부의 재정에서 나온 것이지요. 그럼 영국에서는 어떻게 했느냐 하면 한편에서는 누진소득세 등으로 조세수입을 늘리고 다른 한편에서는 불요불급한 경비를 삭감했습니다. 영국에서 병원을 모두 무료로 만든 것이 노동당이 집권하던 1948년이었는데, 노동당 정부는 재정지출을 줄이기 위해 거대한 식민지를 거의 대부분 독립시키게 됩니다. 식민지들을 관리하는데도 엄청나게 재정이 지출되었거든요. 그런 면에서 우리나라는 사실 세금을 엄청나게 많이 거둘 수 있는데도 불구하고 정부가 세금을 제대로 거두지 않고 있는 측면이 있어요. 의사나 변호사 등 자유직업자들의 소득을 제대로 파악하지도 않고 있고, 주식을 사고팔아 매매차익을 올리는 것에 대해서도 세금을 부과하지 않고 있지요. 그리고 남북 간의 평화체제를 구축하면 사라질 수 있는 국방비나 정보비 등 백해무익한 지출이 너무나 크지요.

그런데 자본주의 황금기에는 복지국가 건설이 오히려 경제성장률을 높였다는 사실이 중요합니다. 국민들의 복지를 위해서 의료, 교육, 주거, 실업급여, 노후연금 등으로 지출된 정부 재정이 국내시장을 확대하는 역할을 했기 때문이거든요. 서민의 구매력이 늘어나고 국내 생산 활동이 확장되면서 고용과 소득이 증가하니까 경제성장이 촉진되고 세금수입이 다시 증가하는 선순환이 이루어진 것입니다. 다시 말해 소득분배의 공평, 사회복지의 개선과 확장, 완전고용의 달성, 경제성장률의 상승이 동시에 이룩되었던 것이지요. 신자유주의에서 주장하는 것처럼 분배와 복지가 1974년 공황의 근본 원인이라고 하는 것은 맞지 않습니다.

1974년의 대공황과 신자유주의

이제 신자유주의에 대해 이야기합시다. 1974년의 대공황과 그 뒤의 불황을 극복하기 위해 영국의 대처 정권과 미국의 레이건 정권이 실시한 정책이 바로 신자유주의 정책입니다. 1945년 이래 1970년까지는 자유주의자들도 복지국가의 건설, 완전고용의 달성, 그리고 혼합경제체제라는 '사회적 합의'를 '정당하다'고 생각했어요. 그런데, 1974년 이후에는 자유주의자들이 이런 사회적 합의를 파괴하려고 했다는 점에서 '신'자유주의자 또는 '신'보수주의자로 불리게 된 것입니다. 대처나 레이건 같은 극우파는 위와 같은 사회적 합의로 말미암아 노동자계급의 세력이 급격히 성장하고 자본가계급의 지배력이 상당히 축소되었기 때문에 1974년의 세계적 대공황이 발생했다고 믿었습니다. 그래서 노동자계급의 세력을 축소하고 자본가계급의 지배력을 강화하는 것이 대공황으로부터 경제를 회복시키는 '올바른' 길이라고 주장했어요. 그럼 그들이 채택한 신자유주의적 정책을 살펴봅시다.

첫째는 재정금융 긴축정책이었습니다. 1974년의 대공황으로 은행과 기업이 파산하면서 실업자가 급격하게 증가하고 있는 가운데 신자유주의 정부는 오히려 긴축정책을 택합니다. 그래서 은행과 산업을 더욱 파산시키고 실업자를 더욱 증가시켰습니다. 물론 이 당시에는 경기침체와 인플레이션이 동시에 진행되는 스태그플레이션(stagflation)이 심화되어 이런 정책을 추진한 면도 있습니다. 경제이론에서도 고용 증가를 주장하는 팽창주의적 케인즈주의가 후퇴하고 그 대신 인플레이션의 억제를 주장하는 프리드먼의 통화주의(monetarism)가 득세했기 때문이기도 하죠. 하지만 다른 한 측면으로 신자유주의자들은 실업자를 증가시켜 노동조합의 세력을 약화시켜야 구조조정을 단행할 수 있다고 믿었기 때문에 긴축정책을 편

것입니다. 해고, 노동시간 연장, 노동강도 강화, 임금수준 인하 같은 구조조정을 쉽게 단행할 수 있어야 자본가계급의 이윤을 더욱 증가시킬 수 있는 것이죠. 그래서 앞의 〈그림 1〉에서 보는 것처럼 1974년 이후 몇 년 동안은 세계총생산이 계속 감소했습니다. 이제는 더 이상 완전고용 달성이 목표가 아니게 된 거죠. 그보다는 인플레이션의 억제가 국가경제정책의 최고의 목표가 되어 버렸던 겁니다.

둘째로 복지국가를 해체하기 시작했습니다. 사실상 복지국가는 모든 시민의 삶을 안정시키는 효과가 있었고, 나아가서 모든 시민들에게 균등한 기회와 민주주의적 권리를 보장하는 의미를 지니고 있었어요. 의료와 교육 무료, 공공임대주택 제공, 실업급여 지급, 노후연금 지급, 저소득층 보조와 같은 사회보장으로 기본 생활에 대한 걱정이 없으니 삶이 안정되지 않겠습니까? 그런데 자본가계급은 복지국가의 건설로 말미암아 노동자계급을 억압하고 위협하며 착취할 수 있는 여건이 크게 악화되었다고 본 것이죠. 다시 말해 복지국가로 인해 노동자계급이 '임금노예'의 상태에서 벗어나고 있는 것을 못마땅하게 생각한 것입니다. 노동자가 일을 하지 않으면 삶이 불안해진다고 여겨야 자본가가 제시하는 조건이 좀 마음에 안 들어도 열심히 일을 하지 않겠어요? 또한 자본가들은 병원이나 학교, 주택, 보험업 등이 점점 더 공공의 영역으로 속하게 되니 상대적으로 사적 이윤을 추구할 수 있는 영역이 점점 더 좁아졌다고 불평했습니다. 병원이나 교육이 사적 영역이 되면 많은 이윤을 얻을 수 있는데 그걸 못하게 되니 말입니다. 그리고 자본가들은 복지국가를 유지하기 위해 거두어들이는 누진적인 소득세에 저항하기도 했지요.

셋째로 자본가계급이 마음대로 이윤을 얻을 수 있도록 온갖 법규를 개악하거나 철폐했습니다. 이것은 "시장이 가장 효율적이고 공평하다"는 신고전파 경제학의 원리에, "시장의 실패보다는 정부의 실패가 더욱 큰 문제다"는 자신들의 믿음을 추가했기 때문이지요. 노동법을 개악해서 고용주가 노동자를 마음대로 해고시킬 수 있게 했고, 노동조합의 면책사항이나 파업권을 축소했으며, 단체협약을 총자본과 총노동 사이의 협약보다는 기업별 협약으로 축소했습니다. 다시 말해 '노동의 유연성'을 증대시켜서 자본의 독재를 확대한 것이죠. 또, 외환관리규정을 완전히 철폐해서 자본이동을 자유화했습니다. 그 결과로 개인투자자나 기관투자가는 세계 각국의 외환, 국채와 회사채와 같은 채권 그리고 주식을 자유롭게 매매할 수 있게 되었지요. 거기에다 컴퓨터와 정보통신이 발달하고 파생금융상품이 등장하는 등의 금융기업 혁신이 일어나서 세계금융시장의 규모와 힘이 크게 증가하게 되었고, 그러다 보니 세계적 규모의 투기와 사기가 금융공황을 자주 일으켰답니다. 1987년 10월의 미국과 세계의 증권시장 공황, 1980년대 말 미국 저축대부조합의 대규모 파산, 1990년대 초 일본 금융제도와 금융의 붕괴, 1997년 아시아 금융외환위기, 1998년 8월 러시아 정부의 외채지불정지, 1998년 9월 미국 헤지펀드 LTCM(Long Term Capital Management)의 부도 위기, 2002년 아르헨티나의 금융외환위기, 그리고 2008년 미국의 비우량 주택저당담보증권(MBS)의 가격 폭락에 따른 세계금융공황 등이 바로 그 사례들입니다.

'가난한 사람은 더욱 가난해져야 열심히 일한다.'

넷째로 신자유주의자들은 원래 부자들을 정치적 지지기반으로 삼고 있기 때문에, "빈익빈 부익부가 경제성장을 높인다"는 무당경제학(Voodoo Economics)을 믿어 부자에게는 감세하고 서민에게는 증세했습니다. "가난한 사람은 더욱 가난해져야 더욱 열심히 일하고, 부유한 사람은 더욱 부유해져야 더욱 열심히 일한다"는 뻔뻔스러운 구호를 외치면서 서민의 삶을 더욱 어렵게 했지요.

다섯째로 '강한 정부'와 '패권국가'를 추구했습니다. 실업자는 격증하고 사회보장제도는 축소되면서 대도시에서 유색인종의 폭동이 자주 일어났거든요. 그러니 신자유주의 정부는 안으로는 '법과 질서'를 유지하는 '강한 정부'를 주창했지요. 또 밖으로는 애국주의적 열정을 불러일으키는 '패권국가'를 추구했습니다. 그래서 신자유주의 정부 아래에서 일어난 일들이 바로 경찰과 정보기관의 거대화와 현대화, 법원의 영장 없는 상태에서의 테러용의자 장기간 구금, 전화와 이메일 도청, 지정학적으로 중요한 나라에 대한 침략 그리고 온갖 무기들의 현대화 같은 것입니다.

여섯째로 공기업의 사유화 또는 민영화입니다. 부자들에게 감세하고 경찰력과 군사력을 확대하려고 정부 지출을 증가시키니까 재정적자가 많이 나게 되었죠. 그래서 어쩔 수 없이 국민의 장기적인 재산인 공기업을 민간에게 팔게 되는 것입니다. 영국에서 철도를 민영화했는데 차량은 3개회사에 팔고, 철도 선로와 신호등은 1개의 회사에, 그리고 정거장이나 시간표 관리 등은 다른 몇 개의 회사로 팔았습니다. 철도 선로와 신호등을 산 민간회사는 돈을 버는 것이 목적이죠. 어느 민간 회사든 돈을 버는 게 목적 아니겠습니까? 그래서 돈이 들어오면 먼저 주주에게 배당하고 그렇게 해서 주가를 올려야 하기 때문에, 철도 선로를 보수하고 침목도 갈아 끼우고 신호등을 수리하는 일에 제대로 신경을 쓰지 않았던 것입니다. 그래서 결국 런던 시내의 서북쪽에 있는 패딩턴 역에서 신호등이 제대로 작동되지 않아서 열차끼리 부딪히는 바람에 31명이 사망하는 영국 사상 최대의 철도 사고가 발생했지요. 2001년 10월 8일에 민간회사는 파산하고 철도는 다시 공기업으로 되돌아갔습니다. 공기업을 민영화하면 경쟁이 강화되어 서비스 요금이 낮아지고 서비스의 질이 좋아진다고 주장하지만, 철도나 전기, 수도 등을 민영화한다고 어떻게 경쟁이 강화될 수 있겠습니까? 각각의 민간회사가 복수의 철도 선로, 전기배전선, 수도배수관을 놓지는 못할 것 아닙니까? 결국 정부 독점에서 민간 독점으로 넘어가는 겁니다. 만약에 민간회사가 수도를 독점해서 요금을 올리고 서비스를 낮추었다고 합시다. 그러면 국민이 어떻게 대응할 겁니까? 당할 방법이 없어요. 정부가 독점한 경우에는 다음 선거에서 그 정부를 쫓아내면 되기 때문에, 민간독점보다는 국가독점이 훨씬 낫습니다.

일곱째로 기업은 '노동의 유연성'을 강화해서 '효율성'을 올린다고 하여 예컨대 기존의 노동자를 50% 해고하고 나머지 50%로 하여금 전체 일을 담당하게 하는 식으로 했습니다. 노동자는 해고되거나 노동 강도가 강화되고 민간 기업은 큰 이윤을 얻었지요.

여덟째로 자본의 세계화입니다. 신자유주의정책의 결과로 실업자가 격증하고 임금수준이 낮아져 서민들의 소득이 감소하고 소득 불평등이 심화되니까 국내시장이 축소되어 상품들이 팔리지 않게 되었죠. 이것을 타개하기 위해 선진국의 정부들이 IMF, 세계은행, WTO를 앞세워 세계의 모든 정부들에게 상품시장, 외환시장, 주식시장의 개방과 자유화를 요구하며, "경제에 대해 정부가 개입하지 말고 시장에 맡길 것"을 강요한 것입니다. 이것이 바로 '자본의 세계화'인거라고요. 이 세계화과정에서 미국과 기타 선진국의 금융자본이 외국의 주식시장과 채권시장에서 투기를 해서 가장 쉽게 높은 수익성을 올렸습니다. 금융자본이라는 건 대부나 유가증권매매로 이익을 얻는 자본을 말하는 거죠. 이리하여 생산활동을 통해서 이익을 얻어야 하는 산업자본도 생산활동보다는 금융활동에서 수익을 올리려고 노력하게 되었습니다. 상대적으로 그만큼 산업에 투자하지 않게 되는 거죠. 이것을 가리켜 '경제의 금융화'라고 부릅니다. 그러나 금융활동은 새로운 부나 가치를 생산하는 것이 아니라 타인의 부를 빼앗아 가는 것이라서 기생적인 성격, 사기적인 성격을 지니고 있습니다. 따라서 자금이 많고 정보에 밝은 금융자본가가 개인투자자의 부를 탈취하게 되니 세계와 일국에서 소득불평등이 더욱 심화되었지요. 특히 상업은행, 투자은행, 펀드, 보험회사와 같은 기관투자가들이 거대한 주요 산업기업의 대주주가 되면서 산업기업들은 단기적인 이익을 올려 배당을 증가시키고 주식가격을 올리는 일에만 몰두하게 되었습니다. 산업기업은 정규직을 비정규직으로 대체하여 임금수준을 인하하고 장기적인 연구개발 투자를 줄였지요. 새로운 부와 가치를 생산하는 산업은 점점 더 축소될 수밖에 없었고, 노동자와 서민은 일자리를 잃고 낮은 임금수준에 허덕이게 되었습니다.

비우량 주택담보대출의 상환 연체와 세계적인 금융위기

2000년 미국에서는 정보통신산업의 거품이 터져 주가가 폭락하고 정보통신산업체들, 금융기관, 펀드 등이 자금난에 빠져 파산의 위험에 부딪히게 되어, 미국의 중앙은행이 금리를 대폭 인하하면서 대규모의 자금을 공급했습니다. 이 거대한 자금이 20-30년 만기의 주택담보대출(모기지)을 확대하는 역할을 했습니다. 주택가격을 상승시키고 주택건설을 증가시키면서 무주택자들에게 지금 당장 주택을 사지 않으면 큰 손실을 볼 수 있다는 생각을 가지게 만들었죠. 그래서 모기지를 제대로 갚을 수 있을까가 의심스러운 비우량 차입자들도 모기지회사로부터 대출을 받아 주택을 구입하게 되었습니다. 그런데 이 당시(2001-2006년)에는 주택가격이 폭등하고 있었거든요. 모기지회사는 만약 비우량 차입자들이 원금과 이자를 갚지 못하더라도 주택을 압류해 팔면 원리금을 회수할 수 있다고 자신만만했지요.

또, 모기지회사는 대출받은 차입자들의 주택저당권 서류를 예금은행, 투자은행, 보험회사나 펀드와 같은 제2차 금융기관들에게 팔았어요. 그걸 팔아서 자금을 조달해서 다시 모기지대출을 확대할 수 있었습니다. 거기에 제2차 금융기관들은 주택에 관한 각종 저당권 서류를 상환시기별, 이자율별, 지역별 등으로 구분하고 신용도가 가장 높은 것, 중간 정도인 것, 그리고 가장 낮은 것 등을 섞어 거대한 규모의 '주택저당담보증권'(Mortgage-Backed Securities: 모기지 관련 금융파생상품)을 만들었습니다. 그리고 제2차 금융기관들은 S & P, Fitch, Moody's 등의 신용평가기관에게 후한 수수료를 주어 주택저당담보증권에 대해 AAA등급을 받아냈지요. 또 나아가 AIG(American International Group)같은 세계 최대의 보험회사들은 주택저당담보증권의 원리금이 상환되지 않을 경우에는 그 원리금을 대신 지급하겠다는 보험증서(Credit Default Swap)를 발행했어요. 이리하여 주택저당담보증권은 가장 큰 수익을 얻을 수 있는 증권이 되어 세계 각국의 투자자들에게 높은 가격으로 팔렸던 겁니다.

그러나 1980년부터 추진된 신자유주의정책은 사회보장제도의 축소, 실업률의 상승, 임금수준의 인하 등으로 노동자와 서민의 생활수준을 악화시키면서 경제성장률도 저하시켰습니다. 그 결과, 2006년 하반기부터 주택의 과잉생산, 주택가격의 하락, 모기지(특히 비우량 모기지) 상환 연체율의 상승 등이 나타나면서, 주택산업체의 주가 폭락, 주택저당담보증권의 가격 폭락, 모기지 금융기관들의 주가 폭락과 파산, 주택저당담보증권을 대규모로 보유한 투자자들의 파산 등이 생겼습니다. 미국경제는 금융 '위기' 국면에 들어간 것이지요. 선진국의 모기지 금융기관들과 주택저당담보증권에 과도하게 투자한 은행들이 파산하기 시작했던 겁니다.

미국의 중앙은행은 값싼 자금을 공급하기 위해 2007년 9월부터 이자율을 종전의 5.25%에서 계속 인하해서 2008년 4월 30일에는 2%로, 그리고 10월 29일에는 0%로 인하했습니다. 이렇게 값싼 자금을 공급했는데도 불구하고 2008년 3월에 미국 제2위의 투자은행인 베어스턴스가 파산했어요. 이것은 '위기' 국면에서 '회복' 국면으로 올라갈 수 없다는 반증으로서, 이제 '공황' 국면에 빠진 것입니다. 미국에서 금융주와 산업주의 주가가 폭락하고, 금융기관과 보험회사 및 산업기업이 파산하면서, 세계 각국도 금융공황과 산업공황에 빠지게 되었습니다.

한국의 상황과 경제회복의 전망

이명박이 정권을 잡았던 2008년 2월에도 사실은 위기국면이었습니다. 왜냐하면 금융기관들이 건설업에 엄청나게 많은 대출과 투자를 했는데 아파트가 안 팔려서 난리가 났고, 가계도 부채 과잉으로 언제 파산할지 모르는 상황이었거든요. 그런데 이명박 정부가 들어와서는 쓸데없이 말도 되지 않는 747이니 하면서 아무런 조치도 취하지 않았다고요. 그러다가 2008년 9월 리먼 브러더스가 파산하고 나서는 한국경제도 공황국면에 들어섰다고 봐야지요.

그런데 우리 정부나 미국의 오바마나 자꾸 금융기관을 살리는 구제금융에만 신경을 쓰는데, 이런 정책은 경제를 회복시키는 데는 별 소용이 없습니다. 금융기관은 대규모의 투기와 노름을 통해서 2008년의 대공황을 직접적으로 야기한 원흉의 하나이기 때문이죠. 따라서 금융기관을 규제하고 금융활동의 규모를 줄여야 합니다. 그리고 금융기관은 주주들이 낸 돈으로 영업하는 것이 아니라 예금자의 돈으로 영업하기 때문에 실질적으로 '사회적인 기업'이고 '공공의 이익'에 이바지해야 합니다. 다시 말해 금융기관은 모두 공익사업으로 전환시킬 필요가 있다는 것입니다. 금융기관의 이익을 금융귀족들이 모두 나누어 먹어서는 안 되고 사회에 환원할 필요가 있어요.

오바마 정부가 지엠이나 크라이슬러를 파산시키면서 금융기관이나 대주주에게는 고통 분담을 요구하지 않은 채 노동자들에게는 대규모의 해고, 임금수준 삭감과 퇴직 이후의 수당 삭감을 요구했지요. 쌍용자동차의 경우도 마찬가지 아닙니까? 앞서 말한 것처럼 일자리를 잃은 노동자들의 생활사정만 악화되고 내수시장이 위축되어 다시 불황을 겪게 되죠. 결국 경제 전체를 일정한 계획에 따라 특히 주민들의 필요와 욕구를 충족시키는 방향으로 운영해야 지금의 대공황을 극복할 수 있다는 것입니다.

또한 국제적으로 미국은 무역적자와 외채규모를 축소해야 합니다. 국내에서 생산하고 자급하려는 노력을 많이 해야 한다고 보입니다. 공공투자와 사회보장제도의 확대도 필요한데, 미국은 병원, 학교, 보험업 등에서 영리적인 민간기업이 지배하고 있기 때문에 공공의 영역을 확대하기가 매우 어렵습니다. 오바마의 의료보험개혁도 기득권자들의 반대로 성공을 거두기가 어려울 것 같아요.

결론적으로 말한다면, 1929년의 대공황이 전혀 생각하지도 못한 피비린내 나는 제2차 세계대전을 통해 극복되었듯이, 2008년의 대공황도 1980년 이래의 신자유주의를 완전히 버리고 전혀 새로운 비전으로 예컨대 계획적인 산업정책, 평등한 분배정책, 노동자들의 창의성 등과 같은 것으로 극복될 수 있으리라고 봅니다.

|질|의|응|답|

사회자 : 김수행 선생님의 강의를 들어본 게 한 10년은 넘은 것 같습니다. 여러분은 어떻게 생각하실지 모르겠지만 오랜만에 강의를 들으니 저는 참 인상적으로 느낀 게 있습니다. 선생님은 초보자들도 쉽게 이해할 수 있도록 요령 있게 설명을 잘 해 주신 것 같습니다. 저도 학교에서 상당히 오랫동안 학생들을 가르쳐 왔습니다만 강의를 하다 보면 중간에 스스로 강의내용에 꽂혀서 이야기에 이야기가 꼬리를 물고 가는 식으로 합니다. 그러다 보면 나중에 어디서 가지치기를 했는지 잘 모르는 상황에 빠지기도 합니다. 결국 뒷마무리가 잘 안 되는 거죠. 오늘 잘 관찰해 보니 저 작은 칠판에 왼쪽에서 네 번을 지우시는데 그 그림은 그대로 살려놓고 지우시더라고요. 이거는 참 엄청난 내공의 결과구나 하는 생각을 하면서 저도 선생님의 연세가 되면 저렇게 할 수 있을까 하는 생각도 해봤습니다.

아주 쉽게 이해되도록 강의를 해주셨는데 들으신 여러분도 여러 가지 생각을 많이 하셨을 겁니다. 질문사항이 있으시면 형식에 구애 받지 말고 자유롭게 질문해주시기 바랍니다.

정치권력과 자본가계급의 관계

질문 : 멀리 대구까지 오셔서 이렇게 좋은 강의를 해주셔서 선생님께 참으로 감사하게 생각합니다. 선생님은 대구상업고등학교 출신이며, 고향도 가까운 경산인 것으로 알고 있습니다. 선생님께서 어린 시절에 가난해서 밥을 굶다시피 하셨다는 얘기를 책에서 본 적이 있습니다. 혹시 선친은 어떤 일을 하셨는지 그리고 선생님이 경제학을 하시는 데에 어떤 영향을 받았는지 그런 이야기를 좀 들었으면 합니다. 또 하나 더 있습니다. 폴 크루그먼의 『미래를 말하다』라는 책을 읽었습니다. 저자는 정치권력이 시장권력을 압도한다고 했고 작고하신 노 전 대통령은 정치권력이 시장권력으로 넘어갔다고 하셨는데 넓게 봐서 어느 쪽이 맞는지 견해를 듣고 싶습니다.

답변 : 개인이야기를 좀 하지요. 나는 경북중학교를 1등으로 나온 사람이고, 경북중학에서는 연식정구 선수도 했지요. (모두들 "우와~") 사실은 고등학교 나와서 은행에 취직하려고 대구상업고등학교에 들어갔는데, 들어가서 보니 대구상고에 특별한 장학제도가 있었어요. 서울대학교 상과대학에 들어가는 사람에게는 대구상고 동창회에서 장학금을 주는 제도였어요. 그래서 2학년 말에 정구를 그만두고 공부를 하기 시작했다고요.

그 당시만 해도 나는 중학교 3년 그리고 고등학교 3년 이렇게 6년을 공부하는 게 길다고 생각했어요. 중학교 때 공부를 아주 열심히 해뒀더니 고등학교 때는 3년을 거저 공부한 거나 다름없었거든. 그래서 운동하면서도 일등하고 그랬어요. 그거 알아야 되요. 대구상고에서 서울대학교 상과대학에 들어갈 때도 1등으로 들어갔다고요. 굉장하죠? (청중 다함께 "네~") 근데 진짜 굉장한 것은 머리가 좋았다기보다는 열심히 했다는 거예요. 그 당시에 내가 대구상고의 학교 수준이 어느 정도 되는지 알 수가 있어야지. 전체적으로 실력이 어느 정도인지 몰라서 내가 공부를 너무 많이 해버렸어요. 그래서 1등을 하게 된 것이에요. (청중 크게 웃음)

내가 태어나기는 일본 후쿠오카에서 났어요. 우리 할아버지 고향이 경산이었고 우리 할아버지, 할머니가 경산에 땅을 좀 가지고 있었나 봐요. 나는 사실 거기에서 살아본 적은 없었어요. 근데 할아버지가 소위 말하는 한량 끼가 있어서 서울에도 살았다가 신의주에도 살았다가 하는 식으로 돌아다니다가 결국에는 후쿠오카에 살게 되었지요. 그곳에서 아버지와 어머니가 결혼하셨고 나를 낳으신 거죠.

그 후 1945년에 해방되고 일본에서 나와 대구에서 살았는데 그때 중앙국민학교, 경북중학교, 대구상고를 다녔어요. 그 당시 중학교, 고등학교 다닐 때 내 주변의 공부 잘하는 친구들이 집안이 가난해서 진학을 못하는 것에 대해 난 아주 기분이 나빴죠. 그런 사회가 이해되지 않는 겁니다. 그래서 "이런 사회는 존재할 가치가 없는 사회다"라면서 화를 많이 내곤 했지요. 그래서 마르크스 경제학을 공부 했다고 보면 됩니다.

그 다음 질문의 내용인 폴 크루그먼이 얘기한 것은 나도 동의합니다. 흔히들 국가와 자본가계급의 이익은 상반되며 국가는 자본가계급의 이익을 억누르면서 국민전체를 위해 뭔가를 한다고 생각하기 쉬운데, 전혀 그렇지가 않습니다. 예컨대 자본가계급의 힘이 강력하게 되어 국가로 하여금 외환관리규정을 철폐하게 하여 자본가들이 세계 각국으로 진출하게 되었다고 이야기합니다. 그러나 실제로는 국가가 먼저 외환관리규정을 철폐하면서 자본가들에게 세계로 진출하라고 한 것입니다. 정부는 사실상 자본가계급을 위하면서도 선거에서 이기기 위해서는 '국민'을 위한다고 말하지 않을 수 없어요. 다시 말해 국가에게 압력을 넣어 국가의 정책을 바꿀 수 있는 주체는 사실은 국민입니다. 폴 크루그먼이 "정치권력이 시장권력을 압도한다"라고 말한 것은 이런 의미입니다. 국민이 자본가계급에게 압력을 넣기보다는 정부에게 압력을 넣어서 여러 가지 정책을 실시하게 하는 것이지요. 아까도 말했지만 복지국가의 건설과 완전고용의 달성은 자본가계급이 좋아하지 않습니다. 왜냐하면 노동자계급이 자본가계급의 명령에 복종하지 않을 물질적 기반을 가지게 되기 때문이거든요. 정당이 있고 국민인 유권자가 있는데, 유권자가 정당에게 요구하는 것이 자본가계급의 이익과는 다르다 하더라도 정당은 국민의 요구를 들어주지 않으면 정권을 잡을 수 없잖습니까? 이런 게 정치예요.

다음 위기는 세계화폐인 '달러'의 위기

질문 : 지금 화제가 되고 있는 『화폐전쟁』이라는 책의 저자 쑹홍빈의 얘기를 들어보면 올해 9월이나 10월에 2차 금융위기가 온다고 합니다. 지금의 1차 금융위기는 주택이 그 원인이 되었지만 2차에는 기업채권이나 증권, 펀드가 원인이 되어 위기가 온다고 합니

다. 1차에 비해서 약 세배 정도는 되지 않겠나 하는 얘기들을 많이 합니다. 거기에다 제가 자세한 개념은 잘 모르겠지만 중국에서는 지방의 재정적자가 많이 나는데 상업용 부동산, 신용카드 문제, 그리고 국가 신용등급 같은 문제나 실물 경제에서 많은 문제가 발생할 것이라는 등의 이야기들이 제기되는데 과연 어떨지 교수님의 생각을 듣고 싶습니다.

답변 : 1차 금융위기는 주택이 원인이었지만, 앞으로 올 2차 금융위기는 기업채권이나 증권, 펀드가 원인이 되며 1차 위기보다 훨씬 더 큰 규모가 될 것이라고 예언한 것 같습니다. 그러나 저는 2008년 대공황에서 위에서 말한 1차 위기와 2차 위기는 모두 왔다고 봅니다.

오히려 다음에 닥칠 위기는 달러가 세계화폐의 지위를 잃게 됨으로써 세계경제가 큰 혼란에 빠지는 상황일 것입니다. 지금까지 미국은 무역적자와 재정적자가 매우 컸지요. 미국기업은 국제경쟁력이 굉장히 낮아요. 소비재는 중국에서 대부분을 수입하고 있고, 내구소비재나 기계류도 대체로 수입에 크게 의존하고 있습니다. 물론 군사용 무기의 경쟁력은 매우 크지만 다른 나라들 사이에 전쟁이 일어나야 무기 수출을 대규모로 할 텐데, 미국이 스스로 전쟁을 하고 있으니 수출은 안 되는 거지요.

그래서 계속 무역적자가 났고 그 결과로 달러가 세계로 너무 많이 퍼졌습니다. 중국이 2조 달러 정도 가지고 있고, 일본이 8천억 달러, 대만이 4~5천억, 우리가 2천억 달러 정도 가지고 있어요. 2008년까지는 세계의 달러보유자들이 미국의 군사력을 믿고 미국의 헤게모니가 계속 유지될 것으로 기대해 이 달러로 미국의 국채,

회사채, 주식 등을 구매하여 해외의 달러가 다시 미국 국내로 들어 갔지요. 이리하여 미국 달러의 대외가치가 유지된 것입니다.

그런데 2008년의 대공황을 겪으면서 미국 정부가 금융기관의 구제 금융과 경기부양을 위해 엄청난 규모의 달러를 지출하기 때문에, 외국의 달러보유자들은 달러의 가치 저하를 우려해 유럽연합의 유로를 사려고 하는 경향이 생겼습니다. 만약 다수의 나라들이 달러를 유로로 바꾸기 시작하면 달러의 가치는 폭락하고 달러표시 유가증권도 가격이 폭락할 수밖에 없어지죠. 그러면 달러가 세계화폐의 지위를 잃게 되고 미국 경제와 세계경제는 큰 혼란에 빠져 은행과 기업의 파산, 실업자의 격증, 미국의 군사적 대응 같은 일들이 일어날 것입니다.

새로운 사회의 대안과 베네수엘라 모델

질문 : 앞서의 다른 강의에서 대안의 길로, 제3의 길인 사민주의를 말하는 분이 있었는데 마이클 리보위츠(Michael Lebowitz) 같은 사람들은 사민주의가 실패하였다고 말합니다. 그렇다면 앞으로 또 다른 새로운 사회가 있다면 어떤 형태가 될지 선생님의 생각을 듣고 싶습니다. 그리고 베네수엘라의 차베스가 이야기하는 21세기 사회주의가 대안이 된다면 과연 이것은 전통적 마르크스주의와 어떤 차이가 있는지 가르쳐주시면 좋겠습니다.

답변 : 새로운 사회와 대안의 길은 우리 인류가 항상 부닥쳐온 문제였지요. 〈그림 2〉에서 보듯 현재의 자본주의는 이전의 봉건사회가 무너지면서 생긴 것이고, 자본주의도 스스로 재생산하고 발전

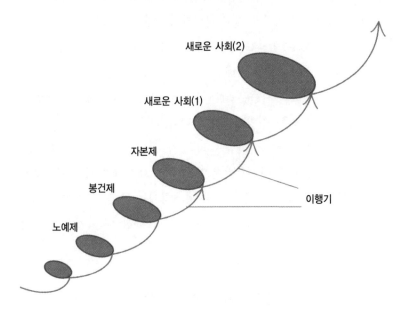

〈그림 2〉 인류역사의 발전단계

새로운 사회(2)

새로운 사회(1)

자본제

봉건제

노예제

이행기

하다가 내부의 문제 때문에 '새로운 사회'로 옮겨갈 것입니다. 이 새로운 사회가 어떤 사회인지는 아직 아무도 모르죠. 혹자는 이것을 공산주의나 사회주의라고도 하는데 나는 이 용어가 옛날의 소련 사회를 생각나게 한다는 점에서 새로운 사회의 모델로서는 굉장히 부족하다고 봐요. 각 나라마다 자본주의의 성숙도가 다르고 어떤 식으로 발전해왔는가 하는 것도 다 달라요. 그러니 새로운 사회도 각각의 사회에서 투쟁하는 과정에서 찾아내야 합니다. 그런데, 이 새로운 사회라는 것이 어떤 특정한 모델로 미리 주어진 것이 아니라 바로 우리가 만들어가야 하는 것이에요. 사민주의도 자본주의에서 새로운 사회로 옮아가는 이행기에 있는 하나의 대안이라고 볼 수 있습니다. 평등, 연대, 협동의 정신으로 복지국가를 만들어내는 훈련은 매우 필요하기 때문이에요.

리보위츠 교수는 나와 친구사이인데 캐나다에서 경제학을 가르치다가 지금은 차베스의 고문 같은 역할을 하고 있습니다. 제가 2007년에 베네수엘라에 가서 2주 동안 있으면서 만나기도 했지요. 베네수엘라도 온갖 실험과 투쟁을 통해 새로운 사회를 만들어내려고 노력하고 있습니다.

차베스가 실행한 정책 중 가장 중요한 것은 국민들의 60-70%를 차지하는 빈민들을 '주민자치위원회'로 묶어 거대한 정치세력으로 육성했다는 것입니다. 이들이 지금 혁명의 원동력이에요. 그리고 베네수엘라의 혁명에서 가장 큰 자금원은 석유이고 석유가격이 1배럴당 100달러를 넘어가는 바람에 차베스의 혁명은 대체로 순조롭게 진행하고 있습니다.

그런데 차베스의 혁명에는 석유산업을 중심으로 경제 전체를 계획적으로 운영하는 청사진이 아직 나오고 있지 않습니다. 그리고 차베스는 노동조합과의 관계도 확실히 정립하지 않고 있어요. 노동조합은 석유산업 등의 '자주관리'를 요구하고 있어요. 그런데 차베스는 노동조합이 기업을 자주관리하면 노동조합의 이익만 챙기고 새로운 노동자를 뽑지 않는다든가 자신들의 이익을 올리기 위해 상품가격을 인상할지도 모른다고 생각하는 것 같습니다. 그래서 차베스는 하나의 지역에 있는 모든 기업을 합쳐서 그 지역의 주민자치위원회가 관리하게 하려고 하는 것처럼 보였어요.

새로운 사회에서도 이해관계는 다를 수 있어

질문 : 간단하지만 저에게는 참 어려운 문제인지라 질문합니다. 아까 그리신 〈그림 2〉에서 봉건사회와 자본주의 사회 그리고

앞으로 가야 할 새로운 사회를 말씀하셨는데, 말씀 중에 계급간의 투쟁 이야기가 나왔습니다. 역사나 사회학적인 접근에서 볼 때 그런 계급간의 투쟁은 앞으로도 계속되는 것인지, 그래서 결국 새로운 사회도 새로운 계급간의 투쟁의 사회가 될지, 정말로 이상적인 사회를 어떻게 보시는지 알고 싶습니다.

답변 : 봉건사회로부터 자본주의로 이행할 때 자본가계급과 노동자계급이 형성되었지요. 모든 부가 자본가계급으로 집중되고 노동자계급은 무산대중으로서 자기의 노동력을 팔아 살아갈 수밖에 없었어요. 이 계급관계가 확립되었을 때 자본주의는 자기발로 서서 자기를 유지할 수 있게 된 거지요.

그렇다면 자본주의가 새로운 사회로 이행할 때는 어떤 상황이 벌어질까? 마르크스는 새로운 사회가 '자유로운 개인들의 연합'이라고 보았는데, 이 개념에 따른다면 이행기에 자본가계급의 소유는 모두 공동체의 소유로 넘어가야 한다는 이야기이에요. 자본가계급이 스스로 재산을 모두 사회로 환원할 것인지 아니면 노동자계급이 동의와 강제에 의해 재산을 빼앗아야 할지 아무도 모르는 일이에요. 이것이 이른바 계급투쟁이지요. 이 계급투쟁에서 기계나 토지나 원료를 공동으로 소유, 점유하게 되어 공동으로 노동하면서 생산물을 평등하게 나누어 가지게 되면 새로운 사회의 요소가 생기는 것이지요.

그러나 아직은 새로운 사회가 자기 발로 서서 자기를 유지할 수는 없지요. 각 개인이 자본주의에서보다는 더욱 자유롭고 평등하고 행복하다는 것을 느껴야 비로소 이 새로운 사회는 자기 발로 서서 자기를 유지할 수 있게 되는 것이지요. 소련사회는 부와 생산수단의 사적 독점을 사회적 독점으로 전환시켰지만 개인들의 자유와 평등과 연대를 보장하지 못했기 때문에 자본주의로 다시 되돌아갔다고 보아야 할 것입니다.

새로운 사회에서도 각종의 이해관계가 다를 수 있기 때문에 '계급투쟁'이 있다고 보아야 하며 이것을 해소하기 위해서는 민주적이고 자유로운 분위기 속에서 치열한 토론을 거쳐야 할 것입니다. 이 과정에서 더 나은 새로운 사회가 나타날 거라고 봅니다.

이 정도로 오늘 강연을 마치도록 합시다.

제5강

공황의 역사와
국가 역할의 변화

장 상 환

경상대학교 경제학과 교수
서울대 경제학과 77년 졸업
연세대학교 '85년 석사, '95년 박사

주요 저서
"농지개혁과 한국자본주의 발전", 2000
"민주화 이후 소득분배와 국가의 역할 변화", 2007
〈대안적 경제전략과 한국경제〉 한울, 2009 (공저)
(역서)하일브로너, 〈세속의 철학자들〉, 이마고, 2005

주요 경력
2001. 03~2003. 03 : 한국사회경제학회 회장
2000. 05~2003. 08 : 민주노동당 정책위원장
2003. 09~2004. 07 : 미국 매사추세츠대학 객원교수
2007. 03~현 재 : 경상대학교 사회과학연구원장

공황의 역사와 국가
역할의 변화__

반갑습니다. 저는 대구에서 생활했습니다. 고모역이라

고 하는 곳에서 6년 동안 기차통학을 했고 대봉동에 있는 학교에 대구역에서 40분 거리를 걸어서 다녔죠. 그렇게 중고등학교를 대구에서 보냈고 그 이후 서울에서 대학을 나오고 88년도에 경상대로 오면서 진주에 내려왔습니다. 스스로 반골 TK라고 하면서 예전에는 민주동문회를 해보려고 했으나 호응하는 사람이 없어서 실패했습니다.

사람이 30년 동안 담배를 피우면 담배에 중독이 되지 않습니까? 대구, 경북지역 사람들이 60년대부터 80년대 말까지 30년 동안 권력을 누리면서 권력에 중독되었는데, 얼마나 중독증이 심했느냐, 예를 들어보겠습니다. 90년대 초반에 남녀 출생비율에 대한 통계조사 결과가 화제가 되었습니다. 평균적으로 여아 100명당 남아 115명으로 나왔습니다. 남자아이가 15% 더 많이 태어났다는 거죠. 이게 또 지역적으로 차이가 많이 났어요. 전라북도 같은 경우가 110명으로 10% 많은 거죠. 한 3%정도로 남자가 많은 것은 정상이라고 합니다. 남아가 위험한 행동을 많이 해서 일찍 죽기도 하기 때문이랍니다. 그런데 충격적인 것은 대구 경북 쪽의 통계결과입니다. 124명, 128명 정도였습니다. 128명이면 엄청난 숫자입니다. 그래서 그 아이들이 자라서 초등학교 갈 때 여학생 둘에 남학생 셋의 비율로 짝이 되어서 남학생 두세 명 가운데 하나는 짝이 없는 경우가 많았습니다. 그런데 이것을 가만 보면 태아의 성을 감별해서 그 중에 여아를 살해하는 거라는 의심을 지울 수 없죠. 그리고 이렇게 하는 것을 이상하게 생각하거나 죄책감을 전혀 느끼지 않는다는 것이죠. 의사가 그것을 알려주고 말입니다. 이것은 권력 중독이 아니면 설명이 안 됩니다. 그 원인을 저는 이렇게 설명합니다.

60년대까지는 우리나라 국회의원이 각 지역에서 선출되어 상당히 권위가 있었습니다. 그런데 70년대에 유신체제가 시작되면서 국회가 무력해지지 않았습니까? 국회의원 삼분의 일을 대통령이 임명하니까 국회는 거의 무력해졌죠. 그러면 권력행사를 어떻게 했느냐하면 대통령 친정체제로 중앙정보부 같은 권력기관을 통해서 했지요. 그래서 중앙정보부에 있는 사람이 도지사보다 파워가 좋았죠. 그리고 농촌에서는 새마을 지도자가 힘이 있었어요. 그런데 그런 사람들은 거의 남자였고 충성도가 높아야 했습니다. 권력의 핵심요원들로 대구 경북 사람들을 중용했지요. 그렇게 어마어마한 권력을 행사했으므로 남자에 대한 기대가치가 높았다고 할 수 있어요, 경제학적으로 얘기하면 말이죠. 그래서 남자를 많이 낳은 것이 아닌가요?

주위에서 얘기하는 것을 들어보면 대구 경북은 양반의식이 강해서 대를 이어야 한다는 생각에 그런다, 또 과거에는 많이 낳았는데 요즘은 하나 둘 밖에 낳지 않으니 남자를 더 낳으려는 심리로 그런다 하고 말하는데, 저는 가장 큰 원인은 권력에 대한 중독 때문에 그렇다고 봅니다. 그래서 근래에 10년 동안 권력을 잃고 나니 거의 히스테리에 가깝게 정신이 나갈 정도로 발광을 했습니다. 그리고 이번에 권력을 잡고 나니, 마치 담배도 끊다가 다시 피우면 더 맛이 좋다는 식으로 즐기는 거죠. 그러다 보니까 애꿎은 노무현 전 대통령까지 자살하는 사태로 가고 온 나라가 떠들썩하지요.

사회를 살아가는 두 가지 방식

우리가 지금 어떤 상태에 있는가를 객관적으로 스스로 돌아봐야 합니다. 우리가 사회를 살아가는 방식을 크게 두 가지로 나눌 수 있을 겁니다. 사회가 가진 시스템에 대해 의문을 가지고 바꿔나가는 방식과 그 시스템에 그냥 순응하는 방식이죠.

그냥 순응하는 삶은 사회 질서에 대해 의문이란 것은 당연히 가질 필요가 없는 것이고 그저 좋은 학교 나와서 좋은 직업을 가지고 부정이나 부패, 탈세, 이런 것은 필요하다면 최대한 잘 활용해서 재산을 많이 가지려고 하는 방식이 될 것입니다. 기존 질서에 순응하는 삶이죠. 현재 우리 사회에 불평등한 면이 있다 하더라도 기존 질서에 순응하는 삶을 산다면, 능력 차이가 나더라도 그건 당연하다고 생각하고, 그에 따른 소득이나 보호의 격차 같은 것은 필연적인 것이고, 대개 "어려운 사람은 그 자신이 못난 것이다"라고 생각하고 살아가는 거죠. 그런데 여유가 있고 어느 정도 능력이 있는 사람들이 기성 체계에 대해서 수용하고 순응하면 괜찮은데 문제는 형편이 어렵고 소외 받거나 지배 받는 위치에 있다고 볼 수 있는 그런 사람들조차 대부분 그렇게 생각한다는 거죠. "나도 열심히 하면 많이 벌고 잘 살 수 있을 것이야." 하는 환상을 가지면서 말입니다. 전부 다 사다리를 타고 올라가려고 발버둥 치는데 사실은 많은 사람들이 패배자가 됩니다. 그러면 그런 패배자가 된 어려운 사람들은 어떻게 사느냐…. 나도 그런 처지가 될 수 있고 우리 아이도 그렇게 될 수 있습니다.

유럽은 사회보장이 잘 되어 있습니다. 사람들이 세금을 많이 냅니다. 그리고 그 사람들은 그것을 굉장히 자랑스러워합니다. 세금과 사회보장 기여금을 많이 내서 누구든지 인간다운 삶을 살 수 있도록 만들어 놓았다고 생각합니다. 그렇기 때문에 미국을 굉장히 야만적이라고 하죠. 미국에서 발간된 『투 인컴 트랩(two income trap)』이라는 책이 우리나라에서도 『맞벌이의 함정』이라는 제목으로 번역되었습니다. 그 책에서는 멀쩡한 맞벌이 부부가 어떻게 파산에 이르게 되는가에 대한 이야기를 합니다. 외벌이(one income)에 비해서 맞벌이 부부는 돈을 많이 벌어 집도 빨리 샀는데, 그 대신 고정 지출이 많죠. 그런데 둘 중 한 사람이 다니던 회사가 잘못되거나 상황이 나빠져서 실직을 하게 되어 더 나쁜 일자리로 가게 되면 기존의 고정 지출이 많아서 지출에 비해 수입이 적어지니까 결국에는 파산에 이르게 된다는 이야기입니다. 외벌이보다 오히려 위험성이 더 커서 삶이 굉장히 불안하다는 거죠.

우리나라 사람들도 아주 불안한 삶을 살고 있습니다. 어느 정도 심각한 상황에 있느냐 하면, 가정의 미래에 대한 불안감은 주로 과도한 사교육과 일류대학 열풍으로 나타나는데, 이것이 외환위기 때보다 더 심해져 있습니다. 대학진학률이 85%로 높아지고 사교육에 대한 지출규모도 30조 정도로 커져 있습니다. 사교육에 종사하는 사람들이 70만 명인데 공교육에 종사하는 사람들은 35만 명으로, 7만 명 가량의 교수들을 합해도 사교육 종사자 수가 2배 가까이 많습니다.

우리 삶은 아직도 야만적이다

사람들이 나이 들고 아프고 하니 거기에 대비해야 되죠. 우리나라가 사회보장이 잘 되어 있으면 사회보장 기여금만 내면 되는데, 사회보장이 제대로 되어 있지 않아 국민들이 개별적으로 생명보험을 엄청나게 많이 넣고 있습니다. 여기 오신 분들도 대부분 보험을 넣으시리라고 보는데 통계를 보면 우리나라 사람들은 자기 소득의 12%, 연간 450만 원 정도를 생명 보험료로 보험회사에 갖다 바칩니다. 요즘 노령화 문제가 심각하지 않습니까? 사회가 노령화 되니까 그에 대한 부담이 엄청 커진 거죠. 남자들 보다는 특히 여성들의 부담이 큽니다.

요즘 부산, 경남지역에서는 '멋진 놈' 이라는 말이 유행하고 있습니다. 공무원이나 교사들의 경우 퇴임하면 연금을 받지 않습니까? 연금을 받도록 해주고 얼른 죽는 것이 멋진 놈이랍니다. 더 오래 살아봐야 아프고 그렇게 되면 돌봐야 할 부인만 괴롭게 되는데 남편이 일찍 죽으면 연금을 비록 70%만 받더라도 남편 없이 조금 적게 받는 게 더 낫다고 합니다. 먼 친지 집을 방문했는데 그 부인이 "당신도 멋진 놈 되어 보지?" 라고 농담을 하는데 그 친지는 화도 내지 않고 당연한 듯이 받아들이며 웃고 있습다. 그 친지도 벌써 아파서 자신이 짐이 되고 있다는 것을 알고 있는 거죠. 자살을 권하는 사회가 된 겁니다. 그래서 요즘 자살률이 높다고 합니다. 특히 농촌에 계신 분들이 자살을 많이 한다는데 성공률이 높답니다. 제초제를 드시면 확실하게 돌아가신답니다. 그런 삶을 우리가 살고 있습니다. 얼마나 야만적입니까?

요즘 독신자뿐만 아니라 신혼부부들도 원룸 같은 곳에서 많이 삽니다. 영어로 해서 원룸이지 우리말로 하면 이거 단칸방 아닙니까? 독일 같은 경우 단칸방에 부부하고 애가 같이 사는 것은 사람이 사는 것이 아니고 가축이 사는 '우리'라고 봐서 절대 허용이 되지 않습니다. 그래서 식구 수만큼 방이 있어야 합니다. 그렇게 규정이 되어있어요. 그래서 집을 빌려줄 때도 주인이 물어봅니다. 식구가 네 명이면 적어도 방 세 개와 거실 하나는 있어야 합니다. 거실도 방으로 인정되는 거죠. 그런데 돈이 없어서 그런 집을 못 빌리면 어떻게 하냐고요? 시에 신고를 합니다. 그러면 계산해서 돈이 나와요. 그 대신 임대료를 통제하죠. 그러니까 주택은 사유재산으로 투기의 대상이 될 수가 없지요. 거의 준(準) 사회주의가 되었다고 보면 됩니다. 독일로 유학을 간 학생들은 모두 깜짝 놀랍니다. 이런 나라가 있나 하면서요. 모든 거주민들에 대해서 해줍니다. 그러면 그런 돈이 어디서 나오느냐, 결국 소득 많은 사람들이 많이 내는 거죠.

남녀가 결혼할 때 요즘은 결혼정보회사에서 맞선을 많이 보는데 남자가 선호하는 여성은 직장을 가진 여성이고 여성들은 남자에 대해 제일 중요하게 보는 것이 직업, 돈이라고 합니다. 인간은 별로 중요하지 않다는 거죠. 한 마디로 돈과 결혼하는 겁니다. 이게 자본에 눌려있는 삶이지 않습니까? 공부를 잘하는 학생들도 그렇지만 공부를 못하는 학생들은 아주 죽을 맛이죠. 부모들은 아이들을 몰 아댑니다. "도대체 어떻게 살래? 너 이렇게 살아서 뭐 될래?..." 그 러고 있죠? 학생들이 뭔 죄가 있어서, 그리고 공부하는 머리가 안 좋아서 그런 걸 그렇게 구박해서 어떻게 하느냐고요. 우리는 지금 그런 식으로 야만적으로 살고 있습니다.

이런 것들을 교정해야 한다는 게 제가 말하고 싶은 것입니다. 공 황을 거치고 나서 우리가 이런 시스템을 바꾸고 바로 세워야 한다 고 봅니다. 시스템에 순응하느냐, 다시 말해 불공정하고 불평등한 시스템에 순응하느냐, 아니면 그 시스템을 바꾸느냐. 저는 시스템 을 바꾸는 쪽으로 가야 한다고 생각합니다. 시스템은 약육강식이 강할수록 더 발광합니다. 살아남기 위해서 말입니다.

네 번에 걸친 대공황과 그 발생요인

자본주의 경제에서 공황이라는 현상은 상품 과잉 생산입니다. 주문 생산하면 과잉 생산되는 일이 없겠죠. 그러나 상품생산은 상 품이 팔릴 것을 예측하여 이루어지고, 또 사업을 키우려다 보니 상 품을 많이 만들게 되어 그 결과로 과잉이 발생하는 겁니다. 이러한 과잉생산이 공황의 원인이 되는 건데, 이런 공황은 자본주의 초기 부터 생겼고 1825년부터 주기적으로 나타납니다.

그런데 과거에는 진폭이 깊지 않고 얕았어요. 자주 일어나고 10 년 주기로 가볍게 진행됐는데 그 이유는 경제를 운영하는 기업의 규모가 작기 때문이었고, 돈을 조달하기 어렵고 상품이 잘 안 팔리 면 경쟁력이 약한 기업은 빨리 망해버렸기 때문입니다. 그렇게 되면 과잉이 해소되고 원상회복되어 다시 경제가 돌아가는 거죠. 그런데 진폭이 큰, 세계적인 대규모의 공황이 발생하는데 이것을 대공황이라고 합니다. 대공황이 19세기에는 1870년대에 한번 있었고 20세기 들어서 1929년도에 첫 번째, 1970년대 중반에 두 번째가, 그리고 이번에 2007년, 2008년도에 세 번째, 이렇게 역사적으로 큰 공황은 4번이 있었지요. 이런 대규모 공황이 일어나는 이유가 뭘까요? 크게 볼 때 세 가지입니다.

첫째, 독점자본의 발달입니다. 독점자본은 시장지배력을 가지고 있습니다. 시장에서 물건 가격을 좌우할 수 있는 힘이 있는 것이죠. 그래서 물건이 잘 안 팔리면 보통 기업들은 값을 내려서 팔 수 밖에 없는 데 독점 기업은 가격을 내리지 않고 물량을 줄입니다. 물량을 줄인다는 것은 시설은 그대로 있는데 일부만 가동하는 것으로 생산하지 않는 시설이 잠재되어 있게 되고 인력이 놀게 되니까 그만큼 과잉이 잠재되어 있는 겁니다. 그러다 과잉이 쌓여서 폭발하면 독점 대기업이 망하게 되고 그 만큼 전체 경제에 주는 충격이 커집니다. 그래서 독점이 심할수록 공황의 규모는 커지게 됩니다. 여러모로 독점을 규제하는 것은 바로 그런 이유 때문입니다.

둘째는 빈부격차의 확대입니다. 빈부격차가 심할수록 공황이 생길 가능성이, 그리고 심해질 가능성이 커집니다. 왜냐하면 수요가 부족해지기 때문이죠. 수요에는 소비와 투자가 있는데 〈그림 1. 케인즈 경제학의 산출량과 고용의 결정〉을 보면서 얘기해보겠습니다.

제일 위에 총산출량과 고용량이라고 있는데 이것을 좌우하는 게 수요입니다. 이 수요는 가계소비와 투자지출로 정해집니다. 그런데 가계소비는 어느 정도 안정적이지만 기업의 투자는 이자율, 사업기대와 자본의 한계효율에 의해 결정되는데 항상 불안정하고 가변적

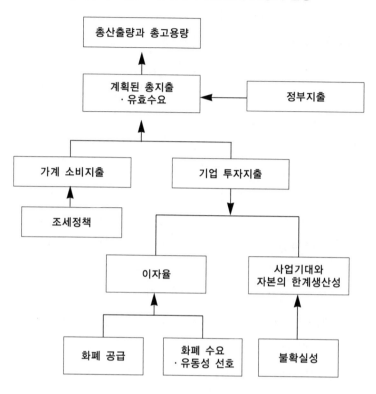

〈그림 1〉 케인스 경제학의 산출량과 고용의 결정

입니다. 사업기대와 자본의 한계효율이란 것은 수익이고 이자율은 돈을 빌린 것에 대한 비용이 됩니다. 이자율은 화폐수요와 화폐공급에 의해 결정됩니다. 문제는 기업의 수익인 사업기대와 자본의 한계효율은 기업가의 동물적 심리(animal spirits)에 의해 좌우되어 대단히 불안정하다는 점입니다. 또한 가계 소비는 소득 빈부격차가 심할수록 위축됩니다. 부자들에게 소득이 몰리더라도 그들이 그것을 소비하는 데는 한계가 있어요. 가난한 사람들은 소득의 대부분이 소비로 연결되는 반면 부자들의 소득이 다 소비되지 않고 저축으로 가는데 이것이 투자로 연결되면 좋지만 그렇게 되는 것은 불확실하지요. 그래서 빈부격차가 심해서 전체적으로 소비가 위축되면 다시 말해 수요가 떨어지면 경기를 더욱 어렵게 만들고 경기가 나쁠 때의 진폭을 더욱 크게 합니다.

셋째는 금융의 발달입니다. 기업이 사업을 하다가 장사가 좀 잘 안 된다 싶을 때는 은행에서 돈을 빌려서 버팁니다. 돈을 빌릴 수 없으면 빨리 망하고 말 텐데 금융이 발달하면 사업이 안 되어도, 빌려서 버틸 수 있으니 버티고 버팁니다. 그러다가 그만 터져 버리면 빌린 사람뿐만 아니라 빌려준 사람도 같이 망하는 등 피해가 확산됩니다. 장사가 잘 될 때는 여기저기 은행에서 돈을 잘 빌려줍니다. 너도나도 투자를 해서 시설이 늘게 되고 생산물이 쏟아져 나오게 되고 그러다 과잉생산이 됩니다. 그 과잉생산으로 회사가 잘 안 돌아가면 금융계에서는 돈을 회수하려고 하고 빌려주지 않습니다. 그래서 흑자도산이라는 것이 발생하는데 수익은 맞추는 데도 빚을 못 갚아서 그냥 망하는 그런 경우가 생깁니다. 그런 식으로 기업이 망하고, 빌려준 자금을 회수하지 못한 금융기관이 망하고, 그래서 그 피해가 대규모가 되면 대공황이 오는 거죠. 금융은 발달할수록 투자에 펌프질을 많이 해서, 올라갈 때는 확 올라가고 내려 갈 때는 확 꺼지게 하는 그런 요인이 되는 겁니다. 그래서 금융에 대해서 규제를 합니다. 날뛰지 못하도록 미리 예방하는 거죠. 이렇게 독점, 빈부격차, 금융의 발달이 대공황의 요인이라고 할 수 있습니다.

1870년대 대공황과 제국주의

그런데 이 대공황이 발생할 때 어떻게 대응했느냐는 각 시기마다 달랐고 변화가 있었어요. 1870년대에 있었던 첫 번째 대공황에 대해서는 야만적인 방법으로 대응을 했습니다. 이 시기를 거치면서 독점이 진행됐고 제1차 세계대전인 전쟁이 있었고 식민지 지배와 제국주의로 대응을 한 거죠. 이 시대를 자유주의시대라고 합니다. 물론 이전부터 내려온 것이죠. 산업혁명 이전 시민혁명 때부터 1930년대까지 크게 보면 자유주의 시대입니다.

자유주의는 좋은 말이죠? 좋은 말인데 이는 중세 봉건적인 억압과 특권 또는 길드의 규제에 대해서 자유로운 경제활동을 하는, 영업의 자유를 보장하는 것으로 당시로는 상당히 진보적인 것이죠. 그런데 시장에서 자유롭게 행동하라고 하면 누가 지배하겠습니까? 돈 많은 사람이 지배하겠죠. 결국은 소수의 자본가에게 권력이 집중될 수밖에 없는 거죠. 중세적인 질서에 비해서 자유로운 것은 긍정적이지만 자본주의 사회에서 자유는 자본가에게 유리한 것이죠.

이 당시는 노동자와 자본가 사이에서 계약하는 경우에도 노동조합은 인정이 되지 않았어요. 그것을 불공정거래로 보았지요. 1대1로 해야지 왜 단체로 하느냐, 그건 안 된다 하는 의미로 '단결금지법'이라는 것이 있었습니다. 그때는 노동법이 없고 민법으로 모든 것을 규율 하던 때였습니다. 그러니 노동자들을 억압하는 상태였지요. 물론 1800년대 후반부에 오면 노동조합을 법적으로 인정하는 것이 일부 유럽 국가들에서 나타나게 됩니다.

근로기준법 같은 것은 만들었습니다. 개별 기업가가 노동자를 함부로 혹사하게 되면 신체가 상하고 되니 사회 전체적으로 봤을 때 노동력의 질이 자꾸 나빠지는 겁니다. 노동자들의 손가락이 잘려 나오고 하니 국방부에서 이래서 안 된다, 보호를 하라 그런 거죠. 또 자본가 내부에서도 이런 건 보호해야 된다는 요구가 있어서 이런 내용을 담은 공장법을 만들게 되었는데 그 공장법이 지금의 근로기준법인 셈이죠. 하지만 노동조합의 권리는 제대로 보장을 못 받았어요.

그 대신 자본가들에게는 두터운 보호를 해줬습니다. 자본가들을 보호하는 가장 큰 것이 보호무역이었는데 다른 나라와 경쟁했을 때 보호를 해주는 거죠. 그리고 길을 닦아준다든지 은행에서 돈을 빌려준다든지 특허를 준다든지, 또 기술 같은 게 모자라니까 대학을 만들어서 거기서 과학자를 양성하여 그 기술로 상품화한다든지, 직업학교를 만들어서 기능공을 양성해준다든지 하는 식으로 계속 지원해줍니다. 이렇게 한 자본주의 국가 가운데 영국이 선발 선진국이고 그 뒤에 프랑스와 독일이 후발 선진국이며, 러시아, 일본 그리고 우리나라인데 뒤에 오는 나라일수록 정부가 나서서 기업을 키웠습니다. 이것을 개발국가라고 하는데요, 우리나라가 전형적인 개발국가였고 박정희 개발독재가 그 대표적 존재였죠.

이때는 보통 노동자에게는 선거권도 없었습니다. 미국에서 이 시대를 뭐라고 하느냐면 길디드 에이지(Gilded Age, 도금시대)라고 합니다. 도금이라는 뜻의 '길디드'는 쇠와 같은 것에 황금을 입혀 바른 것을 말하는 것으로 진짜 황금은 아니죠. 반면, 1950년대에서 1970년대 중반 공황 전까지는 골든 에이지(Golden Age), 즉 황금시대였지요. 미국에서 1800년대 후반부터 1920년대까지의 길디드 에이지에 활동했던 제이피 모건, 록펠러, 카네기 같은 유명한 기업가들이 있었습니다. 이 사람들을 일컬어서 미국 사람들은 '라버 배런'(Robber Baron)이라고 했습니다. 배런(Baron)은 남작이라는 의미의 말이고 라버(Robber)는 강도를 말합니다. 왜 배런을 쓰냐면 귀족 중에 제일 낮은 지위를 나타내거든요. 미국의 로드아일랜드(Rhode Island)주에 가면 뉴포트(Newport)라는 곳이 있는데 거기에는 옛날 대저택들이 많이 있습니다. 중세 귀족들이 살던 모습을 흉내 낸 곳인데, 이 작자들이 그렇게 살았기에 천박한 귀족처럼 살고 있다고 비아냥대는 말이죠. 이 사람들이 완전히 나라를 잡고 흔들었어요. 이들이 은행을 만들면 은행에 돈이 들어오는데 그 돈으로 회사 주식을 마구 삽니다. 수백 개를 쥐고 있었죠. 내 손 안에 있소이다! 하는 식이었을 정도로 심했습니다. 독점이 이렇게 심해진 겁니다.

그리고 전쟁은 내부의 문제를 바깥으로 해결하기 위해서 식민지 쟁탈전을 한 것인데 그것이 제1차 세계대전이거든요. 식민지에 자본 수출하여 초과이윤을 획득해서 내부의 문제를 완화하려고 발버둥을 친 것이 그렇게 된 거죠.

다시 터진 폭발, 1929년 대공황

그런데 그렇게 해도 결국은 30년대에 다시 대공황이 터졌습니다. 대공황이 터지니까 그 어려움이 엄청났어요. 상상을 초월할 정도로 심했는데 그 때 실업자들이 25%로 4명중 1명은 실업자였어요. 그때의 자료를 읽어보면 이런 에피소드가 나옵니다.

탄광지대의 초등학교 학생이 학교가 끝나고 집에 돌아왔는데 집안이 아주 추웠습니다. 그래서 왜 불을 안 때느냐고 물으니 어머니가 대답하기를 석탄이 없어서 그렇다고 합니다. 왜 석탄이 없는지 다시 물으니 아버지가 일자리를 잃어서 석탄을 살 돈이 없다고 합니다. 그래서 아버지가 왜 일자리를 잃었냐고 또 묻습니다. 어머니는 바깥을 가리키며 석탄이 너무 많이 생산되어서 그렇다고 대답하죠. 아이 생각으로는 이것이 이해가 되지 않는 거예요. 석탄이 저렇게 많은데 저걸 때면 되는데 못 때고 있으니 이해가 안 되는 거죠. 석탄이 산더미처럼 생산되어 있는데 추우면 그걸 가져와서 불을 때면 될 텐데…, 하면서 말이죠. 또 비어 있는 집이 많은데 바깥에서 텐트에서 자다가 얼어 죽는 경우도 생겼죠. 이해가 됩니까?

그렇게 시스템이 작동되지 않으니까 자본주의에 대한 근본적인 회의가 생기게 되죠. 특히 러시아 혁명 이후에는 소련이 공업화되고 이런 공황이 없고 하니 그것과 대비되어 자본주의의 모순이 그대로 드러난 셈이죠. 그러니 그냥 두고 보고만 있을 수 없게 되었지요. 경제학 이론에서도 이 공황문제를 가만두면 안 되게 됐어요. 과거의 경제학자들은 모든 상품의 가격과 양은 수요와 공급에 의해서 결정된다고 하고, 실업도 적정임금에 비해 현실 임금이 더 높기 때문에 생긴다고 주장했습니다. 임금이 높으니 일자리를 제공하는 기업의 노동수요는 적은데 일하려는 노동공급은 많다는 거죠. 그래서 임금이 내려가면 수요는 늘어나고 공급은 줄어드니까 실업이 해결된다는 식이죠. 시간을 두면 임금이 내려가서 실업이 없어질 것이다, 이렇게 얘기하는 게 마샬 같은 고전파 경제학자들이 하는 얘기입니다.

그런데 거기에 대해 케인즈가 하는 말이 "그때까지 가면 다 죽는데?…"라고 합니다. "…in the long run we are all dead." 다 죽고 나서 해결되면 뭐 하냐, 빨리 뭔가 처방을 해야 한다는 거죠. 그래서 정부가 개입을 했죠. 경기가 조금 나쁘면 정부가 개입 하지 않아도 회복되는데 워낙 경기가 회복되지 않으니까 정부가 손을 안 쓰면 안 되겠다. 그래서 나온 것이 뉴딜정책입니다.

노무현 전 대통령이 대통령 되면서 본보기로 삼았던 롤 모델

(Role Model)이 누구였죠? 링컨이었죠? 그는 서민출신이었던 대통령이었고 탈권위적인 정치가였는데 사실은 우리가 살고 있는, 외환위기 후인 지금 이 시대는 미국의 대공황을 거친 시기로 봐야 합니다. 그러면 뭘 배워야 할까요? 그래도 대공황에 잘 대처한 것으로 평가를 받은 루즈벨트를 배워야 하는데 아쉽게도 링컨이었습니다. 링컨은 박정희시대의 인물과 같은 경우로 우리나라에서 농지개혁을 실시한 것처럼 남부의 노예제를 폐지하여 공업화를 달성한 것이 그 당시의 임무였고 링컨의 기여였습니다. 그런데 루즈벨트 대통령은 정부가 어떻게 개입해서 자본주의 모순을 완화시키느냐 하는 것을 과제로 삼았습니다. 이를 이루기 위해서 실시한 정책이 3R이었습니다. 바로 회복(Recovery), 구제(Relief), 개혁(Reform)이었습니다.

회복, 구제, 개혁의 뉴딜 3R

회복정책은 이렇게 했습니다. 그 당시에 디플레이션(Deflation)이 있었는데 상품 가격들이 폭락을 했죠. 이것을 막기 위해서 농산물의 생산량을 제한하는 조건으로 정부가 가격을 보장하는 정책을 취합니다. 지금도 하고 있습니다. 농산물가격 보장정책 또는 농산물가격 지지정책이라고 합니다. 농산물의 생산비를 조사해서 그 만큼을 보장해주는 대신 생산을 너무 많이 하면 안 되니 생산량을 제한하는 조건으로 운영합니다. 그리고 공업 분야는 불황카르텔 비슷하게 서로 시설을 너무 많이 늘리지 말고 또 상품 값을 내리지 말자는 내용의 전국산업부흥법(NIRA: National Industrial Recovery Act)이라고 하는 법을 통해서 회복정책을 실시했습니다. 그리고 물가와 임금이 연쇄적으로 내려가는 것을 막기 위해 NIRA에 노동자들의 노동조합 가입권을 보장하고, 고용주에게 최고노동시간, 최저임금, 고용조건을 지키도록 하는 내용도 담았습니다. 그렇게 해서 공업생산이 상당히 회복이 됐습니다.

구제정책은 사회보장법과 전국노동관계법이 대표적입니다. 사람이 살아가는데 필요한 소득은 보통 시장에서 자기가 벌거나 혹은 못 버는 경우에 가족을 통해서 해결합니다. 크게 보면 시장에서 해결된다고 볼 수 있죠. 대공황이 닥치면서 이것이 안 되는 사람들에 대해서는 정부에서 나설 수밖에 없는 거죠. 실업자가 전체 사분의 일이 되니까 그냥 두면 죽어버리지 않겠습니까? 빈민구제소나 교회 같은 곳에서 급식 같은 걸 했는데 사진으로 그런 장면들을 많이 볼 수가 있습니다. 그러나 그런 것도 한계가 있으니 결국 정부가 나서는 것이죠.

개인이 살아가면서 부딪힐 수 있는 위험(Risk)이 무엇입니까? 실업, 노령, 질병, 재해… 이런 게 다 리스크(Risk)인데 이것을 사회적으로 대처하는 겁니다. 실업은 실업수당으로 해결하는 거죠. 우리는 지금 실업보험이 아니고 고용보험이죠. 일자리가 있을 때 보험료를 냈다가 나중에 실업자가 되었을 때 타 가는 식인데 그 당시에도 처음부터 일자리가 없는 경우에는 그런 것도 없었을 테니 그냥 내주었겠죠. 그것이 실업수당입니다. 그리고 노령의 경우, 정상적이라면 가족의 책임과 부담으로 대처해나가겠죠. 그런데 그게 안 되니 연금 같은 것을 도입한 겁니다. 의료나 재해도 마찬가지에요. 이런 식으로 구제를 했습니다. 그렇게 해서 1935년도에 사회보장법(Social Security Act)이 만들어집니다. Social Security(사회 안전)이 National Security(국가 안보)만큼 중요하다는 것이고 이걸 법적으로 보장하는 것이었습니다.

중요한 게 또 한 가지가 있었습니다. 시장에서 기업가와 노동자 사이의 힘 관계가 기업가에 너무 유리해서 노동자의 임금이 기업가의 압박을 받아 빈부격차가 매우 심해졌다고 봤거든요. 그러니까 시장에서 그런 불평등이 적어지려면 노동자의 힘을 북돋워야 한다, 그래서 만든 것이 전국노동관계법(Wagner Act)이라고 1935년도에 만들었어요. 그전에는 미국에서 노동조합 운동하다가는 해고는 말할 것도 없고 킬러가 동원되어 살해당하고 그랬습니다. 이 법을 만들어서 노동조합을 보호했고 만약 이를 탄압하면 부당노동행위라고 규정했던 겁니다. 이때에 부당노동행위라는 말이 생겼습니다. 그리고 파업을 하는 경우 손해배상청구를 당하지 않는다는 것도 이때 만들어졌지요. 노동조합 활동을 법적으로 보장한 것입니다. 이것은 엄청나게 중요합니다. 우리나라가 법적으로 노동조합활동을 보장한 것은 1988년도입니다. 최근에 와서는 불법파업에 대해 손해배상을 청구하기 때문에 사실은 노동법이 무력화되어 가는 상황이 진행되고 있는 겁니다.

그리고 개혁정책은 독점에 대한 규제, 반독점법 같은 경우입니다. 금융에 대한 규제로, 은행에서 돈을 가지고 여러 기업의 주식을 사서 지배하는 것을 차단하기 위해서 루즈벨트 대통령이 피라미드 조직에 의해 벌어들이는 수익에 대해 세금을 85%나 매겼습니다. 거의 몰수하다시피 했죠. 그러다 보니 많이 포기하였습니다. 금산분리라고 세금을 많이 매겨서 금융자본과 산업자본을 분리시켰죠. 그리고 금융 산업 내에서도 이전에는 은행과 보험, 증권 이렇게 세 가지를 같이 했는데 은행돈까지 주식시장에서 주가를 끌어올리니 거품이 마구 생겨서 경제에 악영향을 끼치게 되니까 그 거품을 제거하기 위해서 은행과 증권을 분리시키는 법을 만들었습니다. 이것이 글래스-스티걸법(Glass-Steagall Act)입니다. 1933년에 만든 법으로, 금융산업 간의 겸업금지법입니다. 1999년도에 이걸 폐지하고 나서 지금 다시 사고가 난 겁니다. 금융은 자꾸 규제를 해야지 안 그러면 사고를 냅니다. 그렇게 이해하시면 됩니다. 또 금본위제를 이탈해서 관리통화제도로 이행했고 공공사업(Public Utility)을 기업이, 즉 사적 자본이 지배하는 것을 막았습니다. 수도, 철도와 같은 공공기업은 모든 사람들이 이용하지 않을 수 없는 것이어서 독점이기 때문에 큰 수익을 낼 수 있어서 자본가들이 경영하기 좋아합니다. 이걸 다 회수하여 공기업으로 전환했어요. 이런 개혁이었던 겁니다.

이걸 통틀어 말한다면 노동은 올려주고 자본은 누른 겁니다. 이전의 자유주의 시대와는 반대로 한 거죠. 자유주의 시대에는 자본을 마구 키워주고 노동은 눌렀는데 말이에요. 자본을 눌렀다는 것은 규제를 했다는 것인데 자본 활동의 발목을 잡은 거죠. 노동은 보호하는 거고요. 노동자는 노동조합을 통해서 보호받고 사회적 약자는 사회보장제도를 통해서 보호를 받은 겁니다. 이것이 30년대의 뉴딜정책이었습니다.

2차 대전 후에는 선진자본주의 국가들에서 케인즈주의 복지국가가 확립됩니다, 케인즈 복지국가 시대에는 경기를 조절하는 정책으로 재정정책, 금융정책이 있었고, 거기에 구조적인 정책으로 독점과 금융을 규제하고 주요사업을 국유화하며, 사회보장을 확대하는 정책이 실시되었지요.

이게 성과가 좋았어요. 이때는 대체로 노동당이나 보수당에서도 정권을 잡기 위해서는 노동조합의 요구를 뿌리치기 어려웠습니다.

그리고 사회주의 국가의 압력도 있었고 해서 노동자에게 상당히 힘이 많이 실렸을 때였는데 이때가 바로 케인즈주의 복지국가시대였다고 할 수 있습니다. 이때를 앞에서 얘기했던 황금시대(Golden Age)라 그러죠. 성장률은 높고 사람들의 생활수준이 많이 향상되었습니다.

1970년대 스태그플레이션과 자본의 대반격

그러다가 1970년대 중반에 스태그플레이션이 닥치게 되는데요, 그 이유를 살펴보죠. 앞의 케인즈 경제학에 관한 〈그림 1〉을 보면, 케인즈 정책이란 정부지출을 통해서 민간수요가 부족한 것을 보충하는 것이고 그 다음에 화폐공급을 정부가 조절하는 것이었죠? 돈을 더 많이 발행해서 이자를 떨어뜨리면 투자가 늘어날 것이라고 기대하는 거죠. 투자를 결정하는 것이 '사업기대와 자본의 한계효율'인데 이게 너무 내려가 있으면 이자를 낮춰주어도 효과가 없습니다. 70년대에 이윤율이 많이 내려간 것입니다. 〈그림 2. 미국과 유럽 국가들의 이윤율 변화〉에서 보면 1965년도에 이익률이 높았습니다. 그 이후 죽 내려옵니다. 70년대 후반에 내려와서 80년대 들어서 다시 올라갑니다. 그러니까 70년대의 이윤율이 너무 낮았던 거죠.

그러니 정부에서 재정을 많이 지출하고 통화를 많이 발행하고 해서 경기가 침체된 것을 북돋우려고 했는데 경기가 살아나지 않고 오히려 인플레이션이 발생했다는 겁니다. 이 인플레이션이 심해진 것은 독점과 노조의 힘이 상승적으로 작용한 것이라 할 수 있는데, 노조는 물가가 올라가면 그만큼 실질임금이 줄어드니까 임금을 올리려고 하고 회사에서는 원가가 올랐기 때문에 가격을 올립니다.

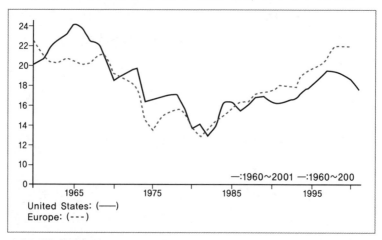

〈그림 2〉미국과 유럽 국가들의 이윤율 변화, 전체 사적 부문(%)

United States: (——)
Europe: (---)

1) '유럽'은 독일, 프랑스, 영국을 지칭
2) 이윤율은 (순산출 — 노동비용) / 총고정자본 으로 계산. 따라서 모든 세금과 이자 그리고 배당 등은 이윤에 포함된다. 자료: Dumenil & Levi(2004). 이강국(2005)에서 재인용.

이렇게 상호간에 나선형으로 자꾸 올리는 거죠. 흔히 말하는 에스컬레이트 된 거죠. 이렇게 되니 노동당 정부에서 이걸 어떻게 해 볼 수 없어서 노조에게 좀 참으라고 하는데, 이것을 소득정책이라고 합니다. 재정, 금융정책의 효과가 없으니 그 대신 나온 것이 소득정책으로 임금인상을 자제하도록 한 것이죠. 그러나 노동자들이 가만 있지 않고 노동당 정부와 싸웁니다.

이 때 자본가들이 반격하고 나옵니다. 그들의 논리는 경기침체에는 재정정책과 금융정책이 효과 없다, 인플레이션만 유발하지 않느냐, 투자가 이루어지지 않아서 그런 것이다, 하는 거죠. 그러니 투자가 이루어지도록 해 달라, 하면서 요구하는 것들이 우선 세금을 깎아달라고 합니다. 번 것을 세금으로 다 내고 나니 돈이 없어서 투자를 못하겠다는 것이죠. 그리고 독점규제와 같은 규제를 없애고, 인수 합병도 자유롭게 허용하여 투자할 수 있도록 해 달라, 그리고 금융이 발 묶여 못하는 것도 풀어 달라, 즉 금융규제완화를 해 달라, 예전에 민간이 하던 것 정부가 가져갔으니 다시 민영화하여 돈을 벌도록 해 달라…, 다시 말해 감세, 규제완화, 공기업 민영화를 해달라는 거죠.

이런 주장이 시대를 완전히 지배하게 되어버립니다. 거기에다 노동시장 유연화, 사회보장 축소 등도 요구했습니다. 사회보장을 너무 많이 해주니 자본가의 말을 안 듣는 노동자들이 많다는 거죠. 이런 요구들이 노동자 보호를 줄이고 자본가의 힘을 올리는 방향으로 몰고 갔는데, 이를 신자유주의라고 부릅니다. 신(新)자가 붙으면 처음보다 좋아야 하는데 더욱 고약해집니다. 자유주의 때는 그래도 봉건적인 억압에 대한 자유라도 있었는데 이때 와서는 완전히 반노동자적인 것으로 되어버렸습니다. 그래서 신자유주의 기간 동안 어떻게 되었는지 볼까요?

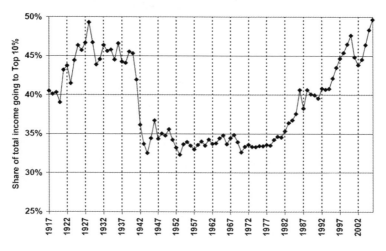

〈그림 3〉 미국 상위 10%의 소득점유율 추이: 1917-2006

〈그림 3〉에 미국 상위 10%의 소득점유율이 1917년부터 2006년까지 변화된 내용이 나오는데 이것이 그대로 보여줍니다. 대공황 직전에 상위10%의 소득점유율이 50%였습니다. 이 말은 전 국민 중 상위 10%가 전체국민 소득액의 50%를 차지한다는 것입니다. 그러던 것이 대공황 이후인 1940년대부터 1970년대까지는 30%~35% 사이로 내려갔습니다. 그리고 80년대에 다시 올라가기 시작해서 2006년도에 다시 50%가 되었습니다. 1930년의 대공황 직전 수준으로 바뀐 거예요. 스톡옵션 등으로 경영자들이 돈을 막 가져갔죠. 그렇지 않습니까? 빈부격차가 생기고 머리 좋은 사람들이 전부 금융기관에 가서 파생상품이라고 난리치면서 모래성에 거품을 일으키고…. 그래서 결국 터진 것이 이번 사태죠.

지금까지 대공황이 일어난 후에 자본주의 국가가 시기별로 어떤 역할을 했는지 살펴본 것을 간단히 정리한 것이 〈표 1〉입니다.

〈표 1〉 선진 자본주의국가의 시기별 역할 변화

시 기	산업혁명부터 1920년대까지	1930년대부터 1970년대까지	1980년대 이후
국가의 성격	자유주의국가	케인즈주의 복지국가	신자유주의 국가
국가와 자본	자본 보호 육성	독점자본 규제 강화	독점자본 규제 완화
국가와 노동	노동자계급 억압	노동자계급 보호 강화	노동자계급 보호 후퇴
국가와 사회복지	가족 복지 중심	사회복지 확립	사회복지 후퇴
성과	경제성장 소득수준 향상	경제안정 소득불평등 완화	물가안정
한계	독점자본 지배 심화 공황, 실업문제 심화	스태그플레이션 (물가상승, 불황)	투기적 경제활동 강화 저성장과 경제 불안정 소득과 부의 불평등 심화

1980년대 이후를 보면 알 수 있듯이 독점자본에 대한 규제는 완화

하고 노동자계급에 대한 보호와 사회복지는 후퇴했다는 점이 현재와 관련 있는 부분입니다. 물가는 안정되었지만 투기적 경제활동이 강화되고 저성장과 경제가 불안정해지고 소득과 부의 불평등이 심화된 한계를 가지고 있지요.

2007년, 거품 붕괴와 금융공황

2007년 이후 세계경제위기에 대해서 이야기를 좀 해보면 미국 부동산의 거품에 대한 이야기가 빠질 수가 없지요. 다음 그림을 보면 주택가격 거품이 일어난 게 얼마나 가파르게 형성되었는지 알 수 있습니다.

〈그림 4〉 S&P Case-Shiller 미국전국주택가격 지수 (1987Q1-2008Q1)

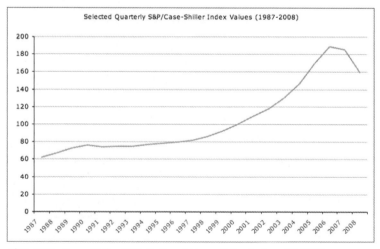

자료: S&P, Case-Shiller U.S. National Home Price Index, Q2 2008.

〈그림 4〉를 보면 쉽게 알 수 있듯이 미국의 주택가격이 87년

부터 90년대 중반까지는 거의 오르지 않았습니다. 조금씩 올랐죠. 그러던 것이 1998년부터 가파르게 올라갑니다. 그래서 2006년에 실질주택가격이 80%나 올라 있었어요. 그리고 2006년 2분기부터 떨어지기 시작합니다. 1997년 정도까지는 연간소득에 대비한 집값이 3.2배 정도였습니다. 이 말은 연봉이 3000만원이라면 1억짜리 집을 가지면 감당할 만하다 이런 뜻입니다. 그러니까 10억짜리를 가지게 되면 감당이 안 된다는 거죠. 근데 이 시기에 오게 되면 집값이 소득액의 약 4.7배로 올라가게 됩니다. 그만큼 소득에 비해서 거품이 끼었다는 거죠.

왜 이렇게 거품이 발생했는가? 하면 미국 주택거품누적의 구조를 나타낸 〈그림 5〉를 보면 쉽게 이해할 수 있습니다.

〈그림 5〉 미국 주택거품 누적의 구조

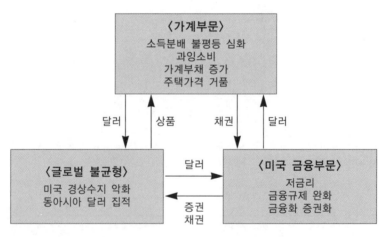

우선 첫째로 글로벌 불균형인데요. 미국이 수입을 많이 하고 수출을 적게 해서 미국에 수출을 많이 하는 우리나라나 중국, 일본 등

에 달러가 많이 생깁니다. 달러가 많이 생긴 중국이나 일본 등에서 이 달러를 가지고 미국국채나 미국 금융기관의 채권을 삽니다. 미국금융기관에서 그 돈을 다시 투자받아서 가계에 빌려 주는 거죠. 그럼 가계는 대출 받아서 그 돈으로 집을 샀던 겁니다. 그렇게 빚을 가지고 계속 펌프질을 해서 집값이 많이 오르게 되고 결국 파국이 온 겁니다.

지금 7조 달러 정도가 세계 각국의 외환보유고로 살포되어 있는데 그 중 중국이 2조 달러를 가지고 있습니다. 이와 같이 미국의 막대한 경상수지 적자와 중국 일본 등 아시아 국가들의 경상수지 흑자로 뚜렷이 대비되는 국가 간, 지역 간 대외 불균형 현상을 글로벌 불균형(Global Imbalance)이라고 합니다. 이 돈을 미국이 다시 차입하여 금융거품을 키운 것입니다.

둘째, 미국 금융기관이 가계에 주택대출을 많이 할 수 있게 된 것은 미국 금융제도의 변화 때문이에요. 미국 모기지의 증권화는 쉽게 말하면 이런 겁니다. 옛날 일본 같은 곳에서는 주택을 산 사람에게 은행이 돈을 빌려주면 그것을 채권으로 가지고 있다가 돈을 받으면 상쇄시키고 그렇게 끝나는데 미국은 이 채권을 근거로 다시 증권을 만들어 팔아서 돈을 또 조달했습니다. 이걸 또 빌려주고 한 거죠. 그러니 그만큼 위험(Risk)을 키우고 확산시킨 것입니다. 그 과정에서 신용부도 스왑(CDS : credit default swap)이라고, 부도 났을 경우에 책임진다고 하는 것도 생기는데 일종의 보험과 비슷한 거죠. 그런데 도저히 책임질 수 없는 일을 한 것이었어요. 그렇게 해서 모래성을 쌓은 것인데 이것에 대해 미국정부는 제대로 규제를 하지 않은 거죠. 한마디로 말해서 금융규제를 하지 않아 빅뱅을 시킨 것입니다.

이런 것들이 문제가 되는데 특히 그 중에서 제일 나쁜 역할을 한 것이 투자증권이라고 하는 투자은행입니다. 증권회사는 고객의 돈을 예탁 받아서 그것으로 주식을 사서 수수료만 벌어야 하는데 그런 투자은행이 스스로 돈을 빌려서 투자를 합니다. 이러한 은행들을 섀도뱅킹이라고 하는데 여기서 문제가 커져서 결국 리먼 브라더스처럼 망하게 된 거죠.

셋째, 이자가 너무 낮았어요. 정부의 지나친 저금리 정책으로 주택구입자들이 이자가 싸니 돈을 마구 빌립니다. 2001년도에 불황이 왔는데 이때 이자를 확 내렸죠. 내렸으면 이걸 빨리 올려야 하는데 이걸 1%로 계속 몇 년 동안 낮추었어요. 즉 정부가 거품을 부추겼다고 볼 수 있습니다.

넷째가 제가 주목하는 것인데, 저소득층을 대상으로 한 대출규제완화가 문제였습니다. 빈부격차문제는 유럽 여러 나라들도 생길 수밖에 없는데 아까 말한 것처럼 독일은 주거보조금 임대료 통제의 방식으로 대처를 했습니다. 미국은 소득분배가 악화되고 있는데 저소득층에게 저리로 돈을 빌려주면서 집을 사게 합니다. 이게 서브프라임 모기지입니다. 과거에는 돈을 빌릴 수 없는 사람인데 이 사람들에게 저리로 돈을 빌려주게 하는 거죠. 그것이 주택시장의 거품을 야기했다고 말씀드릴 수가 있습니다. 그 당시에 독일 같은 경우에는 96년도부터 2006년 사이에 실질주택가격이 14% 내렸습니다. 독일과 미국이 너무나 차이가 나지요? 시스템이 다른 결과입니다.

〈표 2〉에서 부시 시대에 최상위 1%가구의 소득이 연평균으로 11%나 증가했는데 하위 99%가구는 고작 0.9%에 불과합니다. 부시 시대에 얼마나 고소득층에게 소득이 집중이 되었는지 보여주고

〈표 2〉그룹별 실질연간소득증가율, 1993~2006

	평균가구 소득 연평균 실질증가율	최상위 1% 가구 소득 연평균 실질증가율	하위 99% 가구 소득 연평균 실질증가율
전체 기간 1993-2006	1.9%	5.7%	1.1%
클린턴 확장기 1993-2000	3.7%	10.1%	2.4%
부시 확장기 2002-2006	2.8%	11.0%	0.9%

자료: Saez(2008)

있습니다. 미국 모기지 발행 증권화율이 80%정도였는데 이 말은 증권을 80%나 만들어서 전 세계에 팔았다는 겁니다. 그리고 저소득층에게 내준 서브프라임 주택담보대출 조건을 보면 변동금리를 제공하는 비율이 90%가 되고 이자만 지불하고 원금 안 갚아도 된다는 게 40%정도 되고 서류간소화 또는 면제가 절반이나 되는 등 완전히 개판이었던 겁니다. 아무것도 묻지 마, 소득이 없어도 된다, 이렇게 간 거죠. 도덕적 해이가 심했던 거죠. 그래서 주택가격이 폭락하니까 금융기관이 무너지고 또 미국소비자들의 자산이 줄어드니 소비가 위축되고 그 결과 실물경제가 침체되고 그 여파가 수출주도국인 우리나라까지 오게 되었죠. 이런 식으로 위기가 전파되는 메커니즘이 작동했다고 할 수 있습니다.

한국은 위험천만 역주행 중

마지막으로 한국은 어떤가. 미국은 크게 보면 1800년대 무렵 자유주의란 것이 우파적 성향이니 오른쪽으로 갔다고 볼 수 있는 거죠. 오른쪽으로 갔다가 1930년대 대공황을 맞이해서 케인즈 복지국가로 다시 왼쪽으로 갔다고 볼 수 있죠? 그러다 다시 70년대에 신자유주의의 득세로 오른쪽으로 갔다가 2007년 공황을 맞이했는데 지금 다시 왼쪽으로 갈 수 밖에 없는 상황입니다.

우리나라는 어떻습니까? 한 200년 차이가 나지만 미국의 1800년대 때가 우리나라로 봤을 때 1960년대부터 시작한다고 볼 수 있겠죠? 그 때가 바로 박정희시대입니다. 그러다 80년대에 오면 전세계적인 신자유주의 바람이 부니까 우리도 거기에 휘말리는 겁니다. 너희들은 아직 멀었으니 기다려줄게, 하는 거 없습니다. 우리가 옷을 벗으니 너희도 벗어라, 하는 겁니다. 그네들은 두꺼운 사회보장의 옷을 입고 있으니 하나쯤 벗어도 되는데 우리는 그렇지 않았죠. 얇은 옷을 입었는데 벗겨버리니 맨몸이 드러난 거죠. 쉽게 말하면, 80년대 들어와서 계속해서 오른쪽으로 갔던 거예요. 97년 외환위기를 맞았지요? 그러면 이때 왼쪽으로 가야 했는데 또 오른쪽으로 갔지요? 2008년도에 세계경제위기를 맞이하여 이명박 정부가 왼쪽으로 가야 하는데 또 오른쪽으로 가는 거예요. 흔히들 노무현 정부가 말로는 성장과 분배를 병행한다고 하면서 왼쪽으로 깜빡이를 켜놓고, 실제 행동은 오른쪽으로 가버렸다고 합니다. 그런데 이명박 정부는 아예 역주행을 하고 있죠. 엄청나게 위험한 거죠. 이건 충돌을 초래합니다.

미국의 오바마 대통령은 요즘 재정적자가 많이 나니까 부자들 세금 더 거두기로 했지요. 증세한다는 겁니다. 사회보장 지출 늘리고요. 뉴딜 비슷하게 하지 않습니까? 영국 같은 경우 소득세율 최고 세율을 40%로 낮췄다가 다시 50%로 올리고 있다고 합니다. 우리는 작년 12월에 소득세율 최고 35%를 33%로 내렸습니다. 재산세도 내리고…. 부자들에게 돌아가게 한 건데 이거 역주행 아닙니까?

실업자 구제를 위해서는 돈이 많이 필요한 게 뻔히 보이는데 그렇게 한 거죠. 그러다 안 되니까 또 30조원 추경예산 편성하지 않습니까? 갑자기 국가부채가 늘어나니 당황한 거죠. 그래서 나오는 얘기가 무엇인가 하니 부가가치세를 올려야 한다는 거죠. 부가가치세는 역진적인 세금이거든요. 빈부격차가 더 나는 효과를 가진 거죠. 조세 저항을 불러올 가능성이 큰 직접세율 인상을 피해서 가능한 한 쉽게 거둬서 재정적자를 줄여보겠다는 겁니다.

물론 부가가치세는 유럽이 비쌉니다. 우리나라는 10%인데 유럽에서는 17%나 되는 국가도 있어요. 근데 국내총생산(GDP) 대비 소비세의 비중은 우리나라와 선진국의 차이가 크지 않아요. 면제도 해주고 여러 가지 예외가 있기 때문에 그렇거든요. 그런데 소득세는 확실히 차이가 납니다. 통계를 유심히 보면 국내총생산(GDP) 대비 소득세 규모가 선진국인 경제협력개발기구(OECD) 회원국 평균으로 9.1%예요. 우리나라는 3.4%입니다. 우리나라는 소득세를 너무 적게 내는 겁니다. 근로자들은 많이 내는데 자영업자들, 의사, 변호사 이런 고소득자들은 세금 잘 안내거든요. 수입을 현금으로 내면 깎아주는 등 여러 가지 방식으로 해서 탈세를 많이 하고 있습니다.

이런 식의 역주행을 바꿔야 하는데 앞으로 어떻게 하려는지…. 알아서 바꾸지도 않을 것이고, 난리를 치는 수밖에 없는 거죠. 지금 우리나라는 불공정과 불평등, 부패의 시스템에 그대로 순응해서 살 것이 아니라 선진국처럼 바꾸는 것이 정상인데 그러려면 엄청난 에너지가 필요하죠. 그걸 위해서는 사회운동이나 정당도 많이 바뀌어야 할 겁니다.

세금 올리고 기업경영 민주화해야

마지막으로, 선진국은 1800년대에 시작해서 1970년대 황금기의 위치로 오는 데에 150년 정도 걸렸는데 우리 경제가 성장하여 대략 비슷한 정도의 위치로 오는데 20~30년이 걸렸어요. 이걸 압축적 성장이라고 할 수 있습니다. 이제는 선진국처럼 분배와 복지가 잘 보장되는 선진국의 위치인 왼쪽으로 좀 가야 하는 데 언제 여기로 가겠어요? 우리는 앞서 간 나라들의 경험을 보고 알 수 있으니 그 경험을 배워서 시행착오를 줄일 수 있지 않을까요? 압축 성장에 모순도 압축적으로 나타나고 해결도 압축적으로 할 수 있지 않을까 생각합니다. 그렇게 해서 우리나라가 좀 바뀌어야 하지 않나 그 말이죠.

외환위기 이후에 한 10여 년 동안 사람들이 정말 순응하기 위해 난리를 쳤습니다. 대학에 와서 우리 학생들이 스펙을 늘린다고 하는데 스펙이란 게 상품에 붙이는 거 아닙니까? 요즘은 학생들이 자격증이나 토익점수 같은 것을 따는 게 스펙이라고 합니다. 그런데 그 스펙을 늘린다고 해도 취직이 잘 안 된다 합니다. 그러니 시스템을 바꾸는 수밖에 없지 않나 생각합니다.

시스템을 바꾸는 핵심은 2가지입니다. 하나는 세금입니다. 세금을 더 늘리지 않으면 사회보장제도를 시행할 수가 없어요. 그리고 빈부격차와 교육이 바로 연결되기 때문에 빈부격차가 심한 사회상황에서는 과도한 교육열을 억제할 수 없습니다. 미국처럼 학비가 비싸면 그것을 만회하려고 의사 변호사들이 높은 소득을 확보하려 합니다. 이게 악순환입니다. 유럽은 그게 아니거든요 소득의 차이가 적습니다. 또 차이가 있더라도 세금을 더 많이 냅니다. 독일 같은 경우 선생님이 부모를 불러서 직업학교 보내야겠다고 하면 그러자고 합니다. 우리나라는 반응이 전혀 다르죠. "이게 무슨 소리냐?" 하죠. 전혀 다릅니다. 우리도 그런 사회를 만들어가야 하지요.

또 하나는 기업경영의 민주화라고 봅니다. 우리나라는 지금 재벌의 전성시대입니다. 미국의 길디드 에이지(Gilded Age), 라버 배런(Robber Baron) 시대와 비슷합니다. 재벌들이 기업, 금융기관, 언론 모두를 완전히 잡고 있죠. 기업의 의사결정에 노동자들과 소비자들, 그리고 정부가 참여해서 소수의 대주주, 특히 재벌총수의 이익을 위해서가 아니라 거기에 종사하는 노동자들, 그리고 관련 있는 많은 사람들의 이익을 위해 기업을 운영하도록 만들어야 합니다. 요약해서 말하면 결국 두 가지 과제가 있습니다. 자본가와 부유층 대상 과세 확대와 기업경영의 민주화가 우리 사회에 필요합니다.

|질|의|응|답|

뉴딜정책 중 가장 효과적인 분야는?

질문 : 강의를 해주셔서 감사합니다. 저는 두 가지를 질문하고 싶습니다. 우선 뉴딜정책이 성공했다고 하는데, 그렇다면 3R의 세 가지 중에서 가장 효과적인 정책은 어떤 것이었는지가 궁금합니다. 또 한 가지는 자유주의에 한계가 와서 케인즈 방식으로 극복을 했다고 하셨는데 그렇게 극복한 것이 케인즈라는 경제학자가 제안하여 그 제안이 받아들여진 것인지 아니면 어쩔 수 없는 상황에서 자유주의에 대한 반작용으로 불가피하게 실시할 수밖에 없었는지, 경제학적인 관점에서 답을 들어보고 싶습니다.

답변 : 네, 뉴딜 정책이 실시한 것은 회복, 구제, 개혁 세 가지인데 지속적인 효과를 거둔 것은 역시 개혁이라고 생각합니다. 시행한 이 후에도 계속적으로 효과가 나오는 그런 정책이죠. 그리고 구제정책도 굉장히 중요하다고 보는데, 회복 정책은 자본을 지원한 것인 반면에 구제정책은 한번 확립해 놓으면 허물어뜨리기 어렵거든요.

미국의 재정규모가 1930년대 공황 전에는 국내총생산(GDP) 대비 12%밖에 안 될 정도로 아주 작았습니다. 그런데 공황을 거치면서 21%로 올라갔어요. 2배 가까이 늘어난 거죠. 물론 선진국들인 경제협력개발기구(OECD) 회원국 평균이 36%고 유럽의 스칸디나비아 반도의 복지국가들은 50%가 됩니다. 지금 미국은 30%밖에 안 됩니다. 우리나라는 26%정도이고요. 일본과 미국이 좀 작은 편이죠. 그렇더라도 최소한의 사회보장은 어느 정도 해됐습니다. 그래서 그 당시의 사회보장과 규제를 통해서 자본을 억제하고 노동자 지위를 개선해 준 것이 지속적인 효과를 거두지 않았나 생각합니다.

두 번째 질문에 대해서 말씀 드리겠습니다. 자유주의로부터 대공황이 생기니까 케인즈주의가 정책의 일환으로 채택된 것인데, 물론 그냥 있을 수는 없으니까 어쨌든 정부가 나설 수밖에 없었던 상황이긴 했죠. 나치즘이 진행된 독일도 그렇게 했거든요. 크게 보면 정부가 개입할 수밖에 없었죠.

어떤 이론이 있든 개입을 할 수 밖에 없었다고 할 수 있는데, 그러나 체계적으로 정부 역할에 대하여 정당화한 것, 그리고 정부의 개입이 일시적이 아닌 지속적으로 이루어져야 된다는 것과 자본주의가 근원적인 불안정성을 가지고 있다고 지적한 것은 바로 케인즈의 공이라고 할 수 있습니다. 그 전에는 시장에 맡겨놓으면 보이지 않는 손에 의해 다 조절이 된다고 했죠. 아담스미스부터 마샬까지 그렇게 주장했었죠. 그런데 거기에 반박하면서 시장은 불완전하기 때문에 정부가 보완적인 역할을 해야 된다고 주장한 게 케인즈였고, 그가 금융규제의 필요성을 강력하게 얘기했죠. 금리생활자의 안락사를 이야기했죠. 투자의 사회화 즉 투자가 사적 자본의 질주가 되도록 시장에 그대로 맡겨두면 안 된다고 했어요. 물론 그 내용에 대해서는 논란이 많아요. 투자의 사회화가 정부에서 하는 투자를 지칭하는 것이라는 설이 있고, 민간자본이 하는 투자도 정부가 최대한 개입을 해서 지나치게 과다하게 해서는 안 된다는 내용이라는 등 해석은 여러 가지로 나오지만, 어쨌든 투자의 사회화 같은 얘기가 나옵니다.

사회보장 확대가 위기 대응책이자 성장 조건

질문 : 교수님의 강의를 들으니 제 생각에도 개혁이 뉴딜정책의 성공을 가져왔다는 점에 공감이 갑니다. 일반적으로는 뉴딜정책이 일자리 만들기로 성공한 거라고 알고 있습니다. 그래서 지금의 녹색뉴딜정책이라고 하는 현 정부의 정책도 그저 일자리 정책만 추진하면 성공할 것이라고 착각하고 있지 않나 하는 생각이 듭니다. 개혁정책은 내버려두고 교수님 말씀대로 신자유주의를 채택하면서 일자리만 만들면 성공할 것이라고 생각하는 것 같습니다. 그것은 옛날 뉴딜정책의 성공요인과도 다른데, 그런 면에서 잘못된 것이 아닌가 하는 생각이 듭니다. 그 당시의 뉴딜정책이 성공한 것처럼 지금 뉴딜정책이 성공하려면 뭔가 개혁적인 정책이 필요할 것인데,

바람직한 정책은 어떤 것일지 듣고 싶습니다.

답변 : 그렇습니다. 일자리 만들기만 하면 일시적인 반짝 효과 밖에 나타나지 않을 겁니다. 제 생각에는 우리 국민들이 하나로 여러 효과를 거둘 수 있는 것이 사회보장을 대폭 확대하는 그런 정책이라고 보거든요. 그러면 일자리가 토목공사 같은 곳보다 더 많이 나옵니다. 시설을 새로 할 때 외에는 거의 90% 정도가 다 일자리 창출로 이어집니다. 토목공사 같은 경우에 옛날에는 사람이 많이 투입되었지만 요즘은 중장비로 하기 때문에 고용창출 효과가 적습니다.

물론 사회보장을 대폭 확대하기 위해서는 처음엔 재정적자를 감수해야 합니다. 그리고 그것을 계속 뒷받침하기 위해서는 세금을 더 거두어야 하는데 아까 말했듯이 소득세를 올리는 방법이 있고 또 새로운 세원을 발굴하는 것도 필요하죠. 고소득자영업자들의 탈세를 막는 그런 것 말입니다.

그리고 사회보장 기여금이라는 게 있습니다. 의료보험료 같은 경우 회사가 절반, 근로자가 절반 내지 않습니까? 그런데 비정규직은 의료보험료를 회사에서 부담해주지 않습니다. 그래서 그 사람은 지역의료보험에서 보험료를 다 부담해야 합니다. 선진국의 경우, 의료보험의 노동자 부담은 국내총생산(GDP) 대비 3%이고 사용자 부담은 5.1%입니다. 우리나라의 경우는 노동자 부담이 3%이며 사용자 부담은 2.1%밖에 안 됩니다. 노동자가 더 많이 내는 거죠. 또 우리나라는 노동자와 사용자의 부담비율이 5대5인데 유럽 같은 경우는 4대6 또는 3대7 로, 사용자 및 정부부담이 더 많게 합니다. 중소기업 같은 곳에서도 마찬가집니다. 그런 것들을 바탕으로 사회안전망을 제공합니다.

우리나라 비정규직 노동자의 경우는 월급 받은 걸로 생활의 모든 문제를 다 해결해야 되니까 이걸 전부 회사에 요구해야 합니다. 지금 현대자동차 다니는 분들도 자녀들의 사교육비를 다 해결해야 되기 때문에 야근을 하고 건강을 상하게 하고 그럽니다. 대기업에 다니는 분들도 전전긍긍하지 않습니까? 그런 것을 막으려면 사회보장을 확충하는 수밖에 없고 그렇게 하는 것이 기업에게도 인건비를 절감하게 하는 방법이거든요.

선진국이 사회보장이 잘 되어 있으면 기업하기 나쁜 나라라고 생각하는데 핀란드나 스웨덴은 기업하기 좋은 나라로 되어 있어요. 사회복지 확충과 기업하기 좋은 환경은 배타적이지 않습니다. 세금을 많이 부담하더라도 노동자들이 안심하고 살아갈 수 있으니 사기도 높고, 대부분의 국민들이 질 좋고 수준 높은 교육을 잘 받으니 인력 수준도 우수하죠.

그리고 이런 게 있습니다. 분배와 성장과의 관계인데 분배가 제대로 되어있지 않고 사회보장이 잘되어 있지 않으면 교육을 제대로 시킬 수 없어서 인적자원이 성장하지 않습니다. 그 뿐만 아니고 물적 자원도 그렇습니다. 선진국처럼 사회보장이 잘 되어 있으면 직장을 다니다가 그만두고 사업을 할 때, 설사 사업에는 실패하더라도 사회보장이 잘 되어있으면 안전판이 있는 셈이니 큰 염려 안 하고 사업에 뛰어들 수 있습니다. 집에서 쫓겨날 염려가 없고 자녀들 학교도 보낼 수 있고 건강이 나빠져도 의료보장이 되니 큰 문제가 없죠. 그런데 우리나라는 사업을 하다가 실패하면 큰 일 나는 겁니다. 그렇죠? 이런 상황에서는 혁신적인 투자활동도 위축됩니다. 사회보장 시스템을 확충하는 것이 성장 잠재력을 위해서도 굉장히 필요합니다.

그러니까 사회보장을 확충하는 것이 일자리도 만들어내고 기업에도 도움이 되고 성장잠재력에도 도움이 되니 여러 가지로 효과가 있을 수 있다고 봅니다. 지금 보면 부동자금이 800조원이라고 합니다. 엄청나게 있는데 감세를 해도 투자와 소비를 늘지 않고 있어요. 그러니 정부가 세금을 거둬들여서 해야 되는 거죠.

부동자금과 인플레이션 대책은?

질문 : 방금 부동자금이 800조라고 말씀하셨는데 한은에서 우리나라 기준으로 봤을 때 600조가 적정하다고 하더군요. 헌데 이게 200조가 더 풀려있다는 이야기인데 현재 장관은 계속 자금을 풀어야 된다고 이야기 하고 있습니다. 일단 200조라면 우리나라 예산에 거의 근접한 금액인데다가 또 이제는 경기가 바닥을 쳤다고 하는 얘기도 있습니다. 지금 상황에서 계속 돈을 푼다면 또 다른 문제가 생길수도 있을 텐데 지금 한국은행과 지식경제부가 자금을 더 풀어야한다 아니다 하면서 서로 입장이 왔다 갔다 하고 있지 않습니까? 경제학자 입장에서 앞으로 예상되는 부작용이 무어라 생각하시는지요?

답변 : 지금 현재 세계적으로 구제를 위한 자금이 몇 조 달러씩이나 되니까 너무 많이 풀려서 인플레이션 요인이 된다는 우려가 크거든요. 지금 당장은 나타나지 않는데 경기가 회복되면 인플레이션이 생길 것이라는 예상이 일리가 있는 얘기입니다. 그래서 그걸 다 환수해야 되는데….

원래 불황이 닥치고 금융기관이 도산을 하면 그 금융기관에 투자했던 사람, 주식이나 채권을 매입했던 사람은 손해를 봅니다. 주식이 날아가거나 채권을 회수 받지 못하는 거죠. 예금자는 고액 예금자를 제외하고는 예금보험공사 같은 곳이 있어서 금융기관의 예금은 어느 정도 보호를 받습니다. 이것은 돈 있는 사람이 손해를 보고 부실정리가 이루어지는 방식이죠. 미국에서 지엠(GM)을 회생시키지 않고 파산보호신청을 했지요? 파산을 시킨다는 것은 자산이 있으면 자산을 팔아서 채권을 충당하고, 충당하지 못한 것은 그냥 빚잔치를 한다는 뜻이죠. 그러면 회사의 자산을 인수한 곳에서 다시 사업을 할 수 있도록 하는 겁니다. 결국은 채권을 사거나 투자한 사람들이 손해를 본다는 거죠.

그런데 구제금융은 그런 금융 자본가들이 손해를 보지 않도록 하는 겁니다. 어마어마하게 풀린 그 돈이 주로 채권자들을 보호하게 해준다는 거죠. 그렇게 하면서 그 기업을 회생시키기 위해서 구조조정이라는 명목으로 노동자를 해고하게 되고 구제 금융에 따른 인플레이션 피해를 막기 위해서 세금을 거두면 또 국민들이 그 부담을 져야 하는 겁니다. 그것은 잘못된 겁니다.

채권자들은 손해를 좀 보고, 기업은 노동자를 해고하지 않고 대부분 끌고 가면서, 그 와중에 일부 생기는 실업은 어쩔 수 없는데 그 부분은 정부가 다시 재정을 통해서 보호를 하게 되면 그 비용이 훨씬 적게 듭니다. 이런 식으로 접근할 필요가 있다고 봅니다. 오바마 출범 전에 부시정부에서는 주로 투자자를 보호하는 쪽으로 쏠렸는데 오바마 정부가 들어서면서 방향을 좀 바꾸게 되었죠.

인플레이션을 예방하기 위해 벌써 출구전략을 쓸 때는 아니라고 봅니다. 지금 금리를 올리면 경기가 다시 악화될 수 있으므로 당분간은 저금리를 유지해야 할 것입니다. 다만 최근 급증하는 부동산 대출은 집값 거품을 다시 일으킬 수 있으니 억제할 필요가 있습니다. 담보인정비율(Loan to Value) 규제와 총부채상환비율(Debt to Income) 규제를 강화해야 합니다. 그리고 집값 상승을 막기 위해서 재건축 및 재개발 규제 완화, 그린벨트 해제, 부동산세 감면 등과 같은 부동산 투기를 부추기는 조치를 완전히 되돌려야 할 것입니다.

유럽과 미국, 그리고 한국의 노동운동

질문 : 강의내용과 좀 다른 각도에서 질문해 보겠습니다. 자본주의 발전 모델에서 유럽과 미국이 다른데 우리나라는 자꾸 미국 따라가려는 경향이 있습니다. 그런데 전체적으로 같은 자본주의에 있으면서도 공황에 대한 대응 방식도 그렇고 유럽이 처해 있는 환경과 미국의 환경이 대비되는데 양쪽의 노동진영이 자본의 여러 가지 공세에 대처하는 방식의 차이로 인해서 현재 그런 차이가 발생하지 않았나 봅니다. 선생님의 생각을 듣고 싶습니다.

답변 : 미국과 일본이 선진국 가운데서는 사회보장이 굉장히 취약한 나라인데요. 북구 유럽과의 차이는 결국 노동자 계급 정당이 미국에는 존재하지 않고 일본은 있더라도 힘이 매우 약하다는데 있습니다. 이것이 매우 중요한 요인이라고 보는데요.
미국은 그렇게 된 이유 중의 하나가 백인 노동자들이 노동계급으로서 스스로 자본가와 싸우는 것보다 흑인들 속에서 백인이 상당히 우위에 있다는 허위의식에 젖었던 데 있습니다. 1929년 전에도 미국에 노동운동은 있었지만 선거제도는 유럽과 달랐어요. 유럽은

비례대표제가 상당히 발달해 있었어요. 한 5%만 차지하면 의석을 차지해서 점점 키워갈 수 있는데 미국은 그런 게 없어 10%를 얻어도 지속되지 않고 그냥 끝나버리고 말았습니다.

이런 선거제도의 문제점 외에 또 세계패권국가라는 특수한 지위 때문에 노동자계급도 미국의 제국주의적인 패권에 의해서 혜택을 볼 수 있는 것이 있었습니다. 최근에도 아주 싼 물건을 전 세계에서 가져가서 마구 썼지 않습니까? 그런 것들이 노동자들이 강하지 않고 순하게 나오도록 한 배경이 되었다고 볼 수 있습니다.

또 개척시대를 거치던 미국이 지리적인 면에서나 사회적인 면에서 여러 빈 공간이 많아서 꽉 짜여 있는 그런 사회보다는 계급적으로나 여러 면에서 좀 유연했습니다. 이쪽저쪽으로 이동이 가능하니까 그렇다는 등 여러 가지 설이 있기도 합니다. 그렇게 미국이 좀 예외적인 경우라 할 수 있죠.

일본 같은 경우 나라는 작고 인구는 많아서 일자리에 대한 불안감이 워낙 커서, 수출을 위해 기업이 살아야 한다는 논리에 국민들이 체화되어 있다고 봅니다. 자신들의 권리 주장보다 전체를 위해 희생을 감수할 수밖에 없다는 의식이 강하다는 거죠.

우리나라는 그런 정도까지는 아닌데 어쨌든 미국과는 처지가 다르다는 것을 생각해야 합니다. 우리나라는 미국과 지위도 전혀 다르고 사회적으로도 다르기 때문에, 내부에서 문제를 해결해 나갈 수밖에 없다고 봅니다. 우리나라의 노동조합을 보면 노동자들의 인식이 회사 내의 이슈에 머물러 있고 또 각 노동자가 사회적 사다리를 타고 올라가려고 하듯이 노동조합도 노동자들이 그렇게 하려는 것을 지원해주는 식입니다. 예를 들어 현대자동차의 사례처럼 작업장에서 일감이 몰리는 경우 야근수당을 받기 위해서 다른 작업장과 일감을 나누지 않으려는 그런 이기주의가 작동하기도 하는 데서도 알 수 있죠. 그런 경우 연대가 약해지기도 합니다. 이런 게 문제인데 아직은 우리나라 노동자들이 이런 문제를 인식하고 체제의 변화를 시도하게 되는 데는 시간이 좀 걸릴 것이라고 봅니다.

이번에 노무현 전 대통령 서거 이후 많은 국민들이 민주주의 후퇴를 우려하고 있는데, 정치적인 민주주의는 사실 사회경제적 민주주의를 위한 수단이거든요. 정치적 민주주의가 막히니까 그것을 해결하는 것도 과제이긴 하지만 더 큰 목표는 사회적 불평등, 이것을 해결하는 것이라는 걸 국민들이 깨달아야 되지 않나 생각합니다.

공황의 두 얼굴과 한국의 복지국가 이행조건

질문 : 뉴딜정책이나 최근 오바마의 정책을 보면 공황을 극복하는 방법이 소득 재분배나 노동자의 지위향상으로 연결되었다는 걸로 보입니다. 어떤 면에서 공황이 갖는 상당히 긍정적인 측면인 것 같기도 합니다. 그런데 공황이 착취구조를 강화시키는 쪽으로 발달하는 면이 강하다고 알고 있는데 이 두 측면을 놓고 볼 때 혹시 어느 측면이 더 강한지 궁금합니다. 또 한 가지는 지금 현재의 구조를 극복하는 방법으로 우리가 복지를 늘리고 노동자 지위를 향상시키고 하는 것들을 적용하려면 무슨 요소가 필요한지 알고 싶습니다.

답변 : 공황이 발생하게 되는 이유는 과잉투자로 투자수익이 떨어져서 계속적인 투자를 늘리기 어려운 것 때문에 수요가 위축되어서 과잉이 더 심화되는 이런 구조 때문인데 이것을 해결하기 위해서는 과잉된 시설은 정리를 해야 하는 것이죠. 약한 놈은 퇴출시

키는 그 과정이 공황이라고 할 수 있죠. 그 와중에서 실업자가 늘어나게 되므로 임금부담 이런 것을 기업에서는 줄일 수 있는 기회가 되는 거죠. 결과적으로 수익성을 회복하는 그런 계기가 되는 것은 사실입니다.

그런데 실업자가 4명 중 1명이 되고 10년씩 가는 등 오래 가게 되면 체제 자체가 위험하게 되죠. 노동자들이 생각할 때 재산을 다 뺏어간다 하는 그런 위기가 생기지 않겠습니까? 그래서 그 사태까지 가지 않도록 공황을 완화시켜야 하죠. 그러나 경기순환을 완전히 없애기 위해서는 투자라든가 기업의 의사결정을 사적 자본가에게 맡기면 안 되고 완전히 사회화해야 합니다. 하지만 이것은 사적 자본가계급으로서는 받아들일 수 없습니다. 그래서 공황이 생기는 것은 불가피한 것인데 정도의 차이는 있으나 그 부작용을 최소로 줄이자 하는 것이 케인즈 복지국가의 의미입니다.

한국에서 복지국가를 확립하려면 부자와 기득권 세력의 조세저항을 극복할 수 있는 강력한 정치적 힘이 있어야 합니다. 진보적인 노동자계급의 정당이 성장해서 집권을 해야 하는데 이를 위해서는 노동자들의 사회문제 인식이 높아져야 합니다. 나아가서 진보정당이 집권한 후에 자본가계급의 투자 기피 등 자본파업 저항을 극복하기 위해서는 물리적 행동으로 이를 제어할 대중단체들의 네트워크와 연대가 필요할 것입니다.

한국이 이룬 압축성장은 바람직한가?

질문 : 압축성장이라고 말씀하셨고 실패도 압축적으로 한다는 말씀을 하셨는데 압축성장하는 게 천천히 정상적으로 성장하는 것

보다 좋은지 아닌지 좀 들어봤으면 합니다. 그 부작용은 환경파괴나 부동산, 사교육과열과 같은 것이라 생각합니다. 요즘은 특히 농촌의 도랑물조차 오염되어 냄새가 나는 그런 상황입니다. 이런 압축 성장으로 인한 부작용을 많이 보고 있는데 과연 해결할 수 있는 압축성장이 있는지 아니면 정상적인 성장이 좋은 건지 좀 들려주시면 좋겠습니다.

답변 : 세계의 공업화는 처음엔 영국에서 있었고 그 다음이 유럽의 나라들인 프랑스, 독일, 이탈리아였고 그 다음으로 미국에서 있었고 그 다음은 러시아와 일본에서였습니다. 이게 2차 세계대전이 있기 전에 있었던 공업화죠. 우리나라는 일본에 의해 공업화가 저지당했는데, 1910년 한일합방 이후에 삼일운동 때까지 회사령을 발표해서 우리나라 기업가의 활동을 막았거든요. 그래서 해방 이후에 절대빈곤에서 벗어나기 위한 몸부림을 한 것이죠.

우리 국민들이 박정희 대통령에 대해서 공(工)과 과(過)를 얘기할 때 공이 더 많다고 이야기 하거든요. 저는 개인적으로 공과 과가 반반이라고 생각합니다만…. 그런데 사실 우리가 배고픔과 절대 빈곤에서 벗어난 것이 70년대 중반입니다. 대부분의 국민이 밥을 굶지 않게 된 것이 농촌에서 통일벼를 재배하고 난 후부터였는데 도시사람들도 밥을 걱정하지 않고 먹게 되는 게 바로 그 당시부터였습니다. 매일 사는 것이 연탄 하나 쌀 한 봉지였습니다. 그리고 집집마다 전기가 들어간 게 70년대 후반입니다. 그러다가 마이카 시대가 시작된 게 1990년 정도부터죠. 바로 직전에는 3저 호황이었는데, 그 즈음 80년대 초반에도 외채위기에 시달렸었죠. 굉장히 아슬아슬한 세월을 거쳐 온 것입니다.

인류역사를 봤을 때 우리가 압축적인 성장을 할 수 있었던 배경은 농지개혁이라고 봅니다. 농지개혁을 통해서 전근대적인 것을 빨리 청산했기 때문에 우수한 노동력을 형성했고 기업가들도 키워졌고 또 도움이 되었다고 봅니다. 남미 같은 곳을 보면 지금도 전근대적인 농지제도가 제대로 정리되지 않은 곳이 많아요. 짧은 기간에 생활수준을 향상시킨 것은 우리국민들의 엄청난 노력의 결과라고 봅니다. 정부가 계획하고 끌고 하긴 했지만 원동력은 우리 국민이 제공한 것이라고 봅니다.

앞으로는 어떨까? 지금 세계적인 환경위기 때문에 제로성장으로 가야되지 않느냐는 이야기가 나옵니다. 벨기에 같은 나라에서는 자동차를 팔고 자전거로 전환하면 몇 십 만원을 줍니다. 우리도 이제는 그런 방향을 모색할 필요가 있는 것 같아요. 그러나 과거로 돌아가는 것은 우리가 생각하기 쉽지 않은 것 같아요. 우리가 압축성장한 것은 우리가 자랑할 만한 것이라고 봅니다. 그 과정에서 환경을 파괴해서 회복하는데 굉장히 많은 비용을 치러야 하는 것을 충분히 감안했어야 하는데 그것이 미흡했던 것은 좀 안타깝죠. 그래서 그것이 앞으로 보완해야 할 지점이라고 봅니다. 아울러 대도시에 사람들이 많이 모이는 것도 상당히 문제입니다.

우리 아이들에게 어떤 공부를 권할 것인가?

질문 : 가벼운 질문을 드리고자 합니다. 제가 학교에 있다 보니까 참으로 아쉬운 점이 있습니다. 우리 학생들이 장차 노동자로 살아가야 하는데 학교 정규교육 과정 속에서는 노동자로서 정체성을 갖도록 하는 내용이 전혀 없습니다. 제가 알기로 교수님이 이전에

대학교재 출판권 때문에 곤욕을 치르신 걸로 알고 있습니다. 중고 등학교 수준에서 보조교재라고 해야 될지 아니면 대안 교과서라고 해야 할지 아무튼 사용할 수 있는 그런 교재로 만들어진 것이 있는 지요. 선생님이 만드신 것이 아니라도 말입니다. 있다면 좀 알려주 셨으면 합니다. 그리고 전경련에서인가요? 이상한 교과서를 만든다 고 하던데 경제학계에서도 진보적인 단체가 있을 것 아닙니까? 그 쪽에서 중고등학교 교과서 개발에 대한 생각을 하고 있는지 알고 싶습니다.

답변 : 전경련에서 중학교 고등학교용 경제교과서를 냈습니다. 우파 학자들이 현행 교과서 비판하는 내용으로 그런 책을 내놓은 것이죠. 현재 교과서에 보면 신자유주의뿐만 아니라 케인즈주의 요 소도 있고 여러 가지가 있습니다. 그런데 전경련에서 만든 학교 교 과서를 가만히 보면 이러이러한 것들은 반시장적이니 그 부분을 제 거해야한다는 식의 문제제기를 해서 그러한 시각에 따라 교과서를 만들어 놓았습니다.

제가 한국사회경제학회 소속으로 있고 사회경제학회 안에 경제 교육위원회가 있고 거기서 위원장을 맡고 있습니다. 그동안 저희가 한 작업은 일차적으로 지난 몇 년 전 우파가 현재 교과서를 비판하 기 위해 만들어 놓은 책에 대해서 다시 비판한 책을 내었습니다. 「경제교과서 비판을 다시 비판한다」는 제목입니다.

저희들은 전경련에서 만든 교과서에 대항할 수 있는 대안 교과 서를 만드는 목표를 가지고 있습니다. 그런데 이것은 굉장히 어려 운 작업입니다. 시각이 일치되어야 하는데 사회경제학회에는 다양 한 시각이 있어서 쉽지가 않습니다. 교과서라는 게 대부분 대학에서 쓰는 경제원론을 조금 더 쉽게 만든 것인데 대학에서 쓰는 교재들이 주류 경제학자의 시각에서 쓴 것들이 대부분입니다. 그래서 그런 주류 경제학자의 시각에서 쓴 교과서에 대해 비판한 책을 만들고 그것을 근거로 대안 교과서를 만들고자 하는 계획을 가지고 있습니다. 또 그 과정 중에 교사들을 교육하는 프로그램을 만들려고 생각하고 있습니다.

그런데 제가 생각할 때 그런 대안 교과서 가지고는 한계가 있습니다. 모든 학생들에게 사회에서 살아갈 때 필요한 자신만의 전문 능력을 위한 교육, 즉 누구든지 가져야 할 직업교육을 위한 것 외에도 시민으로서 기본적인 권리를 주장할 수 있는 여러 가지의 것들을 안내해주는 책이 필요합니다. 사실 그런 것은 어떤 식으로든지 교과서 안에서 모든 학생들에게 일정한 시간을 할애해서 가르칠 필요가 있다고 생각합니다. 저는 우리 대학생들에게 말합니다. 전공 공부를 전체의 80% 정도 한다면 20%는 시민으로서 권리 주장을 할 수 있는 공부를 해야 된다고 말이죠. 이것은 모두에게 필요하다고 생각합니다.

자, 우리 경제의 미래에 관한 여러분들의 관심과 개혁의지가 사그라지지 않기를 바라면서, 오늘의 강연을 마치도록 하겠습니다. 고맙습니다.

호혜의 경제, 공생의 사회

칼 폴라니에게 배우는 공동체의 사회경제학

이 병 천

강원대학교 경제무역학부 교수
서울대학교 경제학과 71학번 1975년 졸업
서울대학교 경제학 박사 1985년

주요 논문 및 저서
"칼 폴라니의 제도경제학과 시장사회 비판", 2004
「개발독재와 박정희시대: 우리 시대의 정치경제적 기원」 창비사, 2003
「세계화 시대 한국자본주의」 한울, 2007 (공저)
「다시 대한민국을 묻는다」 한울, 2007 (공저)
(역서) 키이스 포크 「시민정치론 강의」 아르케 2009 (공역)

연구 분야
한국경제사, 한국경제론, 제도경제학

기타 이력
한국사회경제학회 회장, 참여사회연구소장
「시민과 세계」 공동편집인

호혜의 경제,
공생의 사회__

칼 폴라니에게 배우는 공동체의 사회경제학

사회자

이런 우스갯소리가 있습니다. 어떤 직업이 가장 오래된 것이냐 하는 문제를 둘러싸고 외과의사와 건축가, 그리고 경제학자가 입씨름을 벌였답니다. 외과의사는 성경에 나오는 아담의 갈비뼈로 이브를 만들지 않았냐며, 외과의사야말로 가장 오래된 직업이라 주장했답니다. 그러자 건축가가 무슨 소리냐며, 성경을 자세히 보면 그 이야기 전에 성경에서 우주의 혼돈으로부터 세상을 만들었다는 이야기가 있으니 건축학이야말로 가장 오래된 학문이며 건축가가 가장 오래된 직업이라고 반박했습니다. 그러니까 그 옆에 있던 경제학자가 무슨 소리냐며, 그 혼란을 만든 게 바로 우리들 경제학자라고 했다는군요. (모두들 웃음)

오늘 이병천 교수님의 폴라니에 관한 강연은 경제학이 사회에 불러일으킨 혼란에 대해 경제학의 책임을 묻고 대안을 찾으려는 시도라 보입니다. 이병천 선생님은 1980년대 한국의 사회구성체 논쟁에서 매우 중요한 역할을 담당하셨던 학자로 알려져 있습니다. 그런데 어느 순간부터인가 이병천 선생님은 더 이상 마르크스주의자가 아니다, 포스트마르크스주의자다는 선언을 하셨고, 그 이후 김대중 정부 시절부터는 신자유주의적 정책에 대한 선구적인 비판을 가하셨습니다. 2004년부터 2009년 4월까지 한국사회경제학회 회장을 맡아 일하셨고, 참여연대 부설 참여사회연구소 소장 직을 맡고 계십니다. 그럼 강의를 듣겠습니다.

왜 폴라니인가 : 무너진 경제에서 살림의 경제로

이렇게 만나 뵈어 정말 반갑습니다. 너무 열공하시는군요. 부자가 되는 것은 고사하고 돈 되는 일도 아닌데 어찌 이렇게 열심이신지요. 오늘 제가 폴라니(Polanyi)에 대해 이야기를 하기로 되어 있는데요, 사회자께서 시작부터 세상을 혼란에 빠트리고 혹세무민한 경제학의 책임을 묻고 대안을 찾는 시도라고 하니 어깨도 무겁고 마음도 무겁네요.

이번 시민학교 경제교실에서 내건 주제가 "세상을 바꾸는 상상력-무너지는 경제, 해법을 묻다."로 되어 있습니다. 무너지는 경제를 다시 살려내야 하는 게 과제지요. 폴라니의 경제학을 한마디로 말하라고 하면 살림의 경제학, 또는 더불어 사는 공동체의 경제학이라 할 수 있어요. 경제가 무너졌다는 말이 무슨 뜻일까요. 우리가 경제 살리기라는 이야기를 엄청 많이 하고 이명박 정부가 경제 살리기를 내세워서 집권에 성공했지요. 또 이전 미국에서 클린턴이 대선에서 경제 문제의 중요성을 강조하면서 "바보같이, 문제는 경제야"라고 한 말이 널리 알려져 있죠. 그런데 도대체 경제를 살린다는 말이 무슨 말일까요. 잘 아시다시피, 보통 경제가 가라앉았다, 경제를 살려야 한다고 말할 때는 주로 경쟁력이 떨어졌다, 효율성이 하락했다는 뜻으로 그렇게 말하지요.

그렇지만 폴라니의 세계에서 '문제는 경제야'라고 할 때 그 '경제'라는 말의 의미는 전혀 다릅니다. 폴라니가 말하는 경제는 살림의 경제, 즉 더불어 사는 살림살이라는 의미입니다. 이게 무너졌다는 건 금융 및 부동산 거품의 붕괴, 노동 및 민생의 위기와 양극화, 에너지와 생태계 위기 등의 복합 위기를 가리키는데, 이런 복합, 다중 위기를 짚는 데는 폴라니의 이야기가 가진 호소력이 매우 높습니다. 폴라니의 살림의 경제학, 또는 공동체의 사회경제학은 '경제'의 형식적 의미와 실체적 의미를 구분하는 것으로부터 시작합니다. 폴라니가 말하는 살림의 경제학은 실체적 의미에 기반을 둔 경제학이죠. 그 반대쪽에 있는 것이 형식적 의미에 기반을 둔 경제학, 우리가 보통 주류 경제학 원론에서 아주 지겹도록 배우는 그런 경제학입니다.

오늘날 미국발 세계경제 위기로 약 30년 동안 세계경제와 시대정신을 주도해 왔던 신자유주의가 위기에 놓였다고 이야기하는데, 그 결말이 어찌 될지는 좀 더 두고 봐야겠습니다. 신자유주의, 또는 시장근본주의의 대표적 이론가는 하이에크(Hayek)인데요, 신자유주의의 기수인 이 하이에크의 맞수가 누구냐. 케인즈(Keynes)나 마르크스(Marx)라고 말하는 이도 있습니다만, 제가 보기엔 폴라니야말로 하이에크의 진정한 맞수라고 할 수 있습니다. 1944년에 하이에크가 〈노예의 길〉이라는 책을 냈는데, 바로 그 즈음에 폴라니가 그의 대표작인 〈거대한 전환〉을 썼죠. 그렇지만 단지 시기만이 아니라 사상 체계에서 맞수라 할 수 있죠. 바로 시장이라는 것, 그리고 그 역사적 위상을 어떻게 보느냐 하는 문제에서 두 사람은 완전히 갈라섭니다.

하이에크는 시장을 자연적이고 자생적으로 진화하며 자기조절 능력을 가진 것으로 보았습니다. '공동체로부터 시장사회로', 이것이 그의 역사관입니다. 이에 반해, 폴라니는 시장을 사회적, 정치적, 제도적, 문화적으로 구성되는 것으로 보았고, 자유시장사회는 지속되기 어려운 내적 모순을 간직한, 유토피아적 환상이라고 비판했습니다. 시장사회가 공동체적 연대성을 파괴한다고 보았지요. 하이에크는 시장 속에서 인간의 자유가 보장되고 그래서 사회는 시장에 종속되어야 한다고 보았지만, 폴라니는 바로 그 시장이 인간의 자유를 억압하고 개인이 자기 삶의 책임 및 공동체속의 책임을 떠맡지 못하게 한다고 보았습니다. 그래서 시장의 고삐를 잡아 사회 속에 착근시키려고 했어요. 그리고 하이에크에서 연대는 자유를 위해 폐기해야 할 낡은 부족사회 가치임에 반해, 폴라니에서 연대는 바로 그 자유, 개인적 자유 및 사회적 자유를 위해서 인류가 새롭게 지향해야 할 기본 가치가 됩니다.

폴라니는 마르크스, 케인즈와는 보완 관계가 많습니다. 폴라니와 특히 초기 마르크스는 많이 가깝지요. 폴라니는 마르크스의 역사적 유물론이나 가치론에는 흥미가 없었고, 초기 마르크스의 '소외론'에 크게 공감하고 있어요. 소외론은 인간을 고유한 본질을 지닌 존재로 파악하고 자본주의가 이런 고유함을 빼앗은 소외된, 물화된 구조라고 보는데, 이는 폴라니의 생각과 퍽 유사합니다. 폴라니는 심지어 자신의 대표 저작인 〈거대한 전환〉이 초기 마르크스의 소외론의 아이디어를 백년 후에 계승한 것이라고, 좀 지나치다 싶은 말까지 했어요. 그리고 무엇보다 마르크스는 폴라니에는 없는 자본의 이론, 자본 축적론을 가지고 있습니다. 그렇지만 마르크스의 경제주의, 경제근본주의, 진화주의, 결정론에 대해서 폴라니는 아주 비판적이지요. 마르크스의 경제주의는 자본주의를 생산력의 발전에 따라 필연적으로 출현하는 생산양식으로 본 점에서는 역설적으로 시장사회가 인류역사의 자연스런 진화의 산물이라고 보는 하이에크의 진화주의와 닮은 면이 있습니다. 그리고 마르크스의 생산양식과 사회구성체론에 들어 있는 경제에 대한 관념은 폴라니가 비판한 형식적 경제학의 체계에 깊이 물들어 있다고 하겠습니다.

케인즈와의 관계를 보면, 화폐와 금융 문제에서 폴라니는 케인즈와 접근하는 부분이 많습니다. 화폐를 금속이나 노동 같은 어떤 본질로 환원시키지 않고 구매력의 상징으로 간주하는 화폐관에서 폴라니와 케인즈는 생각이 유사합니다. 그리고 나라경제의 운영과 안정적 발전에서 국경을 잘 관리하는 것이 매우 중요하다고 보는 점에서도 두 사람은 공통점을 갖고 있습니다.

제가 학계에서 이야기할 때는 폴라니, 마르크스, 케인즈 등의 종합으로 가자는 식으로 자주 말합니다. 하나의 유일사상에 매달리지 말고 복합적 기둥을 갖는 것이 오늘날의 사상적 시대정신에 맞는다고 그러지요. 그래서 때로는 절충주의라는 비판을 듣기도 하지만 저는 1989년 베를린 장벽붕괴 이후로는 진보 사상의 다원주의 그래서 열린 진보를 지향하고 있습니다. 경제학에서는 폴라니, 마르크스, 케인즈, 베블렌(Veblen), 마샬 등에서 각각의 장점을 취하려고 하죠. 그렇지만 그 중에서도 폴라니가 경제와 사회의 문제를 가장 근본적으로 보고 있다고 생각하고 있습니다. 경제를 경제 문제로만 좁혀 보지 않고 사회와의 관계 속에서 보지요. 그리고 제도를 통상적 제도주의자와 달리 구성원의 보편적 필요와 인간의 근본적 욕구라는 관점에서 봅니다. 따라서 그의 사회경제학, 제도경제학은 뛰어나게 윤리경제학의 성격을 갖고 있습니다.

폴라니는 인간이라는 종이 결코 로빈슨 크루소적 경제인으로 환원시킬 수 없는 복합적인 욕구와 발전 잠재력을 가졌다고 하는, 총체적 인간성에 대한 사유를 보여 줍니다. '시장'에 대해 여러 사람들이 이런저런 문제들을 지적하지만 폴라니는 인류 문명의 시각에서 근원적으로 파헤치고 있다고 봅니다. 시장사회가 삶의 터전을 뒤흔들어 인간의 살림살이를 근본적 불안정에 빠트리고, 사회적 총체성을 파괴하고 총체적 인간성을 파편화시켰다는 것, 더불어 사는 인간의 연대성과 사회적 자유를 파멸적 위기로 몰아넣었다는 것이 그의 핵심 포인트입니다. 시장사회에서 인간은 일종의 문화적 진공상태 또는 근원적 불안 속에 떨어졌다고 봅니다. 그래서 시장사회의 역사를 단지 성장 대 분배의 관점에서 보는 사고를 넘어 '시장대 사회'의 대항관계로 보고 있습니다.

요컨대 폴라니는 우리 시대 경제적 자유주의와 자유주의적 자본주의에 대해 가장 근원적으로 문명적, 인류학적인 비판과 새 휴머니즘의 사회경제학을 제시했다고 하겠습니다. 그래서 폴라니의 시장사회 비판에 비한다면 마르크스의 자본주의 비판, 특히 자본론의 자본주의 비판은 오히려 약한 비판이라는 생각마저 듭니다.

폴라니 사회경제학의 주요 개념들

앞서 말씀드렸듯이 이번 시민 강좌의 부제 중에 '무너진 경제'라는 말이 있는데, 과연 이 '경제'라는 게 무엇이냐, 이것이 문제의 출발점입니다. 여기서부터 폴라니가 자신의 고유한 사회 경제학의 체계, 사유 틀을 펼쳐 간다고 보시면 되겠습니다.

어떤 이론이든 체계든 그 사유를 형성하는 몇몇 키워드들이 있습니다. 그런 핵심 개념 또는 범주가 중요하지요. 예컨대 마르크스에서는 생산양식, 사회구성체, 토대와 상부구조, 생산력과 생산관계, 착취, 자본, 잉여가치, 이윤율의 경향적 저하 등과 같은 키워드가 있지요. 또 아담 스미스 같으면 국부, 분업, 시장 등과 같은 키워드가 있습니다. 그러면 폴라니의 키워드는 뭐냐. 여러분, 아마 폴라니의 대한 연구문헌들을 죽 봐도 폴라니 키워드를 전체적으로 묶어 정리해 놓은 것은 별로 보지 못했을 겁니다. 보셨으면 저에게도 좀 알려 주세요. 저도 이런 정리가 부족하다는 걸 느끼고, '아, 이걸 제대로 좀 정리해야겠구나!' 하고 생각했습니다. 오늘 이 이야기부터 시작하는 것도 그런 이유 때문입니다.

폴라니 사회경제학의 키워드는 서너 개 정도가 있는 것 같아요. 그 중에서 우선적으로 중요한 건 '실체'(substance)라는 말입니다. '실체', '실체적 경제', '사회의 실체' 같은 말들이 폴라니 사회경제학과 경제인류학의 고유한 체계를 만들어 주는 핵심 개념입니다. 폴라니는 이것을 '형식', '형식적 경제'와 대립되는 의미로 쓰고 있어요. 또, 폴라니 경제학에서 '경제', 또는 '경제적'이라는 말이 주류 경제학에서 쓰는 것과 전혀 다른 실체적 의미를 갖고 있다는 점에 주목해야 합니다. 즉 폴라니의 경제는 실체적 경제, 다시 말해 더불어 사는 살림살이라는 의미입니다. 효율이나 성장은 기본 가치로서 더불어 사는 살림으로서의 경제 다음에 오는 '수단가치'에 지나지 않습니다.

이 실체 개념과 직결되어 있는 것이 '사회'라는 말이지요. '사회'가 무슨 대단한 말이냐 하고 생각하시겠는데, 폴라니의 이야기에서는 아주 중요하고 풍부한 의미를 갖고 있습니다. 정치와 경제, 도덕과 제도, 역사와 전통 이런 수준들이 다 들어 있다고 보아도 좋아요.

그런데 흥미롭게도 폴라니에서 '사회'라는 이 중요한 말이 엄밀하게 정의되어 있다고 보기는 좀 어렵고 모호한 부분도 있는데요, 이에 대한 연구가 의외로 그렇게 많지는 않습니다. 또 논자마다 좀 다르게 이해하기도 합니다. 저는 이 지점에 주목하면서 폴라니에서 사회라는 말이 풍부하고 복합적인 만큼이나 다소 모호하며, 개념의 분화와 발전이 미흡하다고 보고 있습니다. 이에 대해서는 나중에 기회 있을 때 좀 더 이야기하기로 하고 시작하는 마당이니 일단 여기서는 공동체적 기반 또는 연대성의 관계 정도의 의미를 갖고 있다고 생각하시지요. 폴라니에서 '경제'가 '살림살이'라는 의미라면, '사회'란 곧 더불어 사는 '공생의 사회'라는 의미를 가진다, 이렇게 봅니다. 폴라니의 경제학은 그런 의미에서 '사회경제학'이라고 말할 수 있습니다.

여기서 꼭 지적해야 할 것은 폴라니가 마르크스처럼 '사회'를 결단코 '경제'에 의해 최종적으로 규정되는 것으로 보지는 않는다는 것입니다. 이것은 폴라니를 이해함에 있어서 결정적으로 중요한 부분이에요. 물론 사회와 경제의 관계에 대하여 폴라니의 사회경제학은 마르크스에 비해 부족한 점이 있습니다만 경제 자체의 개념에서 폴라니의 사고는 마르크스를 넘어선다고 할 수 있습니다. 그런 의미에서 폴라니는 경제적 사회구성체, 토대, 상부구조라는 말을 거부한다고 보아도 좋습니다.

그 다음에 아주 많이 나오는 말이 바로 '임베디드니스'

(embeddedness) 라는 말입니다. 오늘날 제도경제학에서 'social embeddedness', 'institutional embeddedness', 'national embeddedness', 'spatial embeddedness' 등으로 널리 사용되고 있는데 우리말로 번역하기에 참 힘든 말이기도 합니다. 용어라는 게 묘해서 번역이 잘 안되면 의미 파악도 잘 안됩니다. 일본 사람들의 연구를 보니까 '배태' 라든가 '연계' 라고 번역하더군요. 그간 한국에서도 여러 가지 말로 번역을 해왔는데요. 저도 고민하다가 '착근'(着根), 즉 뿌리를 내린다는 뜻의 착근이라는 말을 겨우 찾아내어 쓰고 있습니다. 이 말이 embeddedness의 원래 의미를 그런대로 잘 담아내는 번역어라고 생각합니다. 그래서 'socially embedded market' 이라면 '사회에 착근된 시장' 이라고 할 수 있죠. 그 반대말이 'disembedded market' 인데, 이건 '탈 사회화된', '탈 착근된', '유리된', '고삐 풀린' 시장 등으로 번역할 수 있습니다. 이제 삶의 터전이 뿌리 뽑히고 전 사회와 인간의 삶이 시장 효율논리와 약육강식 게임에 지배될 때 사회의 시장화, 즉 폴라니가 말하는 '시장사회' 가 나타납니다. 그리고 탈 사회화된, 고삐 풀린 시장, 고삐 풀린 경제를 다시 바로 잡아서 삶의 터전과 사회적 연대성을 회복하는 조건으로서 시장이 될 때 이것이 '재착근된', 또는 '재사회화된' 시장('reembedded' market)이 됩니다. 그리고 각도를 달리 해서 노동자가 토지로부터, 공동체의 보호로부터 유리되어 '뿌리 뽑힌' 존재가 되었다, 이럴 때도 disembedded라는 말을 사용하게 됩니다.

그 다음으로 '호혜'(reciprocity) 라는 말이 있습니다. 폴라니 공부를 하면서 특히 이 호혜라는 말에 관심을 많이 갖고 그 의미를 발전시켜야겠다는 생각을 하고 있는데 국제적으로도 연구가 제법

활발한 것 같습니다. 그런데 '호혜'라는 말은 너무 밀접하고 가까운 관계를 나타내는 뉘앙스가 있는 것 같아요. 가까운 관계는 좋긴 한데, 가까운 사람끼리만 통한다는 약점이 있습니다. 그만큼 그 바깥에 대해서는 폐쇄적으로 되어 큰 사회(great society)에는 두루 쓰이기 어렵습니다. 그래서 제가 '상호성'이라는 말로 번역해서 글을 쓰기도 했는데, 이 상호성이라는 용어는 아직 불안정합니다.

그리고 '공존'(co-existence)라는 말이 오늘 강연 주제에도 나오는 데요, 이건 폴라니가 말년에 발행했던 잡지 이름에서 따온 것 같네요. 그런데 저는 '공존'에서 한 걸음 더 나아가 '공생'이라는 말을 사용하면 어떨까 합니다. 호혜를 통해 함께 나눈다, 나눠 먹고 사는 걸로 그치는 게 아니라, 다시 말해 하나 더하기 하나는 둘이 아니라 셋(1+1=3)이 되는 누이 좋고 매부 좋은 관계를 지향해야 한다고 봅니다. 그런 의미에서 '공존'보다는 '공생'이라는 말이 어떨지요.

이 정도 이야기면, 아마 폴라니의 사회 경제학 세계로 들어가는 기본 개념은 대강 말씀 드린 게 아닌가 합니다.

형식적 경제학 대 실체적 경제학

그러면 이제 폴라니가 말하는 '경제'가 뭔지 이야기해 보지요. 형식적 경제학은 곧 주류 경제학을 말하는 데요, 이 체계에서는 먼저 인간에 대한 가정이 있습니다. '경제인'(Homo Economicus)이라는 가정이지요. 이 말은 인간이 '무한한 욕망'을 가졌다는 엄청난 가정을 전제합니다. 그 다음은 '원자적 개인'이라는 가정입니다. 로빈슨 크루소처럼 혼자 뚝 떨어진 개인이죠. 이웃이, 동료가, 공동체가 나의 자유, 나의 행복에 어떤 의미가 되는가, 이런 데 관심이 없습니다. 이것들이 인간 존재에 대한 가정입니다. 그런데 무한한 욕망을 충족시키기엔 수단이 제한되어 있습니다. 이게 바로 수단인 '자원의 희소성' 이죠. 그러므로 '선택' 을 아주 잘해야 합니다. '효율적인 선택' 입니다. 그래서 효율성을 최대의 목표, 가치로 꼽는 것이 형식적 경제학의 체계입니다.

〈그림 1〉 형식적 경제학

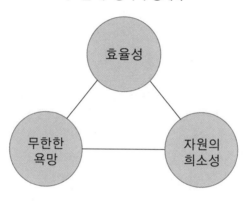

효율성을 충족시키기 위해서, 효율성을 높이기 위해서 정리해고 즉 인간을 간단히 정리하는 것은 별로 문제가 되지 않죠. 아니 그렇게 무자비하게, 폭력적으로 인간을 조정할 수 있어야 효율성을 높일 수 있다는 이야기가 됩니다. 혹시 〈렉서스와 올리브 나무〉라는 책을 보신 적이 있는지요? 신자유주의 세계화를 선도하고 홍보하는 세계적 베스트셀러인데요, 이 책을 쓴 토마스 프리드만 같은 사람은 세계화 시대에 '성공' 하려면 각 나라들은 '부상자를 쏘아죽일 용의' 가 있어야 한다는 무서운 이야기를 합니다. 부상자는 시장 경쟁 '낙오자' 란 뜻인데, 무자비한 경쟁을 통해 최대의 효율성을 달성케 해주는 것이 '시장', '글로벌 시장'이라는 겁니다. 그러니까 시장이 자연스럽게 작동하는데 방해나 개입을 하면 안 되고 시장이 잘 굴러 가도록 정부가 최소한의 역할을 하는 작은 정부 이론, 그러면서도 노동자가 너무 시끄러우면 강력히 관리를 해야 하는 그런 정부의 역할을 주장합니다. 이런 사고가 좀 차이는 있겠지만 아담 스미스부터 하이에크까지 이어지는 형식 경제학의 기본 체계죠.

<그림 2> 실체적 경제학

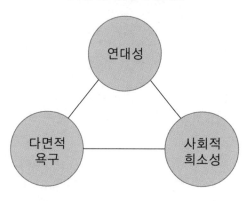

폴라니는 이런 형식적 경제학 또는 로빈슨 크루소 경제학의 틀을 거부하며, 경제에 대한 경제주의적 사고를 비판합니다. 폴라니가 말하는 실체적 경제학에서는 무엇보다 인간에 대한 형식 경제학의 가정 자체를 문제로 삼습니다. 인간의 무한한 욕망? 폴라니는 인간이 무한한 욕망을 가진 존재가 아니라 '다면적 욕구'를 가진 존재로 파악합니다. 굶주리고 빌어먹는 신세가 되어서는 안 되겠지만, 많이 가지면 가질수록 좋다는 것이 아닙니다. 다다익선이라는 말이 있습니다만, 이것은 함정이 있는 말이지요. 적당히 가지고 삶을 풍요롭게 향유할 수 있는 길이 얼마든지 있다는 게 폴라니의 인간관

입니다. 또 인간은 무인도에 홀로 뚝 떨어져 사는 로빈슨 크루소와 같은 존재가 아니라 사회적 존재, 공동체속의 존재라는 게 폴라니의 생각입니다. 원자적 개인이 아니라 '나는 너와 더불어 있다, 너는 나의 수단이 아니라 나의 자유, 나의 행복, 나의 풍요에 불가결한 존재'라는 겁니다. 여기서 자유는 '연대적 자유' 혹은 '사회적 자유'라고 할 수 있습니다. 폴라니는 '사회적 연대'라든가 '공동체적 결속'이라는 말을 하는데, 더불어 사는 게 중요하다는 겁니다. 또한 자연과 인간의 공존, 공생이 매우 중요하다고 하죠.

폴라니는 자원이 희소하다는 걸 완전히 부정하지는 않지만 희소한 상황이라는 것은 어디까지나 아주 상대적인 것이라고 봅니다. 그렇게 되면 당연히 경제 잉여나 효율성의 개념도 달라집니다. 무슨 말인가 하면, 우리가 인간의 욕망이 무한하다, 끝이 없다는 식으로 생각하는 게 아니라 우리의 욕구를 열린 것으로, 사회적 상호작용과 제도적 틀 속에서 어떤 식으로 가꾸고 발전시키느냐가 중요하다는 식으로 사고의 방향과 초점을 정반대로 함에 따라 희소성의 문제는 아주 상대적인 문제로 바뀐다는 겁니다. 아니, 상대적 희소성이라는 말도 부정확하고요, 더 엄밀히 말해 희소성은 자연적인 문제가 아니라 사회적인 문제로, 사회적 희소성의 문제로 변한다고 할 수 있습니다. 그래서 노동자를 폭력적으로 구조조정을 한다거나, 부동산 투기를 통해 경기를 부양하고 서민 내 집 마련은 더욱 어렵게 되는 그런 식의 효율 높이기와 '경제 살리기'는 사고틀 자체부터 거부하게 됩니다.

경제 인류학에서는 '희소성'이 있느냐 없느냐 하는 논쟁이 있어요. 원시시대 경제를 연구한 살린스(M. Sahlins) 같은 사람은 원시적 풍요를 이야기했어요. 흔히 원시시대가 빈곤했을 거라고 생각하는데 물질적 욕구가 적었기 때문에 오히려 생활은 여가가 많고 더 풍요했다고 하는 그런 주장입니다. 그래서 희소성은 자연적인 것이 아니라 사회적인 것이라는 겁니다. 인간은 다면적인 욕구를 갖고 있죠. 시를 쓰고 낚시를 즐기고 음악을 듣고, 교제를 하는 등의 다양한 욕구가 있습니다. 바로 이런 다면적인 욕구를 충족시키기 위해서 물질적 수단이 필요합니다. 인간의 삶과 욕구 충족은 물질적 수단에 의존합니다. 즉 인간의 욕구는 물질적인 것을 포함하지만 그것을 넘어서는 복합성을 갖고 있고, 그런 복합적, 다면적인 욕구를 충족시키기 위한 수단이 물질적이라고 폴라니는 역설하고 있습니다. 이런 인간관, 경제관 위에 설 때, 경제의 문제란 그 다면적 욕구를 충족시키고, 너와 내가 더불어 살아가는 질서, 나아가 인간과 자연이 공존하는 그런 공동체를 구성하는 문제가 됩니다. 형식적 경제학의 체계는 수단과 목적이 거꾸로 된 셈이죠.

이 대목에서 폴라니는 '제도화된 상호 작용'이라는 말을 하는데요, 폴라니는 제도란 공동체 속에서 인간의 상호 작용을 매개하고 통합하는 틀이라고 말합니다. 폴라니는 기본적으로 인간의 필요와 욕구가 제도를 창출한다는 윤리적 주체의 관점을 앞세웁니다. 그러면서 인간의 욕구도 이 제도 속에서 생겨나고 변화한다고 봅니다. 제도에 대한 이런 생각은 형식적 경제학의 변종인 신제도주의에서 말하는 제도론과는 근본적으로 달라요. '실체적 의미에서의 경제'는 인간의 욕구가 물질적인 수단에 의존하는 바, 그 물질적 수단을 제공하고 가공하는 자연과 인간, 인간과 인간 사이의 제도화된 상호작용 방식으로서 사회에 착근된 경제를 의미하는 말입니다. 그래서 인간과 인간, 인간과 자연간의 관계를 조절하는, 요즘 잘 쓰는 말로 하면 거버넌스(governance)하는 제도 형태들이 역사적으로 어떻게 존재해 왔는지, 그리고 앞으로는 어떤 식으로 재구성해야 하는지를 연구하는 것이 폴라니의 실체적 사회경제학의 기본 과제가 됩니다. 어떤 사람들은 이런 경제학의 체계를 '광의의 경제학'이라고 부르기도 하지요. 아직 화폐에 대한 이야기는 하지를 못했는데, 이것은 나중에 가서 더 말씀드리도록 하겠습니다.

세 가지 통합 양식 – 교환, 재분배, 호혜의 세 차원

우리는 경제 질서라고 하면 거의 시장만을 떠올리는데, 폴라니가 보기엔 역사적으로 그렇지가 않습니다. 너와 내가 서로 어울려서 하나의 경제 질서를 형성하는 방식이 통합의 양식인데, 폴라니에 따르면 거기에는 세 가지가 있습니다. 대칭성에 입각한 호혜(reciprocity)원리와 이에 기반을 둔 공동체, 그리고 중심성에 입각한 재분배(redistribution)원리와 이에 기반한 국가, 그리고 등가성에 기초한 교환(exchange)의 원리와 이를 뒷받침하는 구조로서 시장이 바로 그것입니다. 폴라니에 따르면 교환은 경제적 동기에 의한 것이지만, 호혜나 재분배는 다분히 비경제적 동기에 의한 것입니다.

먼저, 시장을 통한 교환의 방식, 이것은 경제적 동기에 의해서 추동되는 주요한 합의 양식인데, 폴라니는 시장이 역사적으로 오래 전부터 존재했음을 보여 줍니다. 그러나 전근대시장과 근대이후의 시장이 다른 점은 근대 사회에 와서야 시장이 전면화 된다는 사실입니다. 공동체적 규범이 풀려서 그렇게 되었다는 겁니다. 전근대 사회에서는 시장이 사회에 착근되어 있었습니다. 사회, 다시 말해 공동체적 규범에 뿌리 내려 있어서 사회경제 통합의 주요한 양식은 아니었는데, 근대에 들어와 주요한 지배적 양식이 되었다고 봅니다.

재분배의 경우는 중앙에 의해 조절되는 통합양식입니다. 즉 국가로 수집되고 다시 국가로부터 흘러나오는 경제의 흐름이 재분배입니다. 전통 사회에서 이 국가적 영역은 아주 큰 위치를 차지하고 있고, 또 복잡하지요. 한 가지 간단한 예를 들면, 멧돼지 사냥을 나가서 함께 공동으로 멧돼지를 잡았다고 하면, 그것은 공동 행위로 인한 집단 공동의 이익으로서 일정 부분은 중앙으로 귀속되고, 축제나 제사, 손님맞이 등 공동의 일을 위해 그것을 사용하게 되는 거죠.

마지막으로 호혜인데, 이것의 가장 중요한 형태는 증여 또는 선물입니다. 이 또한 재분배와 유사하게 주로 비경제적 동기에 의해 추동됩니다. 폴라니의 설명을 유심히 보면, 호혜는 공동체 내부에서 구성원들 간에 이루어지기도 하지만, 공동체들 상호간에 이루어지기도 합니다. 폴라니는 '다호메 왕국'에 대한 연구에서 공동 노동, 수공업길드, 가족 부조, 친구관계, 저당 등을 모두 호혜, 또는 상호 부조와 협력의 예로 들고 있습니다.

그런데 폴라니가 경제의 문명사 전반을 훑어보니, 시장이 전면화된 것, 시장 중심으로 경제적 통합이 이뤄진 것은 자연적으로 일어난 것도 아니고, 자생적으로 진화한 것도 아니라는 겁니다. 시장이 고삐가 풀려서 전면화 되고 지배적인 질서가 되는 건 정상적인 역사 경로가 아니라 매우 이상하게 뒤틀린 역사 경로라는 게 폴라니의 인식입니다. 즉 시장사회 출현의 특수한 정치가 있었다고 보는 거지요. 이에 대해 폴라니는 '자유방임은 계획되었다.' 라고 표현하기도 합니다. 바로 이것이 시장 자유주의 진화론과 정면으로 충돌하는 폴라니의 역사관입니다. 폴라니는 전근대 사회에 대한 인류학적 연구를 통해서 근대경제가 시장사회로 전면화되기 전에는 공동체적 규범과 비경제적인 다양한 동기들이 경제적 질서를 움직여 나가는데 매우 중요했다는 사실을 드러내고, 그런 문명사적 시각에서 오늘의 시장사회를 상대화할 수 있는 시각을 우리에게 제공해 줍니다.

사회경제의 실체 : 노동과 토지, 화폐는 상품이 아니었다.

이어서 폴라니가 말하는 실체적 경제에 대해 좀 더 자세히 살펴보도록 하지요. 폴라니는 인간의 삶에는 '사회의 인간적 실체와 자연적인 실체'(the human and natural substance of society)가 존재한다고 말하고 있습니다. 사회, 다시 말해 공동체로서 사회의 실체의 뼈대를 구성하는 것이 3대 본원적 생산요소라고 이야기되는 노동, 토지, 화폐입니다. 근대 시장사회 이전에 이 본원적 생산 요소들이 어떤 위치를 갖고 있었는지에 관해 폴라니의 설명을 통해 알아보지요. 이 실체론은, 제가 생각하기에 거의 마르크스의 생산양식론에 대응하는 폴라니 사회경제학의 핵심 골간이기 때문에 과연 폴라니가 이에 대해 어떻게 말하고 있는지 주목해서 잘 보아야 합니다.

노동과 토지와 화폐는 원래 상품이 아니었다는 게 폴라니의 골자입니다. 노동은 삶 그 자체와 같이 가는 인간 활동의 다른 이름으로서, 그 성질상 판매하기 위해 생산된 것이 아니라 완전히 별개의 이유에서 산출되었다는 거죠. 또한 토지는 인간에 의해 생산되지 않는 자연의 다른 이름일 뿐이라는 겁니다. 화폐도 결코 생산되지 않는 것이 원칙이며, 은행이나 국가 재정의 메커니즘을 통해 존재하게 되는 구매력의 상징(token)일 뿐이라고 봅니다.

이런 세 가지 본원적 생산요소들은 원래 판매를 위해 생산된 것이 아니기 때문에 이것들을 상품화하는 것은 사회구성 원리 자체에서 근본적으로 무리한 사태라는 게 폴라니 시장사회 비판의 핵심입니다. 즉 시장사회에서 노동, 토지, 화폐는 '허구적 상품'(fictitious commodities)으로 전락했고, 여기에 시장사회의 근본 모순이 존재한다는 것입니다. 이 본원적 생산요소들을 상품화시키면서 시장은 사회, 즉 공동체의 논리를 전면적 시장 논리에 종속시킵니다. 다시 말해 재분배, 호혜 같은 연대적 통합 양식은 주변으로 밀려 나가게 됩니다. 이 때문에 시장사회는 비정상적으로 뒤틀린 사회가 되고 경제의 문명사에서 아주 부자연스런 역사적 현상이 되었다고 폴라니는 말합니다. 그리고 이로부터 자유 시장사회라는 게 지속 불가능한 사회라는 인식이 나옵니다. 그러면 본원적 생산 요소 하나하나에 대해 좀 더 자세히 짚어보도록 하지요.

노동은 시장사회 이전에는 토지, 즉 생산 수단과 결합되어 있다는 점에서 생존의 위협을 받지 않는 위치에 있었습니다. 또한 노동하는 자에 대해서는 공동체 차원의 보호 장치가 존재하였습니다. 노동하는 이를 굶어 죽게 내버려 두지는 않았고, 공동체의 품 안에 들어가 있었다는 겁니다. 그렇기 때문에 신분적 자유를 얻어 해방된 노동자는 인격적으로는 노예나 농노보다 더 자유롭지만, 생산수단으로부터 분리된 바로 그 처지 때문에 경제적으로는 노예나 농노보다 더 부자유스러운 지점이 있다는 겁니다. 아주 역설적인 이야기죠. 노예주가 노예를 굶어 죽이면 노예주의 빛이 바래게 되지요.

사실 이런 지적은 폴라니만의 이야기는 아니죠. 마르크스도 폴라니와 비슷한 이야기를 했던 것을 볼 수 있습니다. 〈자본론〉은 아니고 〈정치경제학비판 요강〉으로 알고 있습니다만, 마르크스는 임금 노동자의 창출이 갖는 이중적인 성격에 대해 언급하면서, 한편에서는 산 노동의 '더 낮은' 형태가 해체되었지만, 다른 한편에서는 이 노동의 '더 행복한' 형태도 해체되었다고 말한 적이 있어요. 〈정치경제학 비판요강〉에는 또 〈자본주의 생산에 선행한 제형태〉라고 해서 공동체에 대한 글이 실려 있는데요, 이것은 마르크스가 '공동체 대 자본주의'라는 범주로 사회를 구분하는 시각을 보여주고 있습니다. 이 또한 폴라니와 통하는 점이라 할 수 있습니다.

다음이 토지인데요, 폴라니에 따르면 토지의 경제적 기능은 토지가 갖는 여러 핵심적 기능 중 하나에 불과합니다. 토지는 인간의 삶에 안정성을 부여하는 거주의 장소(site of habitation)라는 점이 매우 중요해요. 인간이 토지를 확보함으로써 정주하게 되고, 정주함으로써 문명이 일어났고, 인간들 사이의 결속, 즉 정주에 따라 항구적이고 안정적인 공동체적 관계가 일어난다는 이야기를 합니다. 그래서 토지에서 떨어져 나오면 인간은 뿌리 뽑힌(uprooted)존재, 불안정하게 헤매고 방황하는 존재가 되는 거죠. 또 폴라니는 요즘 생태주의에서 하는 이야기와 거의 비슷한 말을 이미 했습니다. 토지는 육체적 안전을 위한 조건일 뿐 아니라 풍경이며 계절이라고 시적으로 이야기하지요. 따라서 인간을 토지에서 분리시키고 사회를 부동산 시장의 요구에 맞추어 조직하는 것이야말로 유토피아적 시장경제 개념의 핵심적인 부분이라고 폴라니는 비판합니다.

다음으로 화폐로 넘어가지요. 화폐는 사실 경제학에서도 매우 까다로운 주제입니다. 화폐는 단지 교환의 수단이 아니고 지불수단이며, 화폐는 상품이 아니라 구매력의 상징이라고 폴라니는 정의하고 있는데요, 이 생각은 고전적 화폐수량설의 견해와 대립됩니다.

고전 자유주의 경제학으로부터 오늘날의 신자유주의에 이르기까지 이어지고 있는 화폐론의 기본사고는 화폐가 상품이라는 겁니다. 화폐는 상품이기 때문에 여타 상품과 다를 바가 없고, 교환을 편리하게 하기 위한 수단에 불과하다는 거죠. 그래서 상품 체계 속에서 화폐가 차지하는 독특한 위상과 역할을 전혀 인정하지 않습니다. 그러나 화폐를 지불수단이나 구매력의 상징으로 본다는 건 이런 생각과 결별하는 겁니다. 뿐만 아니라 마르크스처럼 화폐를 노동의 추상적 응집물로 본다거나 하는 본질주의적 생각과도 결별하는 것이죠. 금속의 질 같은 것과 무관하게 화폐는 사회의 합의와 약속에서 인정된 것이라고 폴라니는 바라봅니다. 따라서 그것은 금본위 제도도 있지만 관리통화제로도, 그 이상으로도 얼마든지 나아갈 수 있는 것이죠. 그리고 바로 이 때문에 화폐는 여타 상품과 근본적으로 다른 공공성을 가진 것이고 화폐 발행이 사회적 부채가 되기 때문에, 그에 따르는 사회적 의무와 각별한 공적 조절이 필요하다는, 굉장히 중요한 사고를 폴라니는 보여 줍니다.

화폐에 대한 그 다음 이야기를 보면, 폴라니는 한정적 목적의 화폐와 보편적 목적의 화폐를 구분합니다. 고대 화폐는 지불수단, 가치척도, 부의 축장, 교환 각각에 다른 물건을 사용했다는 겁니다. 이게 한정적 목적의 화폐입니다. 오늘날 화폐라고 하면 모든 기능을 다 갖고 있는 보편적 목적의 화폐죠. 그러나 전근대사회에서는 각기 한정적 목적을 갖는 화폐가 달리 쓰였다는 겁니다. 이로부터 오늘날에는 화폐의 형태와 질서를 어떤 방식으로 가져가야 하느냐 하는 굉장히 중요한 물음이 나옵니다. 예컨대 지역에서 지역화폐를 만들어 유통시킨다면 그것의 이론적 근거는 무엇이냐는 문제가 제기되는데, 이럴 경우에 한쪽에서는 엄청난 혼란이 발생하니까 없애야 한다는 주장이 있을 수 있어요. 그렇지만 이와 달리, 이른바 '중층적 화폐 체계'를 잘 가져가는 것이 살림살이 터전을 더욱 안정화시키고 시장의 파괴적 작용으로부터 사회를 방어할 수 있으며, 욕구를 다양하게 충족시킬 수도 있고, 더불어 사는 삶을 위한 새로운 진지를 구축할 수 있다, 이런 이야기가 나올 수 있습니다. 지역 자치에 대해 매우 근원적인 논리를 제공하는 셈이지요.

시장사회의 출현과 사회경제 실체의 파괴

'시장사회'란 공동체로서의 사회가 시장논리에 종속되었다는 의미를 갖습니다. 시장의 고삐가 풀렸다는 거죠. 통합 양식인 재분배나 호혜가 시장의 전면화에 의해 밀려나고, 노동과 토지와 화폐가 허구적 상품으로 전락하는 겁니다. 다음 구절은 폴라니의 주저 〈거대한 전환〉의 핵심 아이디어를 말해주는, 가장 많이 인용되는 문구입니다.

"우리의 명제는 자기 조정적 시장 사회의 이념 속에는 순진무구한 유토피아의 이념이 내포되어 있다는 것이다. 그 제도는 사회의 인간적이고 자연적인 실체(the human and natural substance of society)를 말살하지 않고는 잠시도 존재할 수 없을 것이다. 즉 시장은 인간을 육체적으로 파괴시키고 환경을 황폐화시킨다."

이것이 폴라니의 가장 중요한 메시지이죠. 이어서 보시지요.

"인간 노동력을 (상품으로) 처분할 경우, 이 시스템은 노동력이라는 딱지에 붙어 있는 육체적, 심리적, 도덕적인 총체(entity)로서 인간을 처리한다. 자연은 개개의 요소들로 분해되고, 이웃과 풍경은 더러워지고, 하천은 오염되고…, 식량과 원료를 생산하는 능력은 파괴된다. 시장에 의한 구매력의 관리는 기업을 주기적으로 파산시킬 것이다…. 화폐의 부족과 과잉은 기업에 있어서는 마치 원시 사회에서 홍수, 한발과 같은 재난이 될 것이다…. 사회의 인간적, 자연적 실체 및 그 기업 조직을 악마의 맷돌로부터 보호하지 않는다면, 어떤 사회도 그러한 '거친 허구의 시스템'(systems of crude fictions)을 견뎌내지 못할 것이다."

그러면 노동과 토지와 화폐가 어떻게 상품으로 바뀌는지를 하나씩 살펴보지요. 먼저 노동인데, 폴라니는 노동이 허구적 상품으로 되는 전환에 대해 이렇게 말합니다. "노동이 다른 삶의 활동에서 떨어져 나와 시장의 법칙에 종속된 결과, 모든 유기적인 생활형태(all organic forms of existence)가 절멸되었고, 전혀 다른 조직형태 즉 원자적이고 개인주의적인 조직으로 대체되었다"고요. 마르크스처럼 유통과정에서는 등가교환이 이루어지는데 노동과정에서 착취가 발생한다는 식으로 보지는 않죠. 원자적인 개인들을 전제하고 난후 노동시장에서는 재화시장과 마찬가지로 등가 교환이 성립됨에 반해 노동과정에 들어가면 착취가 발생한다는 식으로 보기 보다는, 토지소유와 공동체의 보호를 박탈당한 노동의 상품화가 초래하는 불안정화와 원자화 현상 자체를 중시합니다. 그런 관점에서 폴라니의 경우에는 스핀햄랜드법(Speenhamland Law, 1795)과 신구빈법(1834)이 가장 중요합니다. 스핀햄랜드법은 노동자에게 임금 보조금을 주어 일종의 최저생계비를 보장해 주는 안전망이었는데 약

40년 후에 이게 무너지면서 신구빈법이 만들어지죠. 신구빈법은 빈곤이 나태에서 비롯됐다고 보는 시대정신을 반영하고 있는데요, 구빈원 바깥 노동시장에서 일하는 노동자에 대해 임금을 보조하는 '원외 구호'를 폐지하고, 구빈원 수용자의 수혜수준을 노동시장 종사자보다 낮게 하는 '열등 대우' 원칙을 정립했습니다. 그래서 자유시장 자본주의의 성립을 알리면서 산업혁명이 완성되는 핵심 지표가 되는 분기점이 되죠. 오늘날 노동시장 유연화를 생각하면 이 때무슨 일이 일어났는지 잘 이해할 수 있을 겁니다.

토지의 경우에는 엔클로저 운동(Enclosure movement)이 초래하는 변화가 가장 중요합니다. 엔클로저 운동에 대해 폴라니는 빈자에 대한 부자의 혁명이라고 말하고 있어요. 이와는 좀 다르지만, 요즘 이명박 정부의 감세 정책도 일종의 빈자에 대한 부자의 혁명, 아니 반혁명이라 할 수 있겠죠. 중세의 토지 소유 구조는 잘 아시다시피 택지(宅地) 및 채원(菜園), 경지 그리고 그 바깥으로 공동지 또는 공유지가 있었죠. 삼림과 초지가 있어서 공동체 구성원들이 가족 수에 따라 소 몇 마리, 땔감 몇 단 하는 식으로 지분을 가지면서 공유했죠. 폴라니는 부자들이 빈민으로부터 공유지를 이용할 권리 몫(share in the common)을 박탈하고 그때까지 관습에 의해 빈민들이 자기의 것으로 알았던 가옥들을 허물어 버렸다고 말합니다. 그러면서 사적 이해가 정의(justice)를 압도했다고 지적합니다.

폴라니의 시장사회론에서는 공동체 또는 연대가 앞서 있고 '정의'라는 말은 잘 나오지 않는 것 같습니다. 사회주의론에 가면 정의라는 개념이 중요하게 등장하는 걸 볼 수 있습니다. 그런데 시장사회를 논하면서 이 대목에서 퍽 드물게 정의라는 말을 해요. 이것은 폴라니가 소유에 대한 공동체 구성원의 참여 몫(share)을 연대와

동시에 정의의 원리에 입각해서 사고하고 있음을 보여주는 부분으로서 저는 매우 중요하게 생각하고 있습니다.

　자, 이제 화폐 이야기로 가 보겠습니다. 금본위제는 화폐를 상품으로 간주하는 자기조절적 시장의 관념에 입각한 것이라고 폴라니는 설명합니다. 금본위제는 금 보유고에 따라서 화폐의 발행고를 제약시키는 체제죠. 달리 말해 구매력이 원칙적으로 시장 자체의 행동에 의해 공급되고 조정됩니다. 그래서 가장 시장적인 화폐질서라는 것이죠. 필의 은행조례(Peel's Bank Act, 1844)가 영국에서 금본위제, 그래서 화폐 부분에서 시장사회 성립을 알리는 전환점이라고 봅니다. 시간적으로 신구빈법과 몇 년 차이가 나지 않습니다.

　화폐 체제는 신용이 적절히 공급되도록 해야 하고, 화폐 안정성을 확보해야 하는 두 가지의 조절 조건을 갖고 있는데요, 금본위제의 경우는 화폐 불안정과 화폐 부족을 일으킵니다. 달리 말해 금본위제에는 디플레이션 경향이 내재돼 있다는 겁니다. 또 중요한 게, 금본위제는 기본적으로 글로벌 자유시장질서입니다. 한 나라의 국민경제 내부만이 아니라 세계경제 전체의 화폐 체계가 금본위제인 거죠. 그래서 자유로운 금 유출입이 가능하도록 모두 열어 놓는 자유개방 질서입니다. 이 때문에 글로벌 화폐 질서 작동의 우선권이 국민경제의 자율적 조절 능력을 막아 놓는 결과를 낳습니다. 그러므로 금본위제 아래서는 구매력의 부족에 따른 디플레이션 압력이 항상적으로 존재할 수 있고, 그 디플레이션 압력은 대량 실업 같은 문제를 일으키는 거죠. 또한 글로벌 질서를 우선시함으로써 국민경제의 안정을 희생시키는 게 됩니다.

이중운동 — 시장화 대 사회의 보호적 대항운동

시장사회 등장의 역사는 이 정도로 말씀드리고요. 시장사회의 근본 모순은 사회의 실체, 경제의 실체의 파괴에 내장되어 있는 것이죠. 요즘 말로 하자면 민생의 위기와 경제의 근본적 불안, 이런 것들이 시장사회의 근본적 문제입니다. 저는 노동, 토지, 화폐 금융의 시장화에 따른 민생 위기와 시장사회의 불안정을 '폴라니적 모순'이라고 말하곤 합니다만, 이른바 이 '폴라니적 모순' 때문에 자유시장사회라는 것이 그 핵심 구조에서 지속불가능하다는 이야기가 됩니다. 이것은 자유시장주의, 경제적 자유주의에 대한 근본적 비판점인데, 그래서 이 모순에 대한 대항운동 또는 방어운동이 나올 수밖에 없습니다. 한쪽에서는 자유시장 논리를 더욱 밀고 가려는 그 확장 운동, 요즘 말로 하면 시장자율화 또는 규제 완화 움직임이 있고, 다른 한 쪽에서는 이걸 막고 삶의 터전을 안정화시키려는 규제 노력, 즉 시장의 난폭성과 혼란, 불안정, 자본의 무책임성을 막으려는 움직임이 작동합니다.

이런 두 움직임이 시장사회의 창세기 이래 전체 역사를 영구적으로 관통합니다. 하나의 움직임은 이미 시장 안에 들어와 있는 영역에 대해 시장논리를 더 심화시키고 아직 시장으로 들어오지 않은 영역에 대해서는 시장으로 끌어들여 시장논리를 확장하여 시장화를 확대시킵니다. 한편 다른 움직임은 이러한 시장화에 대한 '사회의 보호적 대항 운동'으로 맞섭니다. 이런 '이중 운동'이 시장 사회의 창세기부터 줄곧 작동합니다. 시장사회의 역사를 이렇게 이중운동으로 보는 견해 또한 폴라니에만 찾아 볼 수 있는 매우 독특한 발상입니다. 구조와 주체를 다 끌어들여 역사를 설명하는 겁니다. 마르

크스가 이윤율 저하라든가 하는 구조의 경향 법칙으로 자본주의 역
사를 설명하는 것과는 크게 다르죠.

아담 스미스든 하이에크든, 예나 지금이나 모든 자유주의자들은
시장사회 형성이 자생적, 자연적으로 이뤄진 것이라고 주장합니다.
그런데 그게 아니라고 폴라니는 반박하죠. 자유방임은 계획되었다
고, 즉 시장은 자생적으로 커진 게 아니라 엄청난 국가 개입을 통해
무리하게 인위적으로, 폭력적으로 이뤄진 것이라고 말이죠. 폴라니
계승자들은 이에 대해 시장화 자체가 하나의 거대한 정치, 즉 '시장
의 정치'라고 말합니다.

시장화의 파괴적 작용에 대항하는 운동으로서 노동을 보호하기
위해서는 노동조합 운동, 공장법, 실업보험, 각종 사회입법 등이,
토지의 경우에는 곡물법이나 곡물 관세가, 화폐의 경우에는 중앙은
행의 제도화가, 그리고 국경을 조절하는 규제 노력으로 보호주의나
민족주의가 등장합니다. 그럼에도 불구하고 자유시장 사회를 밀고
가려는 자유주의자들의 꿈은 워낙 완고했어요. 제1차 세계대전이
끝나고 나서 전후 질서를 재건하는 방식이 문제가 되었는데, 이른
바 '정상으로의 복귀'라고 해서 시장의 자생적 조절을 신봉하는 사
조가 여전히 강력했습니다. 금본위제를 재건한 것이 대표적입니다.
그 최종적 결과가 결국 1930년대 대공황으로 폭발합니다.

그런데 시장사회의 모순으로부터 나오는 출구, 그 모순의 극복
형태가 하나가 아니고 여럿이라는 게 매우 중요합니다. 파시즘도
있고, 뉴딜도 있고, 사회주의도 있어요. 폴라니가 이 세 가지를 모
두 시장 사회의 모순과 연관 지어 그 대응형태로 보고 있다는 점에
주목할 필요가 있습니다. 특히 폴라니가 파시즘을 시장사회 모순에
대한 하나의 대응 방식이라고 보는 부분에 대해 곰곰이 생각해 볼

필요가 있어요. 파시즘의 야만성과 반동성을 비판하는 것은 아주 중요합니다. 두말할 필요가 없어요. 그런데 왜 파시즘이 나타났는가, 그 원인이 뭐냐는 질문에 대해 폴라니는 '자유시장의 파괴성'이라고 답합니다. 논란거리이기도 해요. 국가 민족주의로 답하는 사람들이 많지 않습니까. 그러나 시장자유주의가 민주주의를 파괴하고 파시즘의 온상이 된다는 것은 예나 지금이나 참으로 중요한 통찰이자 메시지를 준다는 생각이 들어요. 파시즘 현상은 폴라니가 〈거대한 전환〉을 쓰게 된 중요한 동기가 됩니다.

어떤 요인들, 추동력들이 이런 상이한 출구를 낳게 하느냐, 여기에 관심을 가져야 해요. 지금 세계경제 위기 상황인데요, 이 위기의 다음 출구가 무엇이냐가 궁금하지 않습니까. 위기는 진보적 해법을 낳을 수도 있지만, 보수 반동적인 길을 초래할 수도 있는 거죠. 예컨대 마르크스 식으로 자본주의의 모순을 노동 과정의 착취 중심으로 보거나 구조 법칙 수준에서 보게 되면 파시즘 현상을 설명하기란 불가능합니다. 반면 폴라니처럼 노동자가 생산 수단과 공동체 보호를 박탈당해 삶의 뿌리가 뽑힌 존재가 되어 버리고 기아의 위협이라는 규율에 내몰린 존재가 되었다고 보면 하나의 설명이 가능해 집니다. 그렇게 삶의 불안정에 내몰린 존재에서 보편적이고 포괄적인, 공적 연대의 지평이 열리기란 쉽지 않지요. 멀리 갈 것 없이 지금 이명박 정부 시기 우리 사회가 돌아가고 있는 상황을 잘 보세요.

이렇게 파시즘을 시장사회라는 사회경제적 현대성의 핵심에 뿌리박힌 것으로 보는 폴라니의 생각은 한나 아렌트가 그것을 시초 축적의 영속화와 그에 따른 인간의 무세계성, 또는 난민(亂民)성에서 찾는 해석과도 비교해 봄직 합니다. 폴라니, 아렌트 둘 다 시장

사회에서 삶의 '뿌리 뽑힘'에 주목하는 공통점을 갖고 있지만, 아렌트의 경우는 항구적 시초축적의 효과만이 아니라, 정치적 공동세계의 상실을 가장 중시하고 있어요. 폴라니에서는 아렌트와 같은 정치적 지점이 확연하게 표출되어 있지는 않습니다. 나아가 파시즘에 대해 주류 마르크스주의와는 다른 생각을 보였던 그람시의 견해 역시 같이 공부해 봐도 좋겠어요.

시장을 민주주의에 종속시켜야

여기까지가 폴라니의 이야기인데요. 사실 이야기를 꽤 많이 하긴 했는데, 그래도 이것으로 끝나면 섭섭해 하시겠지요. 대안에 대한 이야기가 더 나오기를 기대하실 테니까요. 그래서 부족하나마 제가 생각해 본 것을 몇 토막 이야기 해 보겠습니다. 폴라니 자신의 대안 이야기부터 조금 하고나서 제 이야기를 하지요.

폴라니는 사회주의자였습니다. 사회민주주의자가 아니고요. 그런데 폴라니의 사회주의론은 마르크스와는 상당히 다릅니다. 폴라니는 마르크스의 과학적 사회주의론처럼 사회주의가 자본주의의 필연적 경향으로 출현한다고 보지 않았습니다. 다른 한편 폴라니의 사회주의는 생태 공동체주의와도 다릅니다. 폴라니는 산업 문명의 적극적 성과를 받아들이기 때문입니다. 그래서 사회주의란 본질적으로 모순에 찬 시장사회를 의식적으로 민주주의사회에 종속시켜서 그 모순을 극복하려고 하는, 산업문명에 내재된 경향이라고 폴라니는 말합니다. 이는 노동, 토지, 화폐의 통제권을 자유시장으로부터 떼어내어 탈상품화시키는 변화로서, 소유 구조의 성격에서 근본적인 변화를 가져오게 됩니다. 길드와 코뮌의 두 축으로 이루어지는 연합체에 기초해서 아래로부터 구성되는 분권적 참여 사회주의(bottom-up participatory socialism) 모델이 폴라니의 생각이었습니다.

폴라니의 이런 사회주의 사상의 뿌리에는 두 가지 흐름이 겹쳐 있습니다. 하나는 고향인 헝가리 부다페스트 그리고 오스트리아의 수도 빈에서 활동하는 동안 오스트리아 마르크스주의 흐름에 접하고 있었다는 겁니다. 마르크스주의의 이 흐름을 대표하는 것이 오토 바우어의 민주적 기능사회주의론 같은 것인데, 폴라니는 이 흐름의 긍정적 부분을 취했습니다. 이른바 '붉은 빈' 시기에 폴라니의 주요 아이디어들이 형성되었다는 주장이 있습니다. 또 폴라니가 루카치가 이끄는 부다페스트 학파의 경제사상에 상당히 영향을 주었다는 연구도 있어요. 오스트리아 마르크스주의나 부다페스트 학파는 모두 주류 경제주의적 마르크스주의와는 단절한 흐름입니다. 구조의 어떤 객관적 법칙보다 주체의 윤리적 지향과 선택을 중시하지요. 마르크스의 노동가치론은 받아들이지 않고 오히려 자본주의에 대한 소외론적 비판을 더 평가해요. 집권적 사회주의가 아니라 분권적, 민주적 사회주의를 지향하고요.

다른 하나는 폴라니가 영국에서 사는 동안 로버트 오웬(R. Owen)이나 콜(G.D.H. Cole)과 교류했고 그들의 사회주의 사상에 크게 공감을 가졌던 점입니다. 폴라니 사회주의 사상에는 이 지점이 더 중요한 것으로 보입니다. 오웬은 폴라니의 사회중심적인 연대론에 중요한 디딤돌을 제공한 사람입니다. 이와 관련해서는 〈거대한 전환〉에도 중요한 대목에서 오웬에 대한 언급을 볼 수 있지요. 그리고 콜은 길드사회주의의 대표자입니다. 길드는 잘 알다시피 원래 중세 수공업자와 상인의 동업조합이었지만 길드사회주의에서 길드는 노동자들의 자치 조직이 됩니다. 영국의 주류 사회주의 흐름은 페이비언 사회주의(Fabian Socialism)이고 이것이 노동당의 이념이 된 반면에 길드 사회주의(Guild Socialism)는 비주류인데요, 이 흐름에서는 노동자의 자치적 산업통제 조직인 길드를 세포형태로 삼아, 산업을 민주적 기초위에서 재구성하는 과정을 통해서 비로소 제대로 된 민주주의를 할 수 있다고 봅니다. 정치적 민주주의를 경제영역으로 확대한다는 페이비언의 사고와는 다르지요. 폴라니의 사회주의론을 곧 길드사회주의 모델이라고 보기는 어렵지만, 길드 사회주의적 요소가 많이 있는 건 분명합니다. 그래서 오웬-콜-폴라니로 이어지는 사회주의 사상의 계보학을 찾아 볼 수 있다는 생각이 듭니다.

시장사회 안에서 저편으로 : 폴라니와 함께 폴라니를 넘어서

폴라니가 시장과 계획의 이분법을 넘어 참여민주적인 사회주의 모델을 구상했다는 것은 높이 평가해야 하겠죠. 그러나 그의 사회주의론을 오늘날 그대로 가져오는 것은 어렵다고 생각합니다. 여기서 이 이야기를 더 깊이 하기는 어렵고요. 폴라니가 사회주의하자고 한 거 말고 별 다른 대안 이야기가 없으니까 답답해지죠? 시장사회 또는 파시즘의 유일한 대안은 사회주의다, 이래버리면 갑갑하지요. 그래서 폴라니 계승자들, 폴라니언들 가운데서 여러 아이디어들이 나오고 있습니다.

미국의 대표적인 폴라니언인 블록(F.Block) 같은 사람은, '계급권력 없는 자본주의' 모델을 제시한 적이 있습니다. 그렇지만 이런 정형화된 모델을 넘어서 오늘날에는 시장 사회 안에서 '제도적 착근' 또는 '경제 민주화의 제도적 과정'을 중심으로 '자본주의의 다양성'에 대한 연구가 크게 진전되고 있습니다. 이 경우 '착근' (embeddedness)의 의미는 폴라니의 원래 의미에서 변화가 있습니다. 사회적 연대성만이 아니라 제도에 기반을 둔 성장이라는 의미가 새로 가미됩니다. 중요한 의미변화지요. 저도 이런 사고가 필요하다고 보고 있습니다. 제 생각을 좀 더 이야기해 보면 이런 겁니다.

먼저, 시장사회 대 사회주의의 이항 대립 구도는 과정 부분이 비어 있어요. 그렇지만 폴라니가 시장사회의 역사를 이중운동으로 파악하고 있는 사고방식 자체에 과정의 사고가 들어 있다고 볼 수 있습니다. 그래서 폴라니의 사회중심적 연대론을 바로 사회주의 설계론으로 가져가지 말고 좀 더 현실에 착근되게, 뭐라 할까, 시장과 공동체간의 갈등과 보완의 변증법으로, 동태적 과정의 논리로 발전적으로 재구성할 필요가 있다고 봅니다. 그러면 아주 흥미로운, 동서양을 아우르는 새로운 자본주의 다양성 논의를 해볼 수 있습니다. 이를테면 시장자본주의 안에서 공동체적 기반을 확장하는 방식으로, 다양한 형태의 대안적 공동 소유(commons)를 발전시키는 방향으로 사고를 가질 수 있습니다. 사회적 기업, 협동 조합, 여러 형태의 제 3섹터, 토지 및 주택 공공성 운동, 지역 (공동체) 화폐 운동, 생태적 공공성 운동 등등이 모두 여기에 들어 갈 수 있습니다.

뿐만 아니라, 빠트려서 안 될 것이 폴라니의 화폐론과 사회중심적 연대론으로부터 신용의 사회화, 또는 사회적 신용 운동론도 이끌어 낼 수 있다는 게 제 생각입니다. 요컨대 공동체적 요소를 전근대적인 것으로 밀어내지도 않고, 미래에 다가올 것으로만 동경하지도 않고, 지금 여기서 구축하고 확장하는 발상을 갖자는 것이지요.

그런데 저는 폴라니의 표현을 빌려 '이중대항 운동'이 필요하다는 주장을 하고 싶어요. 폴라니의 운동론적 함의를 사회적 기업이나 협동조합, 지역 자치 같은 식으로 좁게 국한시키는 논의가 많이 보이는데, 물론 이것도 좋고 당연히 필요하다고 생각하지만, 저는 좀 더 넓게 보자고 말하고 싶네요. 폴라니가 말한 호혜론과 재분배론을 폭넓게 잘 종합하는 것이 중요하다, 그러면 코몬스의 확장과 재분배의 확보, 지역 운동과 국가, 또는 중앙차원의 개혁 운동, 이런 두 수준을 배타적으로가 아니라 상호 의존적으로 파악하는 이중대항 운동의 사고가 나올 수 있다, 이런 이야기입니다. 대안 운동은 어떤 식으로든 국가를 경유하지 않을 수 없다는 생각이지요. 이런 사고를 가질 때 비로소 케인즈식 대안의 한계를 극복하고 지양하는 새로운 진보 대안론을 가질 수 있다고 봅니다. 그리고 우리의 생각을 이처럼 시장과 공동체간의 변증법으로 가져가면, 시장사회의 창세기 이래 전 역사에 걸쳐 새로운 이야기를 끄집어 낼 수 있을 것이라고 생각합니다. 영국 역사가 톰슨(E.P. Thompson)같은 사람은 이와 관련하여 이미 중요한 연구를 내놓았지요.

두 번째로, 지역 운동의 강점과 약점을 잘 알아야 한다고 봅니다. 지배적 이념이나 가치체계, 정책을 국가만을 고지로 해서 개혁한다는 것은 용이한 일이 아니죠. 국가중심주의는 중대한 한계가 있어요. 국가 중심주의는 언제나 성장주의, 경쟁력 동원주의, 획일화의 중력장에서 벗어나기 어려운 부분이 있습니다. 그래서 지역운동이 중요한 것이죠. 그러나 지역중심 운동(Localism)은 또 소공동체주의같은 폐쇄성에 사로잡히기 쉬운 한계를 갖고 있습니다. 그리고 요즘 한국에서도 사회적 기업에 대한 논의와 활동이 크게 주목을 받고 있습니다만, 이것도 국가권력의 지배 헤게모니에 포섭되는, 이른바 동형화의 위험을 늘 안고 있습니다.

마지막으로 좀 까다로운 이야기인데, 노동의 탈상품화가 안게 되는 경직성의 문제에 대해 지적하고 싶습니다. 전 세계적으로 진보는 '유연화'의 도전을 받고 있어요. 예컨대 독일 같은 유럽 대륙 모델의 경우가 대표적인데, 일단 취업이 되면 보호막이 두터워지죠. 그래서 일자리의 안과 밖 사이에 단층이 생깁니다. 노동자 내부에 인사이드와 아웃사이드가 존재합니다. 그렇다고 미국식 유연성을 취하는 것이 대안은 아니지만, 이게 좀 유연해질 필요가 있는 것은 분명합니다. 유럽 사회적 시장 모델의 가치와 질서의 장점을 살리면서, 어떻게 이런 경직성에서 탈피할 것인가? 이 경직성의 도전이 복병인데, 여기서 덴마크 모델, 흔히 유연안정성 모델이라고 불리는 것이 높은 평가를 받게 된 겁니다. 그렇다고 해서 덴마크 모델을 한국에 그대로 가져 올 수 있느냐, 그런 논의를 많이 하긴 하지만, 이건 꽤 고민해야 할 문제 같아요. 일단 아시아에서 그런 나라를 찾아보기 어려운데요, 왜 그럴까 한번 생각해 봐야지요.

세계화 시대의 무분별한 개방과 관련하여 한 마디 하지 않을 수 없네요. 개방 이익을 얻는 것은 꼭 필요한데, 그렇다고 무턱대고 마구 열어 버리면 아주 곤란해집니다. 한국이 지금 그런 상황입니다. 전면 개방경제는 자본에 거의 무한 자유를 주고 노동, 시민사회, 지역, 농촌, 농업에 심각한 어려움을 가져다줍니다. 무엇보다 자본의 책임성(commitment)이 없어집니다. 자본 활동을 규율할 수 있는 방도가 없어요. 또 생산과 수요 간에 단절이 일어납니다. 요즘 내수가 중요하다는 이야기를 참 많이 듣는데, 국민 경제 내부의 수요가 생산을 유발하고 그렇게 해야 내부의 자연스런 호순환이 일어날 수 있는데, 수출 주도가 되면서 수출과 내수 양극화가 극심하게 됩니다. 그 다음에 저축과 투자의 단절 문제가 있습니다. 우리나라 국민 저축, 엄청나게 줄어들었죠. 가계부채 문제로 난리입니다. 부동 자금, 투기 자본은 마구 돌아다니는데, 생산적으로 흘러가지는 않습니다. 이런 식으로 전면 개방은 국민경제의 심각한 탈구(Dislocation) 현상을 낳고 있습니다.

호혜론의 현대화

아무래도 폴라니에서 호혜론이 중요하고, 이것을 새롭게 발전시키는 것이 중요한 과제라는 게 제 생각입니다. 호혜야말로 폴라니의 공동체의 사회경제학 또는 사회중심적 연대론의 핵심이라는 생각이 들기 때문입니다. 재분배론은 케인즈적 사고에서도 나올 수 있어요. 그런데 저는 폴라니의 호혜론이 심원하면서 동시에 그 자체로는 곧바로 현대에 적용하기에 어려움이 있지 않나 하는 생각을 갖고 있습니다. 전근대 공동체를 주된 논의 대상으로 하고 있어서 타당성 범위가 좁고, 또 경제적 동기보다 비경제적 동기를 우선시하고 있기 때문입니다. 이와 관련해서 현대 경제학의 개념으로 발전시키려면 호혜와 소유권 문제의 관계도 잘 검토해야 합니다. 국제적으로 호혜론 연구가 많이 진전되고 있는 걸 좀 보면서 그런 생각을 갖게 되었는데요, 보통 사람들이 접근하기 쉬운 책이어서 리프킨이 쓴 〈유러피언 드림〉을 추천하고 싶습니다. 이 책은 노무현 전 대통령이 열심히 보시고 권장하기도 했던 책이어서 잘 알려지게 되었지요. 특히 이 책의 8장 부분에서 호혜에 대한 이야기가 많이 나오니까 기회 있을 때 같이 보시면 좋겠습니다.

호혜란 서로 돕고 협력하는 것입니다(aid and cooperation).

너와 내가 서로 주고받는 것이지만, 시장에서 등가적인 맞교환과는 다르지요. 어떤 식으로 주고받느냐, 이게 생각보다 매우 복잡합니다. 이 복잡성이 호혜의 유형을 여러 갈래로 갈라지게 하는데요, 첫 번째로 애호(liking)유형을 생각할 수 있습니다. 내가 그냥 베풀어주고 싶어서 베푸는 겁니다. 베푸는 것이 자연스레, 그냥 우러나오는 겁니다. 내가 자발적으로 원하는 겁니다. 서로 그렇게 되는 거지요. 잘되면 이 자발적 애호가 전염효과를 발휘해서 죽 퍼져 나갈 수 있습니다. 이와 달리, 내가 사회 속에서 좋은 사람으로 보이기 위해서라든가, 해야 할 의무 차원의 호혜가 있습니다. 자신의 지위 때문이거나 여러 가지 의무감(duty) 때문에 베푸는 거지요. 이 경우 그 바닥에는 타산적 이해(interest)가 있습니다. 경제적 이해도 있고, 명예도 걸려 있고요.

좀 더 경제학적 논의 중에는, 호혜라는 것이 아무래도 오래가려면 조건부일 수밖에 없다는 연구가 나와 있습니다. 호혜란 내가 지금 당장 받지는 않고 일방적으로 주는 식으로 나타날 수 있습니다. 공동체 안에서 같이 더불어 산다는 것이 중요한 전제고요, 그래서 내가 이 공동체 안에 살면서 기여를 하는 거지요. 그러나 지금 당장은 아니지만, 언젠가는 나도 받는다는 기대가 있습니다. 아니 있어야 한다는 겁니다. 그렇기 때문에 조건부(conditional)라는 거죠. 그러나 "내가 줬으니까 너도 지금 바로 당장 나에게 줘야 해!" 라는 것은 아닙니다. 그건 교환입니다. 시장의 등가성의 원리이죠. 그러나 호혜라는 것은 당장 맞교환이 아니죠. 시간의 지평이 있습니다. 세대 간에도 시간 변수가 들어가지요. 여하튼 조건부 기대가 없으면 호혜도, 협력도 오래 지속되기는 어렵다는 이야기입니다. 그런데 이 시간 지평이 어느 정도 시간대인가가 문제가 됩니다. 너무 길면 기대가 깨어질 수 있기 때문에 아무래도 불확실성, 불안정이 높아져요. 그러면 호혜적 관계도 희미해질 수 있겠지요. 지속가능한 공동체, 또는 연대라는 게 만만찮은 문제지요.

위에서 말한 조건부 호혜론은 오늘날 주로 복지국가의 미시적 토대 논의에서 많이 나오는 이야기입니다. 반면 애호적 호혜론 같은 것은 행복경제학에서 주로 논의되고 있는데요, 행복경제학도 여러 갈래가 있지만, 폭넓은 인간관계의 증진 자체가 행복을 가져다 준다는 것이 그 중요한 흐름중의 하나입니다. 더 많이 갖는 것보다 다양하고 풍부한 관계를 가질수록 더 행복해 진다는 것이지요. 관계가 행복이다, 이런 생각의 행복경제학은 폴라니의 호혜론과 친화성이 높다는 생각을 해 봅니다.

그런데 호혜론의 또 다른 차원이 있는데, 경제학에서 굉장히 중요한 주제이면서 폴라니 경제학에서는 아주 취약한 것이 호혜를 통해서 새로운 경제 가치를 창조하는 문제입니다. 이것은 폴라니에서 형식적 경제학이 비중 있게 다뤄지지 않는 문제와 관련됩니다. 어찌 보면 역설적으로 폴라니는 효율, 성장 같은 문제를 너무 시장 쪽에 넘겨주었다고 볼 수도 있습니다. 오늘날의 제도, 진화, 발전경제학의 논의를 보면 시장 자체가 효율, 성장, 혁신을 낳는 데 큰 한계를 갖고 있다는 게 유력한 설명인데요, 폴라니의 경우는 기업이나 기업간 관계, 공장제 같은 조직이나 제도에 대한 논의가 너무 취약합니다. 그렇지만 진보 경제학은 효율, 성장 이런 문제들과 어떤 식으로든 씨름을 할 수밖에 없어요. 경제적 타산 문제를 받아들여 서로 주고받으면서 하나 더하기 하나가 둘이 아니라 셋(1+1=3)이 되고, 열(10)이 되는 관계를 발전시켜야 합니다. 그래야 새로운 단계로 올라가는 데 폴라니의 경우는 전근대 공동체에서 주로 비경제적 동기에 의해 추동되는 호혜에 집중했기 때문에 이 문제에 대해서는 이야기가 멈춰 있는 것 같습니다. 물론 그전에 그의 화두에는 우리 삶의 가치문제가 더 전면에 있기 때문이지요.

그래서 앞서 말한 리프킨의 논의에 주목하게 되는데요, 물론 리프킨만은 아니고, 넓게는 오늘날 네트워크 경제학에서 전개하고 있는 이야기라고 할 수 있어요. 네트워크 모델은 교환뿐만 아니라 생산영역에서도 발전되는데요, 이것은 폴라니가 말하는 호혜를 훨씬 열린 관계로 전환시킵니다. 또 그래서 좀 더 옅게 한다고 볼 수도 있습니다. 좀 더 옅게 함으로써 그 관계망을 전 방위적으로 확장하고 사회적 분업 관계 또한 획기적으로 심화시킵니다. 네트워크 참여 기업들은 자원과 위험을 공유함으로써 공동이익을 추구하고 더 큰 협력 이익을 얻습니다.

그런데 네트워크 협력 모델이 성공하려면 상호 호혜와 신뢰가 필수적 전제가 됩니다. 그리고 이 신뢰, 호혜, 협력은 소유문제와 부딪히지 않을 수 없습니다. 소유개념에 변화가 일어나야 합니다. 이 소유 문제와 관련해서는 리프킨은 캐나다의 저명한 정치학자 맥퍼슨(C.B Macpherson)의 이론에 많이 의존하고 있는 걸 알 수 있습니다. 맥퍼슨은 저도 좋아하는 분인데 지금은 이미 고인이 됐죠. 배타적 소유 형식으로는 네트워크 관계가 발전되기 어렵지요. 그래서 네트워크 협력이 진전되면서 '내 것 대 네 것'이라는 간단한 공식으로 표현되는 근대초기 배타적인 사적소유권도 사용권이 보다 중시되는 개념, 공동체에서 배제되지 않을 권리, 나아가 적극적으로 참여할 권리 개념으로 변합니다. 그러면서 가치관도 변합니다. 소유에서 접속, 관계, 더 많이 가지는 것보다 내가 어디에 소속된다(belonging)는 것이 더 중시되는 삶의 가치가 됩니다.

한국의 경우

한국에서 호혜적 관계를 발전시키는 데란 여간 어렵지 않습니다. 참 많은 장벽이 있습니다. 이에 대해서는 복지국가로 가는 길을 막는 높은 벽을 생각해 보면 잘 알 수 있어요. 기득권 세력, 지대추구 세력이라는 장벽에 대해서는 두말할 것도 없습니다. '노블리스 오블리제'라는 말을 합니다만, 한국의 기득권 세력은 그런 거 없지요, 정말 무책임하고 파렴치해요. 한국의 재벌, 특히 삼성 재벌을 한번 보세요.

그런데 이 문제와 별개로 아주 중요한 것이 '우리 안'의 문제입니다. 한국에서 참 고약한 것이 '연고'죠. 가족, 지연, 학연 등 연고주의가 정말 문제입니다. 지배 세력, 서민대중 할 것 없이 다 연고로 얽히지요. 강준만 교수가 '각개 약진 공화국'이라는 표현을 썼지만, 우리는 역사적으로 공적 연대를 일구는 공유 경험이 크게 부족합니다. 개인의 자유와 공적 연대가 같이 가는 경험을 좀처럼 가져 보지 못했어요. 민주화 20년을 거쳤지만 이 부분에서 뭘 남겼는가 생각해 보면, 참 답답해집니다. 민주, 시장, 투명성 이런 말들은 난무했지만 공공성, 공적 연대 이런 말은 죽었던 것 같지 않습니까? '홀로'에서 '관계'로 가자는 이런 저런 논의들이 많고 좋은 이야기이기도 하는데, 그 관계라는 것이 호혜의 관계도 있지만 우리에겐 연고의 관계가 정말 강인하거든요. 연고가 끼어들면 아주 폐쇄적으로 되거든요. 끼리끼리는 엮이고 열리는데 그 바깥에 대해서는 닫아버립니다. 막스 베버가 말하는 이른바 대내 도덕과 대외도덕으로 이중화됩니다. 나아가 유착이 되고, 부패를 낳고 이렇게 돼요. 좁은 연고주의 때문에 더 넓은 공적 연대, 복지연대로 가지 못하고, 그러니까 또 연고가 강화되고 하는 악순환이 일어납니다. 물론, 우리는 지배세력의 연고주의와 서민대중의 연고주의는 잘 구분해야 합니다. 삼성 재벌의 총수가족주의와 서민 대중의 가족주의를 어찌 같이 놓고 이야기하겠어요.

그래서 새삼 느끼지만, 폴라니의 공동체의 사회경제학에는 우리가 고통 받고 있는 이런 지점들에 대한 논의가 거의 빠져 있는 게 아닌가 하는 생각이 듭니다. 전근대 공동체가 갖고 있는 어두운 측면에 대한 논의를 거의 찾아 볼 수 없어요. 이 문제는 제가 이 강의 머리 부분에서 말했지만, 폴라니에서 '사회' 개념이 분화되지 않았다는 문제와도 연결됩니다. 폴라니의 사회 개념에는 제도적 수준과 도덕적 수준이 다 포함되어 있긴 하지만, 근대 계몽이전의 공동체, 전통적 공동체와 그 이후 공동체, 탈 전통적 공동체간의 근본적인 차이가 명확히 해명되어 있지 않다고 생각됩니다. 폴라니가 군데군데 시민사회, 시민의식 등에 대해 말한 부분도 있고 별도의 글을 찾을 수도 있긴 하죠. 그 중 '자유에 대하여' 라는 글이 특히 주목됩니다. 그렇지만, 제가 보기에 이런 서술을 그의 사회 개념 속에 유기적으로 통합시켰다고 보기는 어려운 것 같습니다. 그 때문에 폴라니가 특출한 복지 공동체론의 길을 제시했다고는 하겠지만, 시민공동체 또는 시민적 복지공동체론을 제시했다고 보기는 어려워요. 좀 조심스런 이야기지만 폴라니의 공동체는 시민 공동체로, 그의 사회경제학은 시민적 사회경제학으로 재구성되어야한다는 생각을 하게 됩니다.

지역에 대한 생각만 해도 그렇지요. 한국의 지역을 얼마나 자치 개념을 가지고 설명할 수 있겠는지요. 폴라니의 논의는 막스 베버 같은 사람의 합리성론, 문명사론과는 거의 정반대로 보입니다. 베버는 '주술 대 탈 주술 = 합리화' 의 도식으로 역사를 보지요. 그리고 앞에서 잠깐 말했지만, 폴라니의 역사관은 마르크스가 산 노동의 더 낮은 형태와 더 행복한 형태 이야기를 하면서, 자본주의 이전과 자본주의를 이중적인 관계로 보는 사고와도 좀 다르다고 생각되고요. 폴라니의 사회 개념 속에 어떻게 시민사회론, 시민정치론 분야에서 축적된 '시민적인 것', '정치적인 것'의 내용을 투입해서 이를 새롭게 재구성하느냐 하는 것은 폴라니 이후의 과제라는 생각을 하게 됩니다. 이 지점을 잘 발전시키지 않으면 폴라니의 '사회' 중심주의와 오늘날 여러 형태로 나타나고 있는 닫힌 공동체주의간의 차이가 불분명해질 위험도 있다고 보입니다.

한국의 연고 또는 끼리끼리 문화는 더 나은 관계성과 연대로 가는 질곡이고, 다른 중요한 갈등과 도전들을 막아 버리죠. 공동체, 공동체 말하지만 닫힌 공동체와 열린 공동체, 이 둘을 잘 구분해야 한다고 봅니다. 그래서 특별히 한국 사회에서 호혜 논의를 할 때는 이 지점에 대해 유의해야 합니다. 어떻게 연고의 장벽을 넘어 호혜적 연대를 발전시키느냐, 끼리끼리 연고주의에서 단번에 상생의 호혜주의로 뛰어넘어 갈수 있겠나, 이게 참으로 골치 아픈 문제입니다.

지금 우리 사회는 오랜 연고에다 고삐 풀린 시장이 들어와서 약육강식 경쟁, 개인화, 투기적 재테크 같은 것들이 겹쳐졌고 이명박 정부가 이를 마구 부추기고 있는데요, 여기서 곧 바로 호혜로 가자는 게 참 쉽지 않지요. 아무래도 호혜 이야기만 가지고는 어렵고요, 역시 정의, 인정, 공정하면서 서로의 개인성, 차이를 인정하는 질서, 공정한 시장 이런 게 중요하다고 생각돼요. 충분히 이야기를 더해야 하는 부분인데, 폴라니의 사회경제학에는 공정한 시장질서, 공정 경쟁 이런 개념이 빠져 있어요. '어떤 시장이냐' 하는 문제에 대해 우리는 폴라니보다 훨씬 더 많은 이야기를 해야 합니다. 우리는 열린 공동체란 시장이 있는 공동체, 그래서 공정한 시장과 같이 가는 공동체라고 생각해야 해요. 또 재벌이 중소기업을 쥐어짜서 수탈하는 그런 관계가 불식된 공정한 시장, 그리고 국가의 공적 지원, 이런 조건 속에서 비로소 앞서 말씀 드린 광범한 네트워크 협력도 피어날 수가 있습니다. 그리고 구체적인 호혜적 실천, 그 크고 작은 경험들, 중앙과 지방, 풀뿌리 경험들을 축적하고 공유해 가는 과정이 소중하다고 봅니다.

이 정도로 제 강연을 끝내고 여러분의 질문을 받아 이야기를 나눠 보죠.

|질|의|응|답|

폴라니와 마르크스의 핵심적 차이

질문 : 안녕하세요. 남현정이라고 합니다. 강의 잘 들었습니다. 교수님께서 마르크스주의자가 아니라고 선언했다고 하셨는데 참고로 주신 논문의 내용을 읽어보니 폴라니가 지향했던 것도 사회주의였던 거 같고 논문을 보면 그런 자본주의적인 대안에 대해서 자본주의 안에서의 시민사회적인 대안의 추구는 부재했다고 나와 있습니다. 교수님께서 그 내용을 어떤 의미에서 말씀하신 것인지, 마르크스와 폴라니가 어떤 부분에서 다르다고 생각하셨기에 그런 말씀을 하셨는지 궁금합니다.

답변 : 제가 폴라니의 사회주의론은 대강 이야기를 했지요. 오늘 강의 첫머리에서 말씀드렸지만, 폴라니와 마르크스는 둘이 보완

하는 관계가 있습니다. 보완관계가 있으면서 또 중대한 차이가 같이 있다고 봅니다. 폴라니는 초기 마르크스, 무엇보다 소외론에 크게 공감했고 마르크스의 진수는 거기에 있다고 생각했습니다. 그리고 추가하면 저는 후기 마르크스의 시초축적론도 폴라니와 공통점이 많다는 생각을 하고 있어요. 이것은 매우 흥미로운 부분이라 조만간 정리를 해 볼 생각을 갖고 있습니다만, 폴라니가 '공동체 대 시장사회'의 대립구도를 갖고 있다면, 러시아론이나 최후의 자본론이라 할 수 있는 불어판 자본론에서 나타나는 후기 마르크스의 시초축적론은 '공동체 대 자본주의'의 대립 구도를 보여 줍니다. 〈정치경제학 비판요강〉에서도 그런 생각을 볼 수 있고요.

반면 폴라니는 통상 마르크스 이론의 정수라고 생각하는 착취론은 별로 중시하지 않습니다. 폴라니와 마르크스는 둘 다 노동력의 상품화를 시장 자본주의 분석에서 핵심 사태로 보고 있다는 데 공통점이 있어요. 그렇지만 이를 다루는 방식은 아주 다릅니다. 이 부분을 잘 보시면 좋겠어요. 마르크스의 〈자본론〉에서 자본주의비판은 노동가치론에 입각해서 유통과정에서 등가교환, 노동과정과 생산과정에서 착취, 이게 핵심 골격으로 되어 있지요. 이런 식의 논의가 갖는 문제점에 대해서는 많은 비판이 있어 왔습니다. 자연 상태에서 각자는 자신의 노동성과에 대한 소유자가 될 권리를 갖고 있다는 로크적인 소유의 노동이론을 공유하고 있다거나, '사회공장'론에서 보듯이 사회적 분업을 단순하게 기술적으로, 기술적 분업에 의해 결정되는 것으로 보고 있다거나 하는 것이 대표적인 비판이지요.

반면에 폴라니의 〈거대한 전환〉에서 시장사회 비판은 그런 식이 아닙니다. 노동력 상품화가 초래하는 삶의 터전의 파괴, 경제적, 사회적 실체의 해체와 삶의 불안정, 바로 이게 핵심입니다. 폴라니의 경우는 생산수단과 공동체적 기반으로부터 떨어져 나온 삶의 총체적 불안정, 그래서 나타나는 인간 존재의 뿌리뽑힘과 파편화, 저열화, 기아의 규율이 가져다 주는 위협, 이런 것들이 중요합니다. 마르크스의 〈자본론〉에서 폴라니가 그토록 중시하는 스핀햄랜드법에 대한 논의를 찾아볼 수 없다는 것은 정말 놀라운 사실입니다.

폴라니는 마르크스 노동착취론이 일종의 리카도적 유산이라고 보는 것 같아요. 여하튼 마르크스의 경제 근본주의적 사고에 대해서 폴라니는 거의 반대쪽에 있었다고 생각해야 하고요. 경제적 사회구성체론이나 생산력과 생산관계론에 대해 폴라니의 사회경제학은 아주 비판적입니다. 당연히 자본주의가 경제적 운동 법칙을 통해 사회주의로 이행한다, 이런 생각은 근본적으로 거부하지요. 폴라니는 마르크스의 소외론, 또는 물화론에 공감하지만 그렇다고 해서 시장사회에서 인간이 꼼짝없이 완전하게 시장화, 물화되었다고 결코 보지 않아요. 그렇게 보게 되면 출구가 없어집니다. 그 때문에 폴라니가 인간의 윤리적 주체성을 그렇게 중요시하는 것이고, 이 대목이 과학을 내세우는 마르크스와 결정적으로 다른 겁니다.

폴라니와 케인즈의 차이점

질문 : 좋은 강의 감사드립니다. 저는 경제학자가 아니어서 사실 확신은 안 서는데… 우선 제가 알고 싶은 것은, 칼 폴라니의 경제학이 케인즈의 경제이론과 확실히 구분되는 그런 관점이 있는지 하는 것입니다. 제가 알기로는 자유주의에 대한 반작용으로 케인즈의 사회보장제도가 포함된 그런 경제학이 받아들여진 것 같던데요. 칼 폴라니의 경제학이 최근에 와서 주목을 받는데 어떻게 보면 케

인즈의 관점과 비슷하지 않은가, 또는 비슷하지만 다른 점이 있다면 어떤 것일까, 하는 것입니다. 또 한 가지는 노동과 화폐가 교환의 수단이 아니라고 하셨는데 제가 모르는 관점에서 반문을 드리면 노동이 교환의 대상이 아니라고 하는 것은 지극히 비현실적이지 않은가, 그런 것입니다. 과거 노동을 착취의 수단으로 인식할 때는 노동을 상품화했다고 비판할 수 있지만 최근에 와서는 오히려 상품화함으로써 다시 말해 높은 임금의 훌륭한 노동력으로 상품화하여 더 나은 대우를 받는 측면은 더 바람직하지 않은가 하는 질문을 드리고 싶습니다.

답변 : 케인즈 이론에서 고삐 풀린 금융을 규제해야 한다거나, 복지를 증대시켜야 한다거나 하는 견해는 폴라니와 친화성이 높다고 봅니다. 한 나라 경제가 안정적으로 발전하려면 투기자본이 마음대로 드나들게 해서는 안 되고 적절한 규제 장치를 설정해야 한다는 생각도 공통점이 있습니다. 반면 폴라니의 가장 중요한 차별점은 역시 실체적 경제관이 있고, 시장사회의 모순을 실체가 파괴되고 노동, 토지, 화폐, 이 3대 본원적 생산요소가 시장화 된데서 찾는다는 거지요. 그래서 폴라니에는 효율, 성장 중심주의가 없습니다.

케인즈는 기업가 나아가 기업가적 자본주의 시스템에서 작동하는 '동물적 근성'(animal spirit) 또는 요즘은 '야성적 충동'이라고 많이 이야기하던데, 이걸 매우 중시하고 이걸 고무해야 한다고 합니다. 동물적 근성이 잘 발휘되어 성장이 잘 이루어지고 그 바탕 위에서 산업문명이 꽃핀다는 관점에 서 있는 사람이 케인즈예요. 폴라니는 그렇게 생각하지 않아요. 그래서 사회 생태주의로 가는 게 폴라니의 방향인데, 이것이 케인즈와 달라지는 지점인 것 같고요. 또 케인즈와 같은 국가 중심 개혁주의가 가질 수 있는 약점에 대해서는 앞서도 지적했는데요, 케인즈는 근본적으로 엘리트주의자지요. 반면에 폴라니는 생산자 길드와 지역 코뮌 같은 연합체를 중시하고, 그래서 아래로부터 올라가는(bottom-up) 참여 사회주의자입니다. 엘리트주의적 개혁 자본주의 대 민중적 참여 사회주의가 대조됩니다.

질문의 뒷부분에서 노동력을 잘 상품화해서 더 나은 대우를 받는 게 좋지 않느냐고 하셨는데, 제가 강의에서 말씀드린 표현을 쓰면, 폴라니를 그대로 따라가지 않고, '시장 사회 안에서 저편으로'라는 노선을 취한다면, 곧바로 노동력의 탈상품화보다는 노동시장 속에서 더 나은 인간화의 길이라고 할까요, 그런 길을 가야지요. 그래서 교육, 직업 훈련, 실업 보험, 그리고 자유 시간 확대 이런 사안들이 중요한 겁니다. 이 부분에서 세계화 시대의 고민은 고용 보호와 일자리 창출이 상충 관계에 있다는 건데요. 제가 앞에서 말씀드린 바 있지만, 그래서 덴마크식 유연안정성 모델이 주목받게 되었는데, 이 모델을 코드가 많이 다른 한국과 아시아에 그대로 가져올 수 있느냐, 이게 신중히 검토해야 할 문제라는 겁니다. 그리고 또 한 가지, 노동자가 분배 면에서 보수와 대우를 잘 받는 것도 중요하지만, 노동자의 주체화, 즉 기업 수준은 물론 나라 경제 전반, 나아가 정치적으로도 의사결정의 주체로서 참여하는 권리와 능력을 갖는 것이 매우 중요하다는 점을 꼭 지적하고 싶습니다.

폴라니 이론의 독창성

질문 : 말씀 잘 들었습니다. 저는 사실 폴라니를 처음 듣는 사람이라 내용을 이해하기에 조금 버겁기까지 했습니다. 저 나름대로 실체라는 게 주류경제학의 관념에 대한 비판, 그리고 착근이란 것은 시장화, 규제되지 않은 시장화에 대한 사회적 통제 그리고 사회의 보호적 대항운동 이런 말씀해 주신 걸로 이해를 하고 호혜라는 것이 재분배라는 국가주의적 행위에 더해 국가의 중심에 의한 것이 아닌 수평적 협력과 수평적인 자율성이 중요하다는 것으로 이해하면서 전체적으로 폴라니는 성장주의에 대해서 비판적인 사회생태주의자와 비슷하지 않나 하는 생각도 합니다. 이런 식으로 주장하는 여러 학자들 중에 사회운동가들이 있는 걸로 압니다. 처음 강연하실 때 첫 말씀에 '왜 지금 폴라니인가' 라는 질문에 대해 여러 나라에서 폴라니를 상당히 연구하고 지지하고 있기 때문에 덧붙이는 말밖에 안되겠다고 말씀하셨는데 저는 다 듣고 나니 왜 지금 폴라니인가 하고 다시 궁금한 생각이 들더라고요. 그 부분을 다시 한 번 더 말씀해 주시면 좋겠습니다.

답변 : 네, 오늘 제 이야기에 대해 요약을 참 잘 하셨네요. 그런데 질문을 들으니 제가 실컷 이야기했는데, 다시 처음으로 돌아가는 것 같아요. 늘 원점으로 돌아가 다시 시작하는 게 공부법의 기본이니 좋은데, 다른 기회가 있을 때 또 해야겠네요. 질문 중에서 폴라니와 유사하게 이야기 하는 사람이 많더라고 했는데 그건 잘 모르겠어요. 운동론으로 가면 좀 많을지 모르겠습니다. 폴라니의 이야기가 대표적인 사회생태주의자 북친(M. Bookchin)같은 사람

하고 접근하는 부분이 많을까요? 그러나 차이가 많이 있을 겁니다. 생태주의 운동, 공동체 운동이 어떤 사상이나 이론적 뿌리를 갖고 있는지, 무엇보다도 폴라니와 같은 실체 경제학적 혹은 사회경제학적 콘텐츠나 살림과 공생의 경제학의 내용을 과연 확보하고 있는지 잘 한번 살펴보세요. 시민운동, 지역 운동을 뒷받침하는 여러 정치론, 문화론과 대비해서, 폴라니 사회경제학이 어떤 독특함을 갖고 있는지 잘 한번 보시지요.

구체적 현실의 대지에 뿌리내리는 운동이 대안

질문 : 시민학교의 오규석 학생입니다. 선생님 강의 재미있게 잘 들었다는 말씀 드립니다. 폴라니를 연구하신 입장에서 볼 때 선생님이 고민하시는 부분이나 선생님이 생각하시는 대안이 궁금합니다.

답변 : 사실 앞서 좀 말씀 드리긴 했는데, 강조하는 의미에서 저의 한 가지 고민만 말씀드릴게요. 이런 겁니다. 이론이나 운동이나 우리 땅에 더 뿌리를 내려야 한다는 거예요. 한국의 진보운동이나 정당 이 모두가 한국의 구체적 조건에 깊이 뿌리 내린 대중운동이 되지 못하고 있지 않나 하는 생각이 듭니다. 또 마르크스의 자본론을 가지고 바로 한국경제에 적용하려 한다든지 하는 것도 참 머리 아픈 이야기죠. 저는 정치 운동가는 아니고 책상물림이지만, 운동이나 연구는 자기가 살고 있는 구체적 현실인 존재 조건을 잘 돌아 볼 때 진짜 우리 이야기, 우리 실천, 우리 이론이 되지 않을까, 그래야 거기서 그야말로 창조적인 돌파가 이루어지지 않을까 하는 생각을 많이 합니다. 예컨대, 한국의 대중은 미국의 대중과 유럽의

대중과 무척 다르지 않습니까? 그런데 많은 경우 머릿속에만 있는 대중을 생각하는 것 같아요. 교과서에만 있는….

그래서 새삼스럽게 노무현 전 대통령이 돌아가시면서 던져준 '깨어있는 시민', '소통' 그리고 '서민성'이라는 키워드가 참으로 중요하다고 실감합니다. 저는 솔직히, 노무현 전 대통령이 돌아가시기 전까지 비판하느라 정신이 없었던 사람에 속하지만, 어떻게, 무엇이 한국의 대중을 움직이고, 참여하게 하는가, 이런 측면은 민주 진보 세력이 노전대통령에게서 배울게 참 많다고 느꼈습니다.

대중이 움직여야 거기서 운동이든, 이론이든, 그런 것들이 발전할 수 있습니다. 대중이 움직이지 않으면 공염불입니다. 아까 제가 마지막 후반부에서 호혜론의 확장과 관련하여 이런 저런 이야기를 했습니다만, 한국이 가지고 있는 전근대, 근대, 탈 근대적 요소들이 혼란스럽게 섞여 있는 이른바 '비동시성의 동시성'의 상황이라든가, 다이나믹 코리아가 가지고 있는 활력과 동시에 냄비 근성이라든가, 연고의 사슬에 묶여있는 폐쇄성이라든지, 근로 빈민이 대량 생산되고 있는 와중에 대중적 재테크 현상이 일어난다든지, 이런 걸 잘 보면서 더불어 가는 길을 찾아야 한다고 생각합니다. 그런 고민을 깊이 해야 더불어 사는 길, 정의, 인정, 연대 위에 서는 공공의 국가로 가는 길을 찾을 수 있지 않을까 싶어요.

폴라니에 대한 이야기도 한국적 조건 속에 육화된, 폴라니의 용어를 쓰면 한국 사회에 착근된 그런 폴라니에 대한 이야기를 해야 된다, 이런 생각을 해 봅니다. 한국에서 근래 폴라니가 주목받게 된 것은 아주 잘 된 일이고 좋은 소식이지만, 제가 이렇게 말하면 어떨지 모르지만 좀 창피한 이야기이기도 합니다. 왜냐하면 국제적으로는 폴라니와 함께 폴라니를 넘어서는 논의가 이미 한창이고, 이웃 일본만 봐도 폴라니 연구가 오래전부터 진전되어 있기 때문입니다. 제가 알고 있는 소식 중에 중요한 것을 알려 드리면, 폴라니가 〈거대한 전환〉의 속편으로 〈자유와 기술〉이라는 책을 구상했고 이에 대한 자료가 상당히 많이 남아 있다는 겁니다. 그리고 〈대전환의 연대기〉이라는 제목으로 비교적 초기 저술을 묶은 세 권의 책이 독일에서 출간되었습니다. 이런 상황이니 여러모로 분발해야 할 것 같아요.

폴라니의 정치 개혁론

질문 : 짧게 질문 드리겠습니다. 폴라니 시대에 여러 사상가들이나 학자들의 책에서 보면 어쨌든 국가개혁의 방법론이 다 있는데 선생님이 소개해주신 폴라니 생각에는 그런 것이 잘 안 보이는 것 같습니다. 정당정치의 역할이라든지 이런 것들이 상당히 현대사회에서 중요한데 경제를 바꾸기 위해서도 그런 정치, 국가역할 그리고 국가를 개혁하기 위한 정당의 역할 같은 그런 방법론들이 있을 텐데, 없어서 말씀 안 해 주신 것인지 아니면 있는데 중요하지 않다고 생각하셔서 그런 것인지 잘 몰라서 여쭙니다. 만약 폴라니에게 그런 국가 개혁 같은 정치의 방법론이 있다면 어떤 것이 있는지 들었으면 합니다.

답변 : 폴라니로부터 시장사회 내부의 개혁정치 방법론에 대한 논의를 듣기는 어렵습니다. 주소가 잘 안 맞습니다. 폴라니는 시민운동만이 아니라 국가 수준의 개혁에도 중요한 함의를 준다고 보지만, 구체적인 정치방법론을 찾아내기는 어렵습니다. 섭섭하니까 한

마디 덧붙이면, 폴라니가 〈거대한 전환〉 마지막 부분에서 산업문명의 적극적 유산을 딛고 가야 된다고 말하는데, 이 부분은 생태적 소농주의나 소공동체주의와는 다릅니다. 기계가 가져다 준 문명적 성과를 러다이트운동(기계파괴운동)식으로 해서 거부해서는 안 되고 그 유산을 어떻게 적극적으로 안을 수 있겠는가 하는 문제의식이 있죠. 그리고 또 한 가지, 인간의 삶에서 권력, 권위 이런 측면을 고려하지 않는 것은 너무 낭만적이다, 이런 부분을 이야기하죠. 자유를 염원하고, 분권적 참여 사회주의를 말하면서도, 권력과 강제는 인간사회의 현실의 일부이고, 이것을 사회에서 추방하는 무정부주의적 유토피아 꿈을 꾸어서는 안 된다고 해요. 폴라니가 '복합사회에서 자유'의 실현에 대해 말하고 있는 부분을 잘 살펴 볼 필요가 있습니다. 이 부분은 마르크스를 포함하여 권력도, 제도도 없는 완전히 투명한 사회를 꿈꾼 낭만적 유토피아주의와는 매우 다른 사고를 보여줍니다.

자, 다음에 진도가 더 나간 '행복경제' 이야기로 함께 공부하고 토론할 날을 기대하며, 오늘은 이만 마치겠습니다. 고맙습니다.